四川旧事

郑光路／著

四川人民出版社

图书在版编目（CIP）数据

四川旧事 / 郑光路著. -- 2版. -- 成都 : 四川人民出版社, 2024.1
ISBN 978-7-220-12875-2

Ⅰ. ①四… Ⅱ. ①郑… Ⅲ. ①文化史—四川 Ⅳ. ①K297.1

中国国家版本馆CIP数据核字（2023）第034113号

SICHUAN JIUSHI
四川旧事

郑光路 著

出 版 人	黄立新
责任编辑	蒋科兰　张新伟
版式设计	戴雨虹
封面设计	李其飞
责任校对	袁晓红　申婷婷
责任印制	周　奇
出版发行	四川人民出版社（成都市锦江区三色路238号）
网　　址	http://www.scpph.com
E-mail	scrmcbs@sina.com
新浪微博	@四川人民出版社
微信公众号	四川人民出版社
发行部业务电话	（028）86361653　86361656
防盗版举报电话	（028）86361661
照　　排	四川胜翔数码印务设计有限公司
印　　刷	成都东江印务有限公司
成品尺寸	160mm×230mm
印　　张	27.5
字　　数	320千
版　　次	2024年1月第2版
印　　次	2024年1月第1次印刷
书　　号	ISBN 978-7-220-12875-2
定　　价	59.80元

出版前言 <<<

四川古称“巴蜀”(包括现在的重庆市),号称“天府之国”。历朝历代都是对中国产生重大影响之地。

巴山蜀水历史悠久,充满神秘色彩。其中许多奇闻秘事,不但外地人不清楚,就是许多土生土长的四川人,也并不了解。巴蜀文化,已成为越来越引起中外人士普遍关注的热门话题。

如果你是土生土长的四川人,通过此书你将了解你以前并不知道的许多身边奇事。如果你是外国游子、异乡客人,翻开此书,你将会为这块神秘土地所吸引,渴望亲历巴山蜀水。

每个地方都有她的今天和昨天。从古至今,地方典籍、乡土野史中包含着丰富的人文传统,蕴藏着广博的历史知识。鲁迅先生曾说:“野史和杂说,不像正史那样地装腔作势。”(《华盖集·这个与那个》)他还说:“历史上都写着中国的灵魂,指示着将来的命运,只因为涂饰太厚，废话太多，所以很不容易察出底细来……但如看野史和杂记，可更容易了然了，因为他们究竟不必太摆史官的架子。”（《华盖集·忽然想到》）

野史杂说，因其真实性、趣味性、可读性，从古至今极受人们重视，有着正史经传绝不能替代的重要作用。一部纪录乡土文化的优秀地方图志，不但受本乡本土读者青睐，而且更受异乡人士欢迎。这类书籍，如陈年老酒经久越醇，极富收藏价值，足可传之子孙后代。

四川是中国人口众多的大省，很多重大历史事件都发生在四川或与四川有着直接渊源，因此，不了解四川就根本说不上了解中国。但岁月流逝，许多史实（尤其是正史不载的民间野史）已渐渐被遗忘、尘封甚至湮没了……

这本雅俗共赏的《四川旧事》，披露了许多并不广为人知的或几乎被淡忘了的四川历史上的奇闻秘事，极具特色。本书作者郑光路是学者型的作家。他人生经历丰富、交游甚广，同时谙熟巴蜀文化和四川历史，收藏各种旧资料和文物极为丰富，所以他写的文章题材和视角都很独到、极具内涵，受到各界好评。

本书内容大致可分为以下几个方面：

第一方面，叙述了巴山蜀水的一些名胜典故、街巷园林、风土人情……如《千年古城瞬间消失》，生动再现了1933年四川叠溪大地震造成沧海桑田巨变，整个古城瞬间陷没地下……这惨烈一幕，在中外人类灾难史上是极特殊的一页，读者看后一定会感到惊心动魄。又如《峨眉山“九老洞”奇闻》，不但讲述了历史掌故，记载了1983年三个男女大学生入洞遇险被困十二天侥幸被救的经过，还披露了少为人知的洞内发生的种种离奇事件……

第二方面的内容，叙述了一些历史人物的趣闻轶事。如《南怀瑾在四川》介绍了名闻中外的国学大师南怀瑾先生“九年足迹遍西川”、在四川寻觅剑仙、从军、闭关修炼等生活历程，颇具神秘色彩。又如《最后在大陆落网的国民党将军》记叙了原国民党中统大特务，抗战后重庆“沧白堂事件”“较场口血案”的制造者、指挥者之一的郑蕴侠，1949 年后在四川和贵州逃亡八年，其逃亡、潜伏、被捕和新生的真实经历充满悬念，比反特电影还离奇……

本书第三方面的内容，介绍了一些有重大历史影响的事件、史实或人物，具重要史料价值。如《四川近代刑场的历史变迁》，以生动而丰富的珍贵史料，介绍了从清朝、民国时期的血腥刑场，到 2004 年文明“刑车”投入使用，展现了中国法制建设的历史进程。

本书具有三大鲜明特色：

第一，极具史料和学术价值。本书几乎每篇文章都披露了作者苦心收藏的许多独家史料，足可以补正史之不足。每篇文章都“持之有故、言之有据”，文后附有注释，标明史实根据或资料来源。事实上，本书很多文章的初稿曾在《文史精华》《文史博览》《炎黄春秋》《体育文化导刊》《名人传记》等国家级、省级刊物，及《党史文苑》《党史纵览》《党的建设》《青年作家》等严肃刊物上发表。

第二，本书可读性极强，熔学术性、知识性、趣味性于一炉。本书作者主张发扬司马迁《史记》中“文史结合”的优秀传统，长期实践以大众化语言叙事，用尽可能生动的语言叙说枯燥复杂的历史事件和学术问题，避免让读者昏昏欲睡的那种“论文”式写作模式……

本书披露的“奇事”，并不仅仅是“解密”“搜奇”，实际上大都是某种历史话题的研究。但作者的这种研究，不是故作深沉、玩弄玄虚和卖弄技巧，而是像和老朋友“摆龙门阵”一样娓娓道来，令人读起来趣味无穷、欲罢不能。正像国内外一些报刊评论的那样：作者行文风格看似朴实无华，实则显示了深厚的学者风范和写作功力。

第三，本书配有珍贵老照片多幅，文图并茂，令人赏心悦目。

另外需要说明一点：重庆和四川“分家”是近年的事，而以叙述近现代史事为主要内容的本书，其“四川”所指，则都包含了重庆。

二〇〇七年五月

目录

妇女缠脚和近代四川反缠脚运动

义和团神拳和峨眉派武术

南怀瑾在四川

民国四川几大“妖人”

四川近代"武侠"

杨妹"九年不食"之谜

四川名将岳锺琪

四川总督丁宝桢

巴金的“家”和《家》

李青云256岁长寿"谜团"

千年古城瞬间消失

1933年8月25日（农历七月初五申时）15时50分30秒，茂县叠溪发生7.5级地震。震中位置为北纬32度，东经103.7度。极震地区烈度为10度，极震区面积约209平方公里……

海子下埋了一座古城呢！
六十多年前热闹得很，
整个古镇全是瓦房，
人口又多，镇上还有戏台、寺庙、祠堂，
古镇里长长的街道，人来人往……
惨啊！

海子下有一座古城镇

从成都出发，溯岷江沿 213 国道而上，就到了阿坝州茂县较场乡。导游小姐说：“这里有个神秘的湖泊，叫叠溪海子……”深山峡谷之中，海子波光闪烁，绿如碧玉。导游小姐背书般朗朗介绍：“叠溪海子，长 10 余公里，最宽处达 690 多米，最深处 80 多米。海子出口是一个狭窄的石山嘴，它急流滔滔，紧连着银带一般的千里岷江……”

叠溪海子距成都 249 公里，距茂县县城 56 公里。

叠溪景区内风景如画的鱼儿寨海子（供图：陈华）

一个老山民“吧嗒吧嗒”地吸着叶子烟对我说：“海子下埋了一座古城呢！六十多年前热闹得很，整个古镇全是瓦房，人口又多，镇上还有戏台、寺庙、祠堂，古镇里长长的街道，人来人往……惨啊，眨眼间就陷到地下面去了！唉，地震后又发洪水，这叠溪古城，就彻底完了，成了这些‘海子’。我们山里人传说，阴风惨惨的日子里，还听得到海子下面的冤魂野鬼在号哭呢！”

叠溪是历代边防要塞。汉元鼎六年（前111）这里曾设蚕陵县，唐代设翼针县，明洪武十一年（1378）为叠溪千户所……我绕到较场乡后面，见有一块两三丈高的巨石，当地人说这是“点将台”。点将台一带保存了阿坝州最好最多的石刻造像，山壁上唐、宋、元、清各朝代摩崖石刻，多为佛教造像，栩栩如生，是四川省文物保护单位。有的石刻还看得清有“大唐贞观四年（630）翼州知州立”“大元开国忠顺公玄孙刘上、万户刘文远引兵至此”等字样……

没有疑问，至少汉朝以后，叠溪已是兵家必争的边陲重镇。古叠溪城还有名为“龙池晓日”“玉垒洞”等胜迹，如今在荡漾的水中还有可辨认出洞名题字“万壑一天”的石刻横匾。

叠溪城扼川西平原通松潘草地及青海、甘肃交通要塞。唐贞观时筑城规模较小。明洪武十一年（1378）御史大夫丁玉（他被封为平羌将军）征战此地，下令筑城，其高一丈，周围有三百九十丈长，有四道城门。

我又走到一个叫“玉石板”的地方，看见有因风化模糊难辨的诗碑，有一首清乾隆三十年（1765）成都副都统托云之诗：“山中野鹤飞何处，石窟犹存宝帐图。古代战场指点在，汉关要塞杳然无。腰镰稚子横牛背，唱晚归樵觅酒炉。等说总戎零鸟阵，夜深鬼语不相呼。”

我读罢诗碑，深感这诗是有点鬼气的“恶谶”，好像已预料到繁荣太平的叠溪城将遭大难……

为弄清楚千年叠溪古城究竟发生了什么，我查阅了许多旧资料，请教了研究地震的朋友，采访当地人……花费不少心血，叠溪古城眨眼间桑田变沧海的惨烈画面，活鲜鲜地浮现在我眼前！

张县长亲历惊心动魄的大地震

1933年8月，一个头戴博士黑礼帽、身穿长马褂四十来岁的中年人，来到叠溪镇，他背后还有个背枪的士兵。小镇宽阔的石板路两旁，有很多鳞次栉比的商铺、饭店、栈房，吵吵嚷嚷分外热闹……镇上的人，有穿破旧汉人服装的，有披厚重羌藏民族长袍的，还有戴大盖帽身穿黄军服的军人。他们都恭敬地向中年人行注目礼，有的还弯腰点头招呼：“张县长，您好！您好！”

这人就是当年川军28军“屯垦督办公署”负责人兼茂县县长张雪岩。他礼貌地点头微笑还礼：“你们好！你们好！”张县长这次是到叠溪古城镇“视察”，他了解到：镇上有房270所，本地人口577人。城中一条繁盛的街道上有饭馆10余家，旅店6家[①]。

川军28军军长是邓锡侯，当时他还兼任松潘县、理县、茂县、懋功县、汶川县数县的“屯垦督办公署”的督办。因为叠溪位置重要，地临黑水入江之处，多民族杂居，又是汉、藏边界地区……邓锡侯特别看重此地，在镇上专门设有公安局，另外还有驻军一连，处理纷争事变。

远眺叠溪古城（［英］托马斯·托伦士摄于1920年，汶川县档案局供图）

张县长走到小镇尽头，山川形胜尽收眼底：叠溪城面临岷江、背枕高山，城为斜四边形。城墙由片石及土砌成，城门洞与月城用大青砖砌成。城中还有城隍庙、观音殿、武庙、吉祥寺等建筑，有“楼台亭榭”“龙池晓月”等名胜……张县长念着前人赞誉叠溪的句子：“‘溪水淼淼直千寻，一城号蚕陵。雉垛参差雁齿横，尚有蜂衙蝶市，酒肆茶亭……’真是个好地方！”

由江岸到叠溪镇的一段上坡路，弯弯曲曲约五公里。面江处悬崖峭壁巍然矗立，山上没有树木。陪同的叠溪王镇长对他说道：“张县长，那半山上有一小洞穴，洞口有洗脸盆大，也不晓得有多深……如果有人向那洞口乱甩石头，立刻就会浓烟上冒，直冲天上，很快又结成黑云……眨眼间，那黑云又变成小冰雹乱七八糟坠下来，要是躲避不及，常常被那密密麻麻的冰雹打伤！张县长，这样的怪事，你信不信？”

张雪岩笑起来："你说这些，我原先还真不相信，以为是野叟玄谈罢了。嘿，上次我亲眼看见28军驻这镇上的一个士兵，他也以为那是'打胡乱说'，向那洞口乱甩石头，果然惹发此事，弄得天昏地暗……连长骂他'龟儿不信邪，乱惹祸事！'结果关了他两天禁闭！"

王镇长忙说："这深山野沟，怪事确实多！镇上好多人还常说：'夜深人静时，能微微听见地下有哗哗的潮水声呢……'"

张雪岩先生后来回忆说："以上情况表明，可能其地下已被江水入浸、土石疏松，地质早已发生变化，一遇地震，即行坍陷了！"

张县长从叠溪回到县城没有半月，1933年8月25日15时50分30秒，令国内外震惊的大地震发生了！

当天中午过后，正在办公的张县长突然听见一阵声音，先是若有若无，慢慢由远渐近，终于发出一种犹如万马奔腾的吼叫声，又似大海里

茂县叠溪古城东门（[英]尔尼斯特·亨利·威尔逊摄于1910年8月30日）

叠溪古城内远景（［英］尔尼斯特·亨利·威尔逊摄于1910年8月30日）

狂涛巨浪冲击而来的潮声，大地开始剧烈晃动……直觉使张县长一跃而起，慌慌张张地从县衙里跑出来。“屯垦督办公署”、县衙里的人也几秒钟内不约而同奔出屋，不少人跌跌撞撞走不稳，沿路倒在地上，又相互搀扶挣扎着爬起来。从天而降的巨变使他们呆如木鸡，讷讷说：“咋个？咋个？老天降祸事嗦？”

张县长等人正发呆之际，眼睁睁看着县府一长排横屋，“哗啦啦”一阵巨响而倒！所幸人都跑出来了，无人受伤。县府人员吓得或蹲坐或趴下，胆小者周身筛糠般直抖。

张雪岩先生后来回忆：县衙中有三株古槐为明末清初时所栽，粗壮得要十人合抱，此时却从树干到树枝四面“呼呼呼”怪响摇晃，就像无数面旗帜在飘舞……再往远处张望，只见四山浓烟齐冒、尘雾迷空，天昏地暗，轰轰隆隆之声不绝于耳！

“哎呀，该不是火山爆发啊？！”“天啊，莫非红羊大劫难，我辈末日已到了！”县衙平坝中，平时衣冠楚楚谈笑风生的科长、职员们，不少人竟呜呜大哭起来。

过了一阵，奇奇怪怪的声音稍平静，日光山色也可看清。此时，张县长却听见全城房屋倒塌声不断，哀号呼救声不绝。众人只觉“世界末日”到了，肝肠俱裂、面面相觑！又过了好一阵，大地不再摇晃，众人才可站立、行走，报灾者也乱糟糟跑到县府……

张县长忙用电话询问各乡镇，“喂喂喂”乱吼一通，却无人回声，估计线路都断了。直到第二天，张县长令电话员分道抢修，南至威州、汶川，电话通了，晓得此路灾情不重。而北路电话员刚行十余里，见高山与大河连成一片，已无路可通，才知道茂县以北叠溪那边出大事了。

叠溪城瞬间陷落

又约隔一星期，难民翻山越岭络绎不绝逃难到茂县城里，许多人衣不蔽体、缺手少脚，惨不忍睹。终于，从地震最剧的叠溪城九死一生逃出来的难民，哭哭啼啼来到县府。

几个男子见到张县长，惊魂未定，号啕大哭，其中一人叙述道：“我是叠溪公安局工人，那天我抽空去镇旁城隍庙闲耍，老道士留我歇凉吃午饭。中午天气热，我图凉快睡在庙子角落凉亭上。忽然听到天崩地裂样的响声，只见叠溪全城就整个一块，笔直地陷下去了！一座座大山，也像梦境中，竟奔跑一般扑面而来，又齐刷刷倒塌下去……可怕啊，整个城隍庙，就只剩下我睡的这个凉亭还悬在岩上未坠下去！我眼睁睁地看见下面庙宇里的老道士，‘啊呀’惨叫一声，他还望了我一眼，连‘救命’都来不及喊一声，眨眼间就同庙宇一同消失在地缝下面了……哎呀，这座城隍庙，真正就成了阎王爷阴曹地府的城隍庙啰！如今那里已是一片汪洋，哪还有啥子场镇街道啊！”

话音刚落，另一个人又结结巴巴地哭道：“那天，我因住在镇外一里多的较场坝，刚好离开场镇中的陷区。我见山动地摇、天地昏黄，感到大劫要到，吓得我慌忙挟起两个小娃娃就跑！妈呀，地面忽然崩裂成一条壕沟，我刚拼命跳过，前面又继续崩裂，又跳，又崩裂……像这样我接连乱跑乱跳，唉唉，跳了好几十个裂缝壕沟，总算命大，逃脱出来。但挟在手上的两个娃娃，不晓得掉在哪个壕坑里了……呜呜呜，张县长，你说我一个人捡一条命又有啥子意思啊？！”他惨叫起来。

一个男子接过话头，庆幸地说：“我有个娃娃同邻居家另外几个小孩子在山坡上玩耍，地震时他们都吓昏了……这几个小娃娃由河东岸山坡，莫名其妙被抛到河西岸的山上，地震完后我四处去找，居然找着了！”

又有一个断了一条手臂还在渗血的男人神色凄惨，恍恍惚惚低声叙说：“我家离镇上数里，地震了，地震了……我莫名其妙被甩在一个岩石上，家里五口人，他们老的老、小的小，被陷在河西岩腔里，只露出几个脑壳可以伸出呼救！老天爷可怜啊，那里悬崖峭壁，我一个受伤的人，莫得办法救他们，眼睁睁看着他们的叫声越来越弱，地上还在震、还在震……他们一个个慢慢陷进地下，没影了！”

一个十七八岁的学生抢过话头说：“那天县城里也震凶了！我跑出教室，走到泮池台阶前，正要跳下来，妈呀，忽然好奇怪，下面石梯居然自动跳上来迎接我！我站不稳脚步，吓得怪叫一声倒在地上，腿杆都弄断了……”

县府内诉苦声啼哭声嚷声一片。张县长不由长叹一声："地震时把人由这一面山推向那一面山，如不是你们亲眼目击口述，我哪会相信！唉，听了你们叙述，才晓得这次震动之剧烈、地形之突变，使人活生生亲见一幅沧海桑田、陵谷变迁的惊人画面啊！"

茂县一带以前虽常有微震，但都无连续性。这次每隔十分钟或半点钟持续震动，两月以后，每昼夜尚有数次。震声初来时，地下轰轰吼鸣，愈近声愈大，最后戛然而止。地震时屋宇动摇，人如惊弓之鸟，都逃出房子躲避。黑水区域内，寨落碉堡多倒塌，损失更重，仅叠溪周围就有二十余个羌寨覆灭，粗略统计死了6865人……

地震稍平静，张县长忙亲往灾后叠溪镇视察，不由得倒吸一口冷气：原来约十里长的坡行高地，已成与江面等齐的沙岸。好端端一个鸡鸣狗吠、热热闹闹的叠溪古城镇，连同全部土地、山坡整个陷落深渊！原山脚下出现了一条深沟，数十丈深……

张县长站在山崖上，凄怆地叹道："唉，这些可怜生命，眨眼间都长眠沟底了！"

两岸山崩后，十来里长的岷江全被土石截断，很快形成上下三个大小湖泊。上游之水不断流进上面大湖，一月后此湖变得宽阔至数十平方米；下面两个小湖，各相距一里多，因上面湖水下漫，也逐渐扩大加深，但都不能泄入岷江……而叠溪下的岷江下游，仅有黑水河及几条小溪汇入。茂县河段浅得可赤足而过。

茂县到松潘间道路全都崩塌，以致商旅裹足、交通阻绝。邓锡侯等人哪能不急？"屯垦督办公署"提出"以工代赈"办法，灾民纷纷修筑道路，半月后稍可通行。但叠溪上行至松潘县所属太平一段十余里，地震后仍有怪事：随时莫名其妙飞沙走石，如同《西游记》中妖魔横行的怪山野岭……张县长安排船只载人货由湖上运行，绕过此段险路。张县长说："岷江上游行舟，这是历史上的第一次啊！"

当年10月，地质学家常隆庆教授首次进入震中进行了较深入的考察。他统计了地震的损失情况：叠溪周围三十里的山陵川泽全部崩坏，方圆上百公里为重灾区，死6800多人。洪水溃决，又将灌县以上村镇冲没大半，死人2500多……

继后，徐近之、周郁如以及四川大学师生也曾先后赴地震现场调查[②]。

这次地震究竟是何级别？我向研究地震的朋友老王请教。老王给了我一份四川省地震局1979年及1981年两次赴地震现场考察后的资料：

> 1933年8月25日（农历七月初五申时）15时50分30秒，茂县叠溪发生7.5级地震。震中位置为北纬32度，东经103.7度，有感范围北至陕西西安，南至云南昭通，东到万县，西抵阿坝。极震地区烈度为10度，极震区面积约209平方公里……地震造成山崩城陷，山河变貌，岷江断流，积水成湖，人畜伤亡惨重，死亡者达6800余人。震后由于地震湖崩溃，造成罕见地震水灾，致使下游沿江村镇被冲没大半，死亡2500余人……受灾最重的首数叠溪城。昔日有房屋276所，人口500余的繁荣热闹之叠溪古城被毁埋于乱石之中，只留下一片废墟。死里余生者只15人！[②]

但当地老人却说："当时叠溪城那几天恰逢阴历赶'城隍会'，游人客商多得起串串，城里还驻扎有军队……'人口500余'应当只是叠溪城中常住人口，到底有多少人瞬间埋入地下谁也说不清楚！"

地震后的大洪水

叠溪古镇深埋地下了，更大灾难还在后面!

地震后，沿岷江及其支流松平沟、则百沟等都出现大规模山崩，填塞河谷形成挡水大坝，形成十余个地震湖（俗称海子）。最大的三个是岷江干流上的大海子、小海子和叠溪堰。

堤坝溃决这夜，其惊心动魄不亚于45天前的大地震!

茂县一带的人，这天夜里忽听得江声轰天怒号，都猜疑老天爷又未下雨，此声何来? 张县长担心大湖决口，早有戒心。他立即跳下床与一公务兵手执电筒爬上城墙观察，远处黑压压一片看不清晰。他们刚出城门，缘石梯下岸才走一半路，突然一个巨浪涌袭而来，二人恐吓万分，没命地转身奔跑。那浪潮妖魔鬼怪一般狂追其后，张县长刚入城数步，浪潮即席卷而至……只听得又大又重的城门和墙基砰然一声崩垮了，城楼也半斜欲坠! 张县长逃到位置较高的县衙内，急用电话联系威州，想通知汶川一带低地居民，迅速迁移逃命；但无人应接，估计此时洪水还没到威州，那里的人还在梦乡呢!

张县长无法可想，跺脚干着急。后来才了解到，原来茂县、威州两地的电话员常爱夜深闲聊，威州电信局十分讨厌，所以这一夜坚持不接电话。却不曾料到，因此而使无数人皆成冤魂!

所幸这一夜，忠于职守的张县长在离开督署去巡视前，已令人传锣通告居民:“要发洪水了，速上山逃命哟!”居民早有戒备，不到两分钟已是满山灯火，县城内已空无一人……

城内算无损失，但城外河街居民仍被洪水席卷吞没。通河西的竹索桥也被冲断。张县长站在高处，突见有房屋已被整间冲至河心，而屋内灯光仍亮！漫山遍野逃难的人见此奇景，误传为“走蛟”，议论纷纷说：“这就是蛟龙王的眼睛啊！咋不兴风作浪嘛！”

一时间，山上跪地祈祷的、念佛的、以为末日将至号啕大哭的……乱成一片！

好在洪水来得凶、去得也快，涛浪渐平，原来大湖的水已泄尽了。天亮了，江水变得涓细轻快甚是妩媚可爱，与往日相同。茂县人都仿佛只是做了一个大噩梦。

但洪流倾泻而下，下游又遭大殃！威州城被洗荡成平地，死亡、损失极大。

再下去，汶川县所属两岸居民住低洼处者无一幸免。汶川县城较高，遭灾稍轻。洪灾后汶川县境流传民谣：“七月初九是地动，那天地动动得凶。茶壶震得叮叮咚，粪桶浪得响轰轰。叠溪山垮水不通，请来石匠打洞洞，又拿炮火打当中。一下打穿水猛涌，石匠淹死一百多。八月二十水才拢，半夜三更来得凶。有人说是起‘地风’，婆娘娃儿把命送，一家老小死无踪。威茂二州有二县，二十多里无人烟！”洪水造成的惨重损失，从中可见一斑[③]。

岷江大洪水倾泻而下，灌县（现都江堰市）也遭重灾。

省城《新新新闻》1933年10月16日报道：“这次水灾，毁桥三十余座，农田、民舍冲毁无数”，“灌县境内死亡人数有五千名以上，现有流离失所，无家可归的男女老幼，据收容登记已达八千六百余人……”[④]

《国民公报》1933年10月21日报道：“灌县10月11日与汶川同被

水灾，洪水位高十余丈，将安澜索桥、南岸街居民百余户冲没无存。又将人字堤一带冲开，离堆公园成泽国，冲毁田地数万亩，溺毙人约五千名……”⑤

我1973年后曾在灌县生活数年，听许多老人回忆：“1933年叠溪地震发洪水好凶啊！灌县河水陡涨，上游冲来的房屋、用具、人畜尸体，密密麻麻铺满了离堆上面一个大坝！好多人向着二王庙哀叹：‘受了那么多香火，咋不保佑我们嘛！’”

据资料记载：叠溪地震后堵断岷江，形成大小海子。地震后45天（10月9日）溃坝，10月10日洪水进入成都平原，临灌县都江堰洪峰流量已达每秒一万多立方米。内外江浑成一片，沿河一带尽成泽国汪洋，近河场镇街道可以撑船捞鱼。灌县被淹农田五万多亩，冲毁田土三千亩以上、房屋四千余间……崇庆县淹没农田二万亩以上，毁桥近百座、田土千余亩，损毁房屋二千余间，淹毙四千多人。温江县淹毁农田万余亩，水进柳城。成都市河水高涨，部分街道水淹，西南郊淹田万余亩，损房屋数千间……②③

成都《新新新闻》1933年10月16日第五版报道当时惨景：

本报十月十六日特约通讯

日前夜间都江堰两江之水灾，连日调查，惨状极重，受灾区域自松茂道间之叠溪沙湾起，下至崇（宁）、郫（县）、温（江）、双（流）、新（都）各县止，纵横泛滥，总一千余里。冲毁房舍难计外，近据各方面调查所得，综计漂没之男女老幼人民为数在二万以上，冲没农田不下五万亩。即以灌境内计算，连夜各慈善团体捞获之尸，已达四千数百具，实为洪水初退时，意料难及之数。盖被淹没各处之水退后，均为泥沙壅积数尺之深，尸除于泥沙上面者，视线所及固不觉多，殊近日挖掘泥沙，寻觅失物者，于泥沙中随处发现成堆之死尸，横七竖八，每堆辄以十数计，如王家船河坝、安顺桥河坝等处，河沙自然掩埋之尸，每堆多至三十余具者。各慈善团体施送之棺木，已用二千余具，仅装得全体死尸之半数，诚为空前浩劫，见者莫不痛心。若灌境以外之受洪水冲刷各地，田房损失不计外，淹死人数闻皆甚众云云。④

《国民公报》1933年10月21日第6版又报道：

叠溪两山坍塌压断阳江以后，迄今为时已四十余日，水高数十丈，广顺三十余里。忽于前十月九日夜九钟突破冲下，沿江各城市均遭重大损失……人民被冲去者尚不可统计。由威州以上，文镇羊毛坪、白水寨、石鼓等处悉成沙堆，沿途灾民就食无所，涕泣述哀，极尽人间之惨事！沿江大小索桥道路，均无一存在……⑤

连二百公里外的千年乐山大佛也目睹此殃："民国二十二年癸酉七月初五日末刻，地大震……殆八月中旬，洪水横流，涨至嘉城大佛岩边，冲毁船筏数只，溺毙百数十人……"⑥

叠溪古城眨眼间无影无踪，世人已认为是"旷古奇闻"；而大洪水又造成"亘古未有之奇灾"，省城人心惶惶，都说"大祸要临头了！"当时四川"屯垦督办公署"粗略统计：地震、洪水两次灾患，人口死伤万人以上，财产损失巨大无法详细统计……成都平原人人惊恐，传遍顺口溜：“叠溪发洪水，数万人变鬼！”

据粗略统计：这次地震和水灾，共死亡 9365 人，牲畜 13163 头，冲毁房舍 6183 间、良田 44353 亩……⑦

张县长急急忙忙赶到省城，一方面报灾请赈，同时在报上发表谈话说：可能不会再溃坝发洪水！成都市民这才稍为镇静下来。

此时四川大军阀刘湘正雄心勃勃谋求统一四川军政。刘湘对张县长说：“我马上派员携款入山，并协助修治道路，凿通湖口，让川西坝的民众不再担惊受怕！”其后有关方面办理急赈，使灾民衣食暂能维持，在场镇高处修建聊避风雨的茅舍，使灾民不致流离失所，生计逐步恢复……

叠溪点将台侧有块民国二十三年所刻《叠溪积水疏导纪念碑》，碑上

叠溪地震后成都派出慰劳人员

叠溪地震后成都红十字会派出人员查勘岷江水情

说:“川西人士暨当局诸公深以叠溪积水为隐患……为蒙四川善后督办刘(指刘湘)拨款万二千元，特派上校参谋郭雨中督日疏导，并委重任为工程技士。又派无线电台朱明心台长驻叠，同时在省各耆老成立疏导委员会，茂县官绅复发起疏导扶进会，川西各县又派监工委员来叠。念三年(即1934年)春四月疏导第一期工程进度完成……从此江山永奠，水患潜消，共庆康宁，可预卜也!”

留给后人的教训

我再次到这里，遥望彻底湮没了千年古城和无数生命而形成的叠溪海子，浮想联翩……

叠溪地震湖奇观“神龟洄游”，山如神龟，湖水下面是一座完整的千年古城

1993 年 8 月，“川西羌藏旅游开发公司”立了块“叠溪地震六十周年祭”的石碑，写道:“高于岷江 270 米之叠溪台地轰然陷落，蚕陵重镇荡然无存，方圆 20 余个羌寨覆灭，6865 人瞑目九泉……丙寅年五月初九午时（1986 年 6 月 15 日 12 时 20 分），叠溪大小海子天然坝倏然决口，6 米洪峰汹涌澎湃，松茂之路多为水毁，松潘境内 54 辆旅游车，1200 游客为困，洪峰之下，疮痍满目……民苦不堪言。叠溪地震，甲子一周，往者不谏，来者可追，天灾莫测，人事宜工。愿吾辈护生态，开富源……罹叠溪之难者千古！”

遥想百年前的 20 世纪初，四川森林覆盖率是 40%，到处郁郁葱葱；1958 年的“大跃进”运动，全川滥伐森林，森林覆盖率直线下跌至

9%……“文化大革命”后有所改善，全川奋起植树造林，到2000年11月，森林覆盖率达24%。

然而，“乱砍滥伐”多年来仍未根绝，后果严重：成都至九寨沟国道上几乎每年都有山体滑坡，砸烂、掀翻过往车辆的事时有发生。2001年7月23日，《成都商报》上说叠溪“突现红湖水”，我想这不是什么好现象，多为半水土流失之兆也。

天灾总是难免，人祸不该发生。但愿经过我们的努力，尽量避免可以避免的灾难发生！

但愿这由千年古城的毁灭为代价换来的叠溪海子，永保她今日的鸟语花香，碧波荡漾，不要再发生新的灾难！

注释：

① 张雪岩:《叠溪大地震亲历记》，中国人民政治协商会议四川省委员会文史资料研究委员会编:《四川文史资料选辑》第27辑，四川人民出版社，1982年。本文下面凡提及张雪岩处，多参见此文，不再注明。

② 四川省地震局“叠溪地震调查组”:《1933年叠溪地震》，四川科学技术出版社，1981年。

③ 郭涛:《四川城市水灾史》，巴蜀书社，1989年。

④《新新新闻》1933年10月16日《特别通讯》。

⑤《国民公报》1933年10月21日。

⑥ 民国版《乐山县志》。

⑦ 冷涛、邓成蓉编著:《阿坝州旅游大全》，四川人民出版社，1996年，第74页。

峨眉山“九老洞”奇闻

轩辕黄帝访天皇真人，问道于此，见洞外有一老叟，问有同伴否，答曰九人。遂称九老仙府。

其实，

1986 年的科学考察

也不能说就探明一切了，

九老洞神秘之处

还多呢！

天下名山

峨眉古洞怪事多

秋天，我同几个朋友游峨眉山。山径掩映、泉水叮咚，过“仙峰寺”，一条约两里的通幽曲径，把我们引向林深苔滑之处——“九老洞”到了。

朋友中老李是峨眉山市文化界知名人士。他笑嘻嘻地说起“九老洞”名称由来：“九老洞形成于何时，尚难稽考。据《三皇经》载：‘轩辕黄帝访天皇真人，问道于此，见洞外有一老叟，问有同伴否，答曰九人。遂称九老仙府。’《峨眉县志》记载：‘洞深邃莫测，旧有入者，燃炬始行三十余里，闻鸡犬鼓乐声’……”

连中华民族的祖先轩辕黄帝都在此问道，可见此洞之古老，道源之深邃！那九位老神仙的名字是：天英、天任、天柱、天心、天禽、天辅、天冲、天满、天蓬。据说九老年龄老得已记不清楚，他们对黄帝说：“只记得曾为女娲娘娘炼石补天捡过石头……”

老李又说：“峨眉山洞穴不少，稀奇古怪的掌故也多，像白娘子修道的‘白龙洞’之类。有人说九老洞还可以通后面的三霄洞。那三霄洞得名于古时曾有叫金霄、银霄和碧霄的三个神女在此修道。就在这个高 3 米、宽 5 米、长约 700 米的三霄洞里，70 年前曾经发生过 74 人瞬间丧生的惨案！”

1927 年农历五月的一天，和尚演空出任三霄洞小庙的住持。他是四

九老洞外景

川富顺县人，一群富顺县的善男信女捐款铸造一口大钟，在朝山“领香”（即领队）刘安邦带领下，吹吹打打从几百里外送到三霄洞里。酒足饭饱之后，已是下午6点。众人到洞内，敲锣打鼓，唱起川剧围鼓《三霄计摆黄河阵》。演空劝道：“佛庙清净之地，吵闹了三霄娘娘是要降罪的。”众人说：“上庙唱戏朝贺，自古如此，仙佛高兴都来不及，怎么会怪罪呢？”于是，洞内遍燃香蜡、香烟缭绕，吼吼唱唱、钟鼓齐鸣……

突然一声巨响，只见一串红黄色火焰，火龙乱窜般从洞底喷出。霎时，三霄洞火海一片，响声阵阵如天降巨雷……当时传闻74人瞬间丧命！[①]但1992年峨眉山发掘出一通1928年农历四月立的惨案死者姓名碑，死者人数为49人（包括僧人演空、永法、宽旬等四人）[②]。

全国报刊纷纷以《峨眉山三霄洞惨案》《峨眉三霄娘娘显圣，七十余

20世纪80年代的峨眉山山门（供图：王正）

人丧生》等为题，披露此事，闹得沸沸扬扬。峨眉、富顺两县的县长派人调查出事原因，一无所获。最后只好下令封闭了三霄洞，将遭横祸者埋在洞外，拆毁洞外三霄娘娘庙。

果真是三霄娘娘发怒显圣？华西大学教师范美清等人后来到三霄洞考察，认为很可能是众人摆围鼓的钟鼓声、唱闹声，震动了洞内的“瘴气”，导致爆炸。也有人说：“瘴气”不会爆炸，可能是洞内遍燃香烛，烛火和近百人的呼吸使氧气耗尽，引起了瓦斯爆炸……[①]究竟是怎么回事，至今没有定论。

老李刚说完三霄洞旧闻，我们已走到九老洞前。

洞口呈“人”字形，高约四米。洞内黝黑阴森，能直立行走的通道有一百多米，进入一个大主道宽敞的大洞中。这里有一神龛，供奉赵公元帅像，有石床石几，宽丈余。两旁对联依稀可辨。

老李说：“九老毕竟是传说，形容其古老而已。峨眉山区属于喀斯特地形，溶洞成群，九老洞可算山中洞穴之首。文献记载，自公元4世纪以来，隐居洞中的名士功臣不少。如东晋名士胡份，隋代眉州太守赵仲明，都来此隐居。但不知何年何月开始，把赵仲明说成是《封神榜》中的财神爷赵公明，真是‘富在深山有远亲’，‘赵公元帅’深居古洞，却香火不绝……”

老李接着讲：一般游人走到此就止步了。再朝里走，洞小且多，洞套洞、洞连洞，如迷宫。从古至今，引来无数探险的、求仙的、寻死的去乱钻洞。1949年以前就有人前来探险。

1908年的峨眉城楼

1936年有个叫朱契的在游记中记载，他和朋友“欲穷其奇，乃携电炬（即手电筒），三五结伴而入。初入尚窟窿，一洞氤氲，如烟似雾，而伏翼（蝙蝠）惊人，飞回不已，既见灯光黯然……”带路的和尚劝道：“再朝里走千岩万穴，易于迷路！”朱契几个人不听，仍从一个洞穴钻入，遇有岔洞，略做记号。“初入甚逼仄，须匍匐而前，继则开展，前面雾浓湿甚，杳不见底……”这几个人不顾其中一位已吓得屁滚尿流，仍“挟持”那位吓破胆的老兄前爬“二里许，题名而返”……可说是极亡命的一次探险了！③

1956年，四川大学生物系师生十多人入洞采标本，在洞深处发现一干尸。峨眉县公安局接报，立刻去侦查。五个公安人员，荷枪实弹，背足干粮打着手电筒，在九老洞数不清的岔洞中又爬又钻……侦破虽没什么结果，但这可说是1949年以后第一次对九老洞的“考察”……④

惊心动魄的昆明三学生遇险

1983年7月24日，两男一女共三个年轻人说说笑笑从仙峰寺来到九老洞。女子叫杨波，只有19岁，昆明师专中文系学生。男青年一个叫李克攻，21岁；另一个叫林翔，20岁。两人都是昆明医学院医学系学生。沿路层峦叠翠，飞瀑流泉……文静的杨波大发诗兴说：“巍峨雄丽，真是‘峨眉天下秀’啊！”

三人进了九老洞，走到财神殿，前面只有伸手不见五指的小岔洞了。李克攻、林翔执意要去探险钻洞。杨波害怕了：“出去算了，阴森森好吓人哟！”林翔说：“好不容易到趟峨眉山，不看个究竟不划算，走啊！”

三个不知厉害的年轻人点亮仅有的半截蜡烛，弯着腰钻进洞，先还有说有笑：“我们要是遇见九个老神仙就好啦！”钻了一阵，蜡烛只剩寸来长了，而大洞、小洞却无穷无尽……杨波又惊又怕，带着哭腔说：“快、快转去吧！”

李克攻、林翔见势不妙，也慌了，忙说：“不要紧，我们赶紧沿来路回去！”

三个人跌跌撞撞寻来时的洞。谁知从这个洞钻进那个洞，洞洞相扣，哪见什么归路！林翔手中蜡烛烧尽，最后一丝光亮在三人眼前闪烁了一下，熄灭了，只有一点蜡烛燃尽的气味，飘在无穷尽的黑暗中……

像瞬间通过时光隧道，刚才还是在谈笑风生游玩人间天堂般的峨眉山，霎时间已堕入地狱！杨波哭声不绝，李克攻和林翔也丧魂失魄……漆黑一片中，李克攻紧紧拉住林翔和杨波，声音颤抖地说：“不要怕，我、我们慢慢爬着去找出去的洞口……”他们三人匍匐着一个拉一个，在漆黑“迷宫”般数不清的大洞小洞里“盲目”乱钻，哪能找到什么出口！

时间在黑暗中一分一秒地静静消失。他们身上没带一点干粮，分不清白天黑夜。李克攻和林翔还算顽强，对绝望的杨波说：“医、医书上说，人不吃东西可以十多天不死，只要我们能找到水喝……”

三个人竖起耳朵，寻觅飘忽不定、滴滴答答的滴水声，用岩缝中滴下的水充饥。黑暗阴森的洞穴，无异于阴曹地府，晚上只有二三摄氏度，数不清的千孔万穴中，像有厉鬼向他们猛吹寒气！死亡离他们仅咫尺之遥……

三个人挤成一团，用仅有的一把伞遮住吹来的寒风。李克攻悲声对杨波说:“我、我们不该带、带你进、进洞……”进洞前他只穿了一条短裤,好在包里还有件薄毛衣,他哆嗦着把毛衣让给杨波。

为找到出口,他们不知摸黑爬了多少大洞、小洞,不知竭尽全力呼叫了多少遍:“救命啊!救命啊!”杨波带着一只电子手表,他们一天又一天地计算时间。终于记不清到底过了多少天。他们已饿得爬不动了;脸、脚也浮肿了,说话声音细若游丝,只能微弱地在喉咙里哼哼了……三个人在死亡般黑暗中,已产生幻觉:眼前出现可口的食物、温暖的阳光、可爱的亲人、欢乐的大学校园……很快又变成九个老神仙、再变成九个狰狞可怖的厉鬼恶魔!

多数时间三人神志恍惚。短暂清醒时,他们挣扎着爬着去找水,一个强烈的意念在支撑他们:“我们还这么年轻,我们要活着出去!”

然而,寻找出口和呼救的努力,一次次失败。“死神”狞笑着最后逼近。神志清醒的片刻,彻底绝望的三人在伸手不见五指的茫茫黑暗中,艰难地摸索着在一个本子上先后写下自己的遗言……

九老洞外,却是人间乐土。1983 年 8 月 4 日上午 10 点过钟,离九老洞不远的仙峰寺内。几个刚从九老洞游览回来的游人对一个老和尚说:“我们钻洞时,好像听到洞内深处有呼救声!”

老和尚慈悲心肠,心想,若是游人故意开玩笑也就罢了,如真有人迷失洞里岂不会丧命!他念着“阿弥陀佛”,急忙找到武装警察峨眉山巡逻排一班班长吴建城和峨眉山旅游服务公司仙峰寺分公司负责人徐万年。两人不敢怠慢,迅速率领四名武装警察、三名服务人员,带上手电赶到九老洞。

洞内怪石嶙峋,蝙蝠、岩燕横冲直撞,令人毛骨悚然。从古至今,

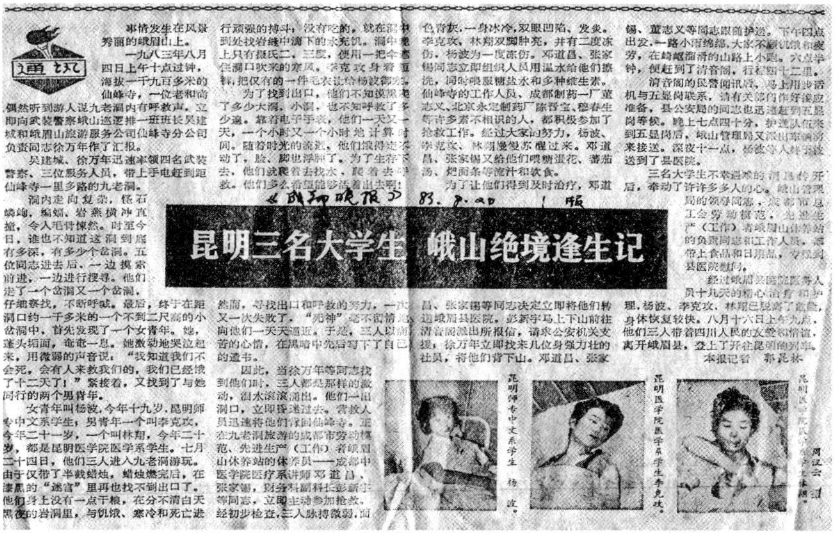

《成都晚报》 83.8.20 1版

昆明三名大学生 峨山绝境逢生记

通讯

事情发生在风景秀丽的峨眉山上。

一九八三年八月四日上午十点过钟，海拔一千九百多米的仙峰寺，一位老和尚偶然听到游人说九老洞内有呼救声，立即向武装警察峨山巡逻排一班班长吴建城和峨眉山旅游服务公司仙峰寺分公司负责同志徐万年作了汇报。

吴建城、徐万年迅速率领四名武装警察、三位服务人员，带上手电赶到距仙峰寺一里多路的九老洞。

洞内走向复杂，怪石嶙峋，蝙蝠、岩燕横冲直撞，令人毛骨悚然。时至今日，谁也不知道这洞到底有多深，有多少个岔洞。五位同志进去后，一边摸索前进，一边进行搜寻。他们走了一个岔洞又一个岔洞，仔细察找，不断呼喊。最后，终于在距洞口约一千多米的一个不到二尺高的小岔洞中，首先发现了一个女青年。她，蓬头垢面，奄奄一息。她激动地哭泣起来，用微弱的声音说：“我知道我们不会死，会有人来救我们的，我们已经饿了十二天了！”紧接着，又找到了与她同行的两个男青年。

女青年叫杨波，今年十九岁，昆明师专中文系学生；男青年一个叫李克攻，今年二十一岁，一个叫林翔，今年二十岁，都是昆明医学院医学系学生。七月二十四日，他们三人进入九老洞游玩。由于仅带了半截蜡烛，蜡烛燃完后，在漆黑的“迷宫”里再也找不到出口了。他们身上没有一点干粮，在分不清白天黑夜的岩洞里，与饥饿、寒冷和死亡进行顽强的搏斗。没有吃的，就在洞中到处找岩缝中滴下的水充饥。洞中绝上只有摄氏二、三度，便用一把伞挡住洞口吹来的寒风。李克攻身着短裤，把仅有的一件毛衣让给杨波御寒。

为了找到出口，他们不知摸黑走了多少大洞、小洞，也不知呼救了多少遍。靠着电子手表，他们一天又一天，一个小时又一个小时地计算时间。随着时光的流逝，他们饿得走不动了，脸、脚也浮肿了。为了生存下去，他们就爬着去找水，爬着去呼救。他们多么希望能够活着出去啊！

然而，寻找出口和呼救的努力，一次又一次失败了。“死神”毫不留情地向他们一天天逼近。于是，三人以痛苦的心情，在黑暗中先后写下了自己的遗书。

因此，当徐万年等同志找到他们时，三人都是那样的激动，泪水滚滚涌出。他们一出洞口，立即昏迷过去。营救人员迅速将他们背回仙峰寺。正在九老洞旅游的成都市劳动模范、先进生产（工作）者峨眉山休养站的休养员——成都中医学院医疗系讲师邓道昌、张家锡，财务科副科长彭新宇等同志，立即主动参加抢救。经初步检查，三人脉搏微弱，面色青灰，一身冰冷，双眼凹陷、发炎。李克攻、林翔双脚肿亮，并有二度冻伤，杨波为一度冻伤。邓道昌、张家锡同志立即组织人员用温水给他们擦洗，同时喂服糖盐水和多种维生素。仙峰寺的工作人员、成都制药一厂董志义、北京永定制药厂陈晋宝、穆春生等许多素不相识的人，都积极参加了抢救工作。经过大家的努力，杨波、李克攻、林翔慢慢苏醒过来。邓道昌、张家锡又给他们喂糖蛋花、蕃茄汤、炬面条等流汁和软食。

为了让他们得到及时治疗，邓道昌、张家锡等同志决定立即将他们转送峨眉县医院。彭新宇马上下山前往清音阁派出所报信，请求公安机关支援，徐万年立即找来几位身强力壮的社员，将他们背下山。邓道昌、张家锡、董志义等同志跟随护送。下午四点出发，一路小雨绵绵，大家不顾饥饿和疲劳，在崎岖湿滑的山路上小跑。六点半钟，便赶到了清音阁，行程四十二里。

清音阁的民警闻讯后，马上用步话机与五显岗联系，请有关部门作好接应准备，县公安局的同志也迅速赶到五显岗等候。晚上七点四十分，护送队伍来到五显岗后，峨山管理局又派出车辆前来接送。深夜十一点，杨波等人终于被送到了县医院。

三名大学生不幸遇难的消息传开后，牵动了许许多多人的心。峨山管理局的领导同志、成都市总工会劳动模范、先进生产（工作）者峨眉山休养站的负责同志和工作人员，都带上食品和日用品，专程到县医院慰问。

经过峨眉县医院医务人员十几天的精心治疗和护理，杨波、李克攻、林翔已脱离了危险，身体恢复较快。八月十六日上午九点，他们三人带着四川人民的友爱和情谊，离开峨眉县，登上了开往昆明的列车。

本报记者 郭昆林

昆明师专中文系学生杨波。

昆明医学院医学系学生李克攻。

昆明医学院医学系学生林翔。

周江云 摄

1983 年 8 月 20 日，《成都晚报》关于昆明大学生在九老洞遇险的报道

谁也不知道这洞到底有多深，到底有多少个岔洞。人们进去后，在黑森森的无数洞穴内摸索搜寻，扯开喉咙呼喊。终于在距洞口约一千米的一个不到二尺高的小岔洞中，发现了一个青年女子！

这女子就是杨波，已蓬头垢面、奄奄一息。她用微弱不堪的声音断断续续地说：“我、我知道我们不会死，会、会有人来救我们的……”

原来，杨波在一次短暂清醒后，发现李、林二人已不省人事，她挣扎着爬了一截，竭尽最后的一点力气，发出了几声微弱呼救。恰好（好个千载难逢的“恰好”！）有几个探险的游人在远处岔洞里，隐隐听见了——奇迹于是发生！

三个人被抬出洞口，立即又昏迷过去。营救人员迅速将他们背回仙峰寺。这时，成都中医学院医疗系讲师邓道昌、张家锡，财务科副科长

彭新宇等人，正好在九老洞附近游玩，他们主动参加抢救。初步检查：三人脉搏微弱、面色青灰、一身冰冷、双眼凹陷发炎。李克攻、林翔双脚肿亮，并有二度冻伤，杨波为一度冻伤。仙峰寺的工作人员及邓道昌、张家锡立即组织人员用温水给他们擦洗，同时喂服糖盐水和多种维生素。经过努力，杨波、李克攻、林翔慢慢苏醒过来。邓道昌、张家锡又给他们喂糖蛋花、番茄汤、煨面条等流质软食。

几位壮汉将三人背下山。山路上下起小雨，众人不顾疲劳，在崎岖山径上小步疾跑……深夜 11 点，杨波等人终于被送到了峨眉县医院。

消息迅即传遍全国。峨眉县领导带上食品、日用品，去县医院慰问。经过十几天精心治疗护理，杨波、李克攻、林翔终于脱离了危险，慢慢康复。8 月 16 日上午 9 点，“他们三人带着死而复活的激动和对四川人民深深感谢之情，登上了开往昆明的列车……”⑤

九老洞里究竟死了多少人

三学生遇险事件发生不久，1983 年 9 月 29 日深夜 23 时 30 分，乐山市邮电局职工孔冀川等七人游洞时，在洞内七百米深处又救出已困在洞中十五天处于休克状态的宜宾市十九岁的青年江自强……

此类事层出不穷。2005 年 8 月 27 日《乐山晚报》报道：6 月 20 日一大早，美国留学生瑞克，独自按照导游图所示路线进入洞内，在一岔洞中将随身携带的微型电筒电池耗尽，困在洞中……上午 10 时后，仙峰寺管理站人员秦正祥见瑞克没在正常时间返回，恐有意外，便会同武

峨眉山九老洞岩溶洞穴科学考察队考察结束后在洞口合影（摄于1986年6月）

警峨眉山中队战士桂璇、派出所协警员倪宏赶到九老洞，迅速展开搜救。洞内漆黑、阴森，脚下暗流涌动，三人在纵深三百多米的洞穴迷宫中，好不容易发现已奄奄一息的瑞克。桂璇快步冲上前去，将其搂在怀里做人工呼吸……从生死线上挣扎回来的瑞克感激不尽。离别峨眉山时，他久久握住三人的手，激动地用生硬的中文连表谢意。

九老洞究竟有多深？大小洞穴有多少个？洞内明沟暗流有多少条？有多少动物生存？究竟有多少人迷在洞里未能走出来？一一都是谜团。中外人士对神秘莫测的九老洞更欲探个究竟。

从1986年6月下旬到7月上旬，四川省地矿局207地质队和有关专家联合对九老洞进行了历时十九天的科学考察，初步揭开了九老洞之谜。

考察队十三人，考察结果表明，九老洞曾经是一条波浪翻滚的地下河。由于数百万年流水侵蚀切割和地壳升迁，造就了光怪陆离的洞穴景观。在长达1500多米向下延伸的通道内，有大小洞穴共67个，简直是个神鬼莫测的迷魂阵！考察过程中，还拍摄了纪录片《九老洞探奇》……

据参与者刘怀仁、刘明远介绍，他们走遍了所有大小洞穴，发现了十九具能够辨认的尸体、尸骨。至于年代久远、断肢残骸而不可辨认者就更多了。洞内还散落着一些铜钱，锈结成块，分别有“乾隆通宝”“嘉庆通宝”“道光通宝”等。

死者可能有几种情况：一是冒险入洞，迷途难返。从赵公元帅的“神台”往深处水平距离约80至130米的地段内，发现有五具尸骨。这一地段洞中有洞，属“迷宫型”洞穴，易进难出。昆明医学院三学生就困在这一地段内。

二为自愿到洞中寻死者。刘怀仁等人在两处极难进入的狭小洞穴的尽头，见到两具尸骨。这两处都是狭窄、单一通道式洞穴，绝不可能迷路。这两人显然是考虑死后无人打搅，特在此“坐死”。岩壁上有墨笔题字，依稀可见“如今世上人眼浅，酒色财气尽用了”，落款是“光绪十年六月十九日宋廷璧”。此外，还有留言“诸佛菩萨显神灵，保佑父母无灾无难到百年”等。带笔墨来洞中题字，自然不会是误入丧生。

第三种情况是因准备不充分、摔死洞中或无力返回者。洞内两个竖井底部和阴河的危缝处，都发现有尸骨。在一个丁字形洞内不到二十米的地段，探险队就发现有五具尸骨。这个丁字形洞，进入时可以通过两米多高的陡坎跳下去，但返回时就插翅难飞了。

在这个老鹰嘴似的陡崖下，考察队发现一具死亡不久刚腐烂的尸体，附近洞壁上指痕历历在目，明显是死者死前奋力挣扎所留。死者不能自救，精疲力竭后，只好爬到洞壁处静等死神降临。死者的遗物中有电筒、

书包、自来水笔和一本《中学生守则》……[⑥]

据我所知，在洞中遇险的学生还多。1988 年，全国正掀起“气功热”“武术热”。成都九中有个初二学生（姑且称为小 B），这年十五岁，已被梅超风的“九阴白骨爪”、海灯法师的“二指禅”等“神功绝技”弄得整日迷迷糊糊，常在日记中白日做梦：“大山深处山洞中，在一鹤发老人指点下，我得混元利剑、练成盖世神功，无人可敌……”1988 年 11 月 27 日，他从家中偷跑到峨眉山，进入九老洞，迷失在洞穴中三天，绝望地一遍又一遍大叫：“救命！”而在阴森森的洞中，揪心撕肺的哀号惨叫只惊飞几只蝙蝠，他终于虚脱……奇迹出现：有两个很有探险经验的贵州地质人员，在洞穴深处发现了昏死的小 B，把他从鬼门关救了回来！

从古至今九老洞内究竟死了多少人？其实谁也难以说清。

少为人知的凶杀案

案子发生在 20 世纪 80 年代“气功热”“武术热”之际。本案主角钟青海，四川新都人，高中一年级学生。他比上文中的小 B 更痴迷，早被武侠电影、小说弄得魂不附体，常想持剑“笑傲江湖”……

1985 年 11 月的一天，钟青海为小事和邻居闹了场风波，愤而离家出走，发誓寻师访友学武艺报仇雪恨。

他直奔峨眉山，恰逢佛寺在招小沙弥。钟青海有文化又长相清秀，一番考试后成了洗象池庙宇里吃斋念佛的小和尚，法号宏光。每天青灯古佛、粗茶淡饭，日子虽然难熬，不久他却出了次风头。原来 1986 年 1 月

5日，19岁的歹徒陈洁在山道上持刀抢劫两位澳大利亚女游客，宏光和其他几个人奋力擒获歹徒。1月31日，陈洁被乐山市中级人民法院判处死刑……小和尚宏光见义勇为，报纸登载了此事，公安局还嘉奖了他[7]。

宏光苦守峨眉几月未遇高人，遂编个理由暂别峨眉，想云游天下遍访名师。他身着黄色僧袍，风尘仆仆来到海灯法师家里，声泪俱下给海灯扑通扑通连磕几十个响头："尊师在上，弟子宏光发誓要跟您学二指禅神功、梅花精拳！"

海灯此时名满天下，已被许多人捧上神坛成了"异人"，后生苦缠拜师的事早让他不耐烦。他见宏光是皈依弟子，耐着性子劝了他几句："如今练拳习武只是强身壮体，万不可以争雄斗狠。你既入佛门，还是回峨眉山研习佛法才是！"

宏光空流了许多泪水，垂头丧气而去，到成都市龙泉山上的石经寺挂单。穷得心慌，他偷庙里的清油卖给庙外饭馆。怕庙里发现，又"哗啦啦"倒了许多泔水入油缸，弄得馊臭扑鼻。庙里和尚见这小沙弥年纪不大，捣蛋胜过当年花和尚鲁智深，当下将他逐出寺门！

宏光一路化缘，风餐露宿到了昆明筇竹寺。他吸取拜海灯的教训，这次闭口不谈武艺，只谈佛法。寺里定才法师十分欢喜，当下收为弟子，又荐他去云南省宾川县鸡足山祝圣寺，应允他熟悉佛法后传他武功。宏光到了祝圣寺果然苦读佛经，又拜正在寺里讲经说法的淳法法师为师。

不久定才法师带信来说他病重。宏光忙赶到昆明照料，不料定才法师大限已至，涅槃归天。定才未断气时，把自己写的一生练功的秘诀本子交给一个和尚，要求与自己躯壳一起火化……说罢，撒手往极乐世界去了。

宏光深藏心底"入佛门学武艺"的最终目的破灭，从此恨透一切人！

他这时住在华亭寺，整日乱蹦瞎跳，自创“出家无敌拳”，不时上街生事斗殴以试“功夫”。到后来抽烟酗酒、寻花问柳全来，终于被住持淳法逐出华亭寺……

狼狈不堪的宏光，在昆明和另一个也被赶出庙门的小沙弥园智相遇，同病相怜。宏光说：“我们去四川搞本钱，做药材生意。赚钱后，我两个浪游天下寻师访友学武艺！”

两人当下坐火车到峨眉，回到洗象池。怎么才能搞到本钱呢？宏光灵机一动：以前自己不是见义勇为抓过抢劫外国人的陈洁吗？对头，老子也去抢人！鬼迷心窍的宏光已完全忘了陈洁抢人被“敲砂罐”的下场了！

1987 年 9 月 28 日上午 9 时后，成都铁道部第二设计院退休工程师杨启林胸挂照相机，兴冲冲走到风光幽丽的九老洞口。他孤身一人，欲进洞又害怕，正踟蹰间，见两个身穿僧衣的小和尚走来，笑眯眯对他合掌施礼：“阿弥陀佛！老施主要进洞游览吗？小僧愿为你老人家导游。”

杨启林做梦也不会料想两个慈眉善目的小和尚会包藏祸心，忙随二人入洞半里多。他正仰头观望啧啧赞美时，宏光用冷冰冰的匕首猛戳、园智用硬邦邦的木棍狠打……不费吹灰之力已把六旬老人弄死洞中！二人一搜，不过六十多元钱，再取下死者手表、照相机，两人仓皇逃离峨眉。

一个半月后，杀人劫财潜逃到青岛湛山寺挂单的宏光、园智落入法网。在上刑场执行枪决前，宏光写了封给淳法师傅的遗信：“尊敬的师父慈鉴：弟子悔当初未听您的教诲，如今犯下死罪。再过几个小时，就要离开这个人世了，心中千言万语也不知从何说起，只以一首不成格律的诗，来感谢云栖的厚恩：‘云栖寺，碧鸡俯滇池。未入云栖景，已闻钟磬声。逢禅师，初讲《法华经》，草结师徒情，了无真空理。叹宏光，障着暗愚痴，敲开地狱门。且随孽力去，罢罢罢！休休休！不肖之徒宏光，1988年2月12日绝笔。”

一声枪响，宏光带着学武不成的遗憾去了地狱，结束了“武术热”年代颇有小说味道的故事，也为九老洞留下了一段骇人传奇……[⑧]

九老洞不是自杀、冒险者的“天堂”

我们在洞中赵财神像前观玩，游人来来去去，许多不信邪的人嘻嘻哈哈仍去乱钻岔洞。老李慨叹道：“其实，1986年的科学考察也不能说就探明一切了，九老洞神秘之处还多呢！古往今来，不知有多少人在九老洞中丧命。近年更有不少自杀者、冒险者，将九老洞视为乐土！”

老李见我们愕然，又说：“这也不是什么新闻了。1997年就有一个身体十分健朗的昆明老人在九老洞内自杀。最明显的一例，是2000年5月，有个钻洞的游客吓得跌跌撞撞跑出洞，说撞见死人！闻讯赶来的记者和武警战士等进洞搜寻，在财神殿后狭洞里爬行约五十米后，见一个洞壁处小洞里，果真躺着一个人。此人头朝里，枕着一个绿色旅行包，衣服整洁，男性……九老洞景区管委会处长丁云品说，根据他们多年经验和死尸现场情况判断，此人绝对是专找这‘清净之地’自杀的。丁处长说：‘自杀的事在峨眉山每年至少发现十几起！’相传九老洞是仙人聚会之地，又相传仙峰寺的泰安祖师圆寂后，肉身在洞内保存两百年不腐，更使许多人梦想在洞内成仙……丁处长希望通过新闻媒体转告那些轻生者，不要将峨眉山九老洞当作自杀的‘天堂’！”[⑨]

我和老李走出九老洞，但见林深蔽云、松风低吟，好一派“峨眉天下秀”的迷人风光。我对老李感慨道：“那些一时想不开的人，理应快快乐乐享受大自然之美才是，何必自寻死路呢？那些想成仙成佛或乱想当‘探险家’的，也得悠着点啊！”

注释：

① “三霄洞事件”说法较多，此处参见年先春、李先定：《三霄洞事件始末》，峨眉山市政协文史委员会编：《峨眉文史》（内部发行）第1辑，1985年。

② 参见李先定：《三霄洞惨案死者姓名碑发现记》，峨眉山市政协文史委员会编：《峨眉文史》（内部发行）第9辑，1993年。

③ 参见朱契：《峨眉纪游》，《东方杂志》1936年12月。

④ 参见罗友援：《九老洞究竟有多深》，四川日报《天府周末》编辑室编：《巴蜀之谜》，重庆出版社，1988年。

⑤ 参见《昆明三名大学生峨山绝境逢生记》，《成都晚报》1983年8月20日；《12天怎么活下来的》，《健康报》1983年8月23日。综合当时多种报纸的相关报道。

⑥ 参见刘怀仁、刘明远：《九老洞里的十九具尸骨》，四川日报《天府周末》编辑室编：《巴蜀之谜》，重庆出版社，1988年。

⑦ 参见赤子：《峨眉擒匪纪实》，四川文艺出版社编：《大墙下的广角镜》，四川文艺出版社，1987年。

⑧ 作者当时采访了知情人，参考了当时法院判刑《公告》，并综合当时报纸上多种相关报道。

⑨ 参见《峨眉山九老洞竟成自杀“天堂”》，《成都商报》2000年5月9日。

妇女缠脚和
近代四川反缠脚运动

“近年大脚风行，鞋铺添出一种特别生意，专售放脚后所穿之靴鞋，蛮靴样小，颇觉可人。”到1907年后，成都不再缠脚的妇女“有十之三四”，在中国也可算走到前面了……

岁月如水，
半个多世纪过去……
小脚女人颤颤巍巍的身影，
终于在巴山蜀水间走到尽头。

天足文明

病态王朝的畸形美女

皇宫里戒备森严、舞乐悠扬。一个名叫窅娘的宫女，奉皇上命令用软帛缠裹纤纤小脚，“屈上作新月状”。皇帝又专门修筑六尺高金制莲花舞台，让窅娘踮起小脚在莲台上跳舞，皇帝醉醺醺地说：“飘飘然如凌波仙子，回旋有凌云之态啊！”[①]

这是约 1040 年前，一个中国风流皇帝行乐的情景。这个皇帝精诗词、书画、音律，如生活在现在，一定是文艺圈中“腕级”人物。可惜他本该忧国忧民却不务正业，在位才十四年，被宋太祖赵匡胤掳去，只好每天苦吟“问君能有几多愁，恰似一江春水向东流”了……

他就是南唐后主李煜（937—978）。而缠脚邀宠的窅娘，本应是发明“中国芭蕾舞”的大师，却从此被供奉为缠脚女人的“祖师奶奶”，“金莲”也成为小脚的美称。中国从此还多了条流行俗语：“王大娘的裹脚布，又臭又长。”

据清末徐珂《天足考略》说：“缠足之始，又有谓始于唐太宗时者，则见于宋代车若水《脚气集》。又谓始于五代者，则见于陶宗仪《辍耕录》、张邦基《墨庄漫录》也。实则周、秦始有一二，自汉晋以至唐、宋，日渐增益，至元、明而大盛。”[②]

有人说，“缠脚”“宦官”“科举”，是中国封建社会三大“特色”。

明代开国皇帝朱元璋的皇后马氏长了双大脚板，朱元璋笑话她。马皇后顶他一句："臣妾若无此大脚，安能助你得天下？" 后来民间才有"脚大江山稳"的俗话。一次元宵节朱元璋微服访南京城，街边一家灯上画个大脚妇怀抱西瓜，有人正制灯谜逗笑："淮西妇人好大脚！"朱元璋气得将这一家三百余人统统处死——这就是明史上有名的"淮西妇人大脚案"[③]。

缠脚成为可怕习俗后，女人性感之处不是双乳、胯下，而是"三寸金莲"。明朝唐伯虎满怀激情写淫诗："第一娇娃，金莲最佳，看凤尖一对堪夸，新荷脱瓣月生牙，尖瘦纤弱满面花。觉别后，不见它，双凫何日再交加？腰边搂、肩上架，背儿擎住手儿拿。"不过一双变形脚板罢了，被唐伯虎形容为凤凰尖头、嫩荷、新月、双飞鸳鸯……真是"拿肉麻当有趣"。《金瓶梅》《水浒传》中的潘金莲，乳名就叫"金莲"。西门庆一见她的小脚，就"心颤身麻"，装成筷子落地去捏她的小脚。换成现在男人，要他去摸人家臭脚，恐怕倒贴盘缠也不会干。

明、清后，对女人的审美越发病态。清代文人方绚写品评小脚的专书《香莲品藻》，得意扬扬地自封为"香莲博士"。他认为小脚有五个式样：莲瓣、新月、和方、竹萌、菱角……著名文人李渔，也对小脚如醉如痴："瘦欲无形，越看越生怜惜"，"柔若无骨，愈亲愈耐抚摸"……李渔先生总结玩弄小脚的几十种方式：用口 6 种、用手 28 种、用肩 2 种、用身 4 种。还津津有味具体介绍：嗅，久嗅则其妙无穷；吸，鼻子凑近脚尖或脚底，吸入臭味；舐，用舌舔脚；咬，用嘴咬脚指头；食，将瓜子糖果等放在臭脚凹窝里，再用嘴去吃……[④]

这些恶心把戏，绝非唐伯虎、西门庆、李渔等人发神经，而是封建社会绝大多数男人的"雅戏"。自宋代后，就常有人以妓鞋做酒杯饮酒。清

清末女人最引以为傲的是缠一双尖尖小脚

代，“莲癖”更风行，妓女“有以脚趾夹纸媒敬客吸烟者”……到中华民国成立，北京大学教授辜鸿铭，还曾对英国记者极力称颂缠脚之“合理性”：“你说缠脚违背人体生理，英国人最高的艺术是跳脚趾舞（芭蕾舞），认为是女性美的最高表现……中国人喜欢闻臭脚，犹如西方人喜欢吃臭忌士。这都是嗅觉上的艺术啊！”弄得洋鬼子鼓起绿眼睛无话可说⑤。

在我们巴蜀之地，明朝前缠脚风气并不是很浓厚的。所以清末徐珂《天足考略》中说：“天足者，天然之足也……蜀中固天足夥多之地也。”

徐珂是根据前人笔记说这话的。清朝邱炜萲《菽园赘谈》中说：“蜀江古号佳丽地，故多瑰姿殊色。独至裙下双钩，恒不惜意，居恒辄跣其足，无膝衣，无行缠，行广市中。闻之初颇尚弓弯，自流贼之乱，惨遭荼毒，故至今群以为戒。”这句话的意思是：巴蜀多美女，却不大重视缠脚，爱展示光脚板，街市也常见光腿不穿袜的女人。结果明末张献忠屠四川（专砍妇人纤足聚成山堆，以为笑乐），女人们这才引以为戒，把脚深藏不露了。

清朝刘銮撰写的《五石瓠》中也说：“四川妇人多殊色，秾妆而跣其胫，无膝衣，无行缠，无跣，如霜素足，曾见于大市中，不以为异。”说四川女人漂亮，但不缠脚光腿上街是习以为常的风气。

徐珂《天足考略》中又说，到清朝时：“四川仅冕宁、邛崃、大邑、西充、南部县有‘天足’。”山西省“向以小脚闻名”，但此时四川更凶。

清末的几个“尖脚美女”

1902 年，新任四川总督岑春煊说：“今来四川，访闻此邦缠足之风，比山西更甚！”可见清代四川后来居上，缠脚恶俗之烈。

缠脚能够延续千年，是因为脚的大小能决定婚姻的成败。

唐朝大诗人李白故里彰明（现四川江油市内）清代有首著名的民间“彰明歌谣”：“裹小脚，嫁秀才，吃馍馍，就肉菜。裹大脚，嫁瞎子，吃糠麸，就辣子！”

四川“蓬安歌谣”更有血有泪地诉说：“一张纸儿两面薄，变人莫变大脚婆。妯娌嫌我大脚鹅，丈夫嫌我莫奈何。白天不同板凳坐，夜里睡觉各自各。上床就把铺盖裹，奴家冷得没奈何。轻手扯点铺盖盖，又是碇子（即拳头）又是脚。背时媒人害了我，满腹苦处对谁说。二位爹妈莫想我，女儿只怕不得活！”

于是妇女缠脚成美。明朝山西大同、宣府多美人，清朝湖南“桃花江上美人多”，都因为脚缠得出名……在清末民初姚灵犀编写的《采菲录》中有记载：四川、云南、山西还有评选最佳小脚的“赛脚会”。那光景很像现在“选美”：几轮“选拔”如打擂台，最后决出前三名，第一名称“王”，第二名称“霸”，第三名称“后”……真是“化腐朽为神奇”⑥。

连身受其害的女人也以缠脚为傲，这种习俗就太可怕了！

四川反缠脚运动

神经健全的男人也早就对妇女缠脚发出抗议之声。缠脚刚兴起不久的宋朝，有个车若水在《脚气集》中说：小儿四五岁，无罪无辜受无限之苦有何用？清代文人李汝珍在《镜花缘》中，让男人也尝尝缠脚滋味：“那黑须宫娥取了一个矮凳坐下，将白绫从中撕开，先把林之洋右脚放在自己膝盖上，用些白矾洒在脚缝内，将五个脚趾紧紧靠在一处，又将脚面用力曲作弯弓一般，即用白绫缠裹。才缠了两层，就有宫娥拿着针线上来密密缝口，一面狠缠，一边密缝。林之洋只觉脚上如炭火烧的一般，阵阵疼痛，不觉一阵心酸，放声大哭道：‘坑死俺了！’……未及半月，已将脚面弯曲，折作凹段，十趾俱已腐烂，日日鲜血淋漓……不知不觉，那脚上腐烂的血肉都已变成脓水，亦已流尽，只剩几根枯骨，两脚甚觉瘦小。”

这简直就是女人缠脚受刑的真实写照！

令人深思的事实是：自宋代缠脚风起后，历代朝廷从无强迫缠脚的法令。清朝入关后更严禁汉族妇女缠脚。康熙三年（1664），下诏“禁裹脚”，“违者枷责流徙”，父亲是当官者要罢官，平民百姓则重打四十大板……可怕的是，虽严刑峻法，却遭到百姓坚决抵制，禁止缠脚令搞了四年就行不通了，连皇帝老倌也只好向社会习俗认输。

1874 年，伦敦传教会约翰·迈克高望牧师，在厦门设立“天足会”，这是中国第一个反缠脚的组织。1883 年，维新派代表康有为，在老家广州南海创立“不缠足会”，他的老婆、女儿都不缠脚。著名维新派领袖梁启超 1897 年 6 月 30 日在上海成立了“不缠足总会”，海内轰动。

反对缠脚终于形成了历史潮流，连老朽透顶的慈禧太后也树起反对缠脚的大旗，成为朝廷“新政”之一：1901 年下达“劝禁缠足”御旨，总结缠脚四大害为：“伤恩”（有伤受之父母的身体）；“丧耻”（以纤足取媚于男）；“致弱”（身体摧残）；“致贫”（不能劳作而贫）[6]。

四川反对缠脚的运动，在中国算是开展得较早的。1896 年，川人周

立德和他的夫人阿绮波德·立德，阿绮波德·立德在四川大力开展反“缠脚”运动，被誉为“天足观音”

茂才等设立“不缠脚会”；同年，荣县士绅设立“大足会”[⑦]。1897年，英国立德夫人在重庆倡导“天足会”，规定凡“入会者女不得缠足、子不得娶缠足之妇”[⑧]。

1902年，新任四川总督岑春煊一到成都，就颁布《劝戒缠足示谕》。我细数这位岑总督的“示谕”，足足2112字，从朝廷上谕不可违抗说到洋鬼子“骂我们糊涂荒唐”；又从“道德”“良心”到痛骂缠足“无廉耻”……“示谕”说：缠足是“关系国家、关系天下的弊病”，“脚小不能劳苦，安逸久了，自然骄奢，德行越坏。”“以小脚求媚于人，乃是娼优下贱的思想。世间喜小脚的，必是轻薄无行的男子！”“你们当百姓的真愿永远软弱、永远糊涂荒唐、永远无用？”⑨

岑春煊下令把这道言辞痛切的“示谕”遍贴全川，又在1903年“撰成官话浅说之《劝戒缠足文》，刊印五万本”，令所属官绅颁发百姓⑩。

1903年后锡良继任川督，也通饬各县刊发劝禁男子吸烟、妇女缠脚的通俗告示，每县下发六十张，“遍贴城乡市镇”。此后据不完全统计，四川各地成立了近二十个反对缠脚的团体，倡导者大都为官吏、缙绅、名流。

光绪二十九年（1903）四月初八日，成都出现最“新潮”的一幕：在成都文殊院成立“放足会”。乘车坐轿来的一百多个放脚太太早精心准备，在会期前做了一双双“放足”大鞋，把小脚纳入鞋中塞紧。宣布开会了，几个机关男职员把报上宣传放脚的文章读了一遍，纷纷发言：“中国女人缠的小脚被洋鬼子摄入镜头，以此宣扬我泱泱华夏野蛮落后！”“欧美人以我国女子缠足用蜡仿制模型，陈列该邦博物院中。国人睹者，无不愧愤！”⑥

接着宣布成立“放足会”……会议虽简单，会前准备的招牌也未挂出来，但已给古老封闭的古城吹来破除恶俗的春风⑪。此后，深闺大院的一些官绅妇女勇敢走出家门，反对缠脚。

1904年成都古色古香的玉龙街又逢盛事：在举人龚向农的“蘧园”里成立省城“天脚会”。英国传教士立德和启尔德的夫人到会热情演说。临会者中官宦家妇女不少，如“胡雨岚太史之太夫人、龚向农孝廉之太夫人及夫人、肖捷三大令之夫人及其女子、朱曾三大令之如夫人、成述仁直刺之太夫人及其妹并其女公子、苏星舫大令之女公子、刘福田大令之女公子……”大会轰轰烈烈，会后还摄影纪念[12]。

创办《通俗启蒙报》的傅崇榘也是妇女解放的鼓吹者。他曾印刷《勿缠脚歌》十余万张送人。《通俗启蒙报》上还刊登《女儿叹》歌谣：“好好的一双脚儿，定要她矫揉造作，血淋淋地款步飘摇……我待要举双拳，打破男女尊卑级……”[13]

四川缠脚恶习，从此渐变。傅崇榘在《成都通览》中记载：清末省城内之女学生，及稍明事理之家，均已放脚。“近年大脚风行，鞋铺添出一种特别生意，专售放脚后所穿之靴鞋，蛮靴样小，颇觉可人。”到1907年后，成都不再缠脚的妇女“有十之三四”，在中国也可算走到前面了……[14]

缠脚恶俗艰难退潮

但缠脚已是根深蒂固的民间习俗，要彻底退出历史舞台也不那么容易。据1906年《广益丛报》122号《纪闻》中说：“川中放足之风，数年以来虽经各处志士先后提倡，无如积习太深，难以骤剔，而不肯释放者，总居其多数也。”[6]

为推行“放天足”，官员煞费苦心想尽“奖惩”花样。如端方在两江总督任上，就曾许愿：“如有劝谕得力之绅董，果能移风易俗，或给匾额，或赏顶戴，或赏银牌衣料，或免差徭……”宣统元年（1909）二月，川省总督赵尔巽发布劝诫妇女放脚白话告示，通饬各县张贴。成都官员规定不放脚者每人“罚洋钱二十元”。各州县惩治花样更多：仍缠脚者不准赶庙会、不准入城、不准上街……

荣县县令肖惠畲在宣统元年（1909）五月发布的一篇《放足示文》中说：

照得妇女放足，业经三令五申。朝廷屡颁谕旨，大宪又有明文。克期三月放尽，法律何其认真。访闻城乡民庶，以及顽固士绅，犹复徘徊观望，视为无足重轻。滋再申明禁令，解放切勿因循……每月清查一次，违者定议罚金。初次罚钱二百，以后按月加增。妇人罪及夫主，女子罪及父亲。年轻妇女过市，尖足不准游行……务期人人解放，变为强壮国民。倘敢仍前藐视，处罚决不容情！

肖县令限期三月内放脚，除四处粘贴《放足示文》外，令各乡团保“按户宣布，三日传锣一次”：五十岁以下缠脚妇女，于五月三十日以前一律放脚！以后，官府“派员梭巡，团保责成牌甲，牌甲责成四邻，每月清查一次”……真是层层负责、威逼利诱兼施，煞是苦口婆心！

然而，荣县妇女放脚的仍寥寥无几，而且谣言猖獗。荣县官府继续劝禁，上演新编放脚戏曲。四川总督通饬各县推广荣县的方法[14]。

1904年，蓬溪县官府革除缠足旧俗也阻力重重。1908年春节，中河街一个士绅门上还贴出骂人对联：“变法除旧俗，问你妈哪天放足？高等讲新章，看我儿何时出头！”横联是“奇哉怪哉”。“你妈”是骂娘，“我儿”是骂倡导放脚的人出风头。

蓬溪县知事杨开运不气馁，他编写《大足歌》印成小册子广为散发，又令叫花子去城乡打金钱板宣传。杨知事发现城里开面馆的薛毓伦的老

民国初年宣传妇女解放的人士在宣传“裹脚野蛮、天足文明”

婆是双大脚，决定树她为“典型”，并成立蓬溪县“大足会”。宣统元年（1909）正月初一日上午，杨知事率领乐队，吹吹打打地到薛家面馆，令衙役把亲笔楷书的“大足馆”招牌悬挂在面馆门上，薛杨氏从此荣任“大足会长”[15]。

1910 年四川巡警道《劝谕妇女放足白话告示》中更威胁说：“禁止缠足，乃国家功令。若不遵照禁令，即是犯了王法！”但说者自说，缠者仍缠。

1911 年，学台（相当于现在教育厅厅长）罗湘兰的夫人罗旭芝倡办“四川女子天脚会”，在成都牛市口中药铺“大德堂”门口高挂“女子天脚会”的大牌子。原来成都东门外多半是广东客家人，妇女要下田种地，缠脚不认真，被人嘲笑是“黄泥巴裹脚大花鞋”。现在她们就大摇大摆地前来参加“天脚会”。她们中很多人，后来成为“保路同志会”成员[16]。

1912 年，中华民国成立，3 月 13 日，临时大总统孙中山颁发《劝禁缠足文》："当此除旧布新之际，此等恶俗必须首先革除掉，以培养国人的体质……" 如不服从，重金处罚。

到 1914 年，守旧者仍负隅顽抗。1915 年新文化运动潮起神州，成都市商会会长樊孔周创办《娱闲录》半月刊，作为颇有影响的《四川公报》"特别增刊"。发刊词表明其办刊主旨并非"娱闲"，而是关心国事和社会风尚。此刊常斥责守旧者："提倡天足者虽多，而顽固不化者亦复不少，每值议婚之始，必问是否天足？往往有一闻'天足'二字，即掩耳却走者。" 刊物还讥讽有的"天足文明女士"仅装样子，"内缠外放，暗塞许多滥棉"。在《美人今昔观》一文中说大脚才美："昔之美人双翘以纤为贵，今之美人双趺以硕为佳！"⑰

1921 年，四川军阀杨森驻泸州，通令女子放脚。次年阳春三月，泸州南门外河滩空坝上举行"川南联合运动会"，观众数万人。杨军长一声令下："男子均要剪辫，女子均要放脚。凡不剪辫、不放脚者不准离开会场！" 一时间场中有哭的，也有闹的，但哪敌得过军警？军警将剪下的发辫和臭裹脚布，堆于运动场中点火焚之，黑烟冲天、臭气难闻……杨森复命人在泸州城中遍贴以两个姨太太名义书写的标语："我丈夫，杨军长，提倡妇女自由。凡我女同胞，都不要裹脚！杨田蘅秋、杨刘谷芳。"⑱

1924 年至 1925 年杨森"督理"四川时，在省城成都春熙路等闹市张贴"杨森说：禁止妇女缠脚！" 他还亲到新都县，由县知事徐义华陪同到桂湖广场，站在高板凳上演说：欧、美、日本之所以强盛，主要原因是女人不缠脚。他宣布缠脚的十大罪状：摧残妇女身体健康，削弱国民体质……演说完毕，他喊两个穿女学生装的姨太太走路、骑军马示范，然

后对老百姓说:“你们都看到吧，脚大好还是缠脚好?”散会后又令士兵抬着挂满裹脚布的竹竿，迎风招展地满城游行……[19]

但至1932年，成都记者在四川绵阳等县镇，发现“缠脚之风仍盛，不但成年妇女无不小脚蹒跚、弱不胜衣，甚至一般幼女，年龄在十岁左右者，其父母仍强迫为之”。

1936年，姚灵犀编撰《采菲录》，此书收集缠脚史料很多。但此时中国，“缠风虽衰，其俗未绝”[6]。

1950年7月15日，中华人民共和国政务院下达禁止妇女缠脚的命令。岁月如水，半个多世纪过去……小脚女人颤颤巍巍的身影，终于在巴山蜀水间走到尽头。

世代相传的旧习俗，哪怕已被证明是百害无益，要革除却困难重重，于缠脚事已可见一斑。而让人联想和感慨的是，时至今日，无数女性又为“美”去整容、隆胸、拉皮、隆鼻、抽脂，甚至还有“断骨增高”、绝食减肥……许多已近“自虐”。这些举动让人纳闷：与昔日的“缠脚”是否有什么共通之处呢?

注释:

①（元）陶宗仪:《辍耕录·缠足》。

②（清）徐珂:《天足考略》，商务印书馆，1914年。

③ 杨一凡:《明初重典考》，湖南人民出版社，1984年，第76页。

④ 参见（清）李渔:《闲情偶寄》。

⑤ 参见李玉刚:《狂士怪杰辜鸿铭别传》，人民出版社，2002年。

⑥ 李荣楣:《中国妇女缠足史谭》，见姚灵犀编撰的《采菲录》，上海书店出版

社，1997年。

⑦ 参见闵杰:《戊戌维新时期不缠足运动的区域、组织和措施》,《贵州社会科学》1993年第6期。

⑧ 参见隗瀛涛主编:《近代重庆城市史》，四川大学出版社，1991年。

⑨ 樊邝人:《缠足史上文献一类》，见姚灵犀编撰的《采菲录》，上海书店出版社，1997年。

⑩ 参见李又宁、张玉法主编:《近代中国女权运动史料》，台北龙文出版社，1995年。

⑪ 参见张达夫:《清末的“维新变法”在成都》，中国人民政治协商会议四川省成都市委员会文史资料研究委员会编:《成都文史资料选辑》(内部发行)第4辑，第120页。

⑫ 参见傅崇榘编:《成都通览》上册，巴蜀书社，1987年，第112—113页。

⑬ 见匡吉珊:《通俗启蒙报》，丁守和主编:《辛亥革命时期期刊介绍》第二集，人民出版社，1982年。

⑭ 参见袁文:《禁止缠足，亦难》,《龙门阵》1983年第2期。

⑮ 参见陈宪卿:《“大足馆”与妇女放足运动》，四川省政协文史资料委员会编:《四川文史资料集粹》第6卷，四川人民出版社，1996年。

⑯ 参见胡兰畦:《胡兰畦回忆录(1901—1994)》，四川人民出版社，1995年。

⑰ 转引自杨兴梅:《女子小脚的美丑与近代中国的两个世界》,《娱闲录·杂录》第15期(1915年4月)。

⑱ 参见胡兰畦:《1922年在泸州召开“川南联合运动会”前后的情况》,《四川体育史料》(内部刊物)1984年第4期。

⑲ 参见李泽民编著:《新都掌故》，四川人民出版社，2001年，第9—10页。

义和团神拳和峨眉派武术

近代四川义和团运动在四川蓬勃发展，抛开其政治意义不讲，实际上是武术、巫术在巴山蜀水的一次大普及，其极大地促进了峨眉派武术的形成，也对后来四川民俗民风产生了重要影响。

“神拳”在四川的大普及，
使具民间宗教色彩的武功在四川流传不衰。
另外，大量北方义和团成员进入四川，
也将各种北方拳种带入巴蜀，
形成“五花八门”多彩多姿的四川武术流派，
饮誉海内外……

慈禧太后和义和团

光绪二十六年（1900），中国北方大地上响起义和团操练“神拳”的呐喊声。

宫禁森严的颐和园内，慈禧皇太后、光绪皇帝、隆裕皇后、王公大臣等全部到场。这天就是清政府检验义和团“神术”的日子。端王载漪兴冲冲引导李来中等义和团首领到了，后面跟的是几十个身着红衣、红裤，红巾扎额的拳民。

第一套节目是对杀，一组用刀枪，一组是空手。只见李来中三角旗一挥，阳光辉映下雪亮的刀锋和明晃晃的枪尖挥舞如风，咣咣当当尽在徒手汉子身上乱砍、狠戳，可是不见一个受伤的……第二个节目更精彩：两条赤裸上身的大汉，由另外三人把朱符黄纸，一层一层贴满全身，然后打起火石，黄纸燃烧起来，火焰在两个大汉皮肉上蔓延，然而他们既不挣扎也不喊痛，直到身上黄纸烧成灰，才笑嘻嘻地归队而去……此番出场的又是全体人马了，在草坪里列成圆形，只让五六个人站在中央，脱光上身彼此胳膊牢牢挽着。外围的人一起擎起又大又厚的砖石，朝他们身上狠狠砸去。“砰、砰、砰”，砖石像砸在石板上，砖屑直飞半空……

慈禧又惊又喜：“你们真的一点不受伤吗？”“一点不受伤！”表演者异口同声齐吼。李来中忙跪在一旁奏道：“启奏皇太后，我们的神拳不但可以保护身上，便是脑袋上也可以保得到的。不信教孩子们给太后叩个头吧！”话音未落，那五六个大汉早在石阶上不住向太后磕起头来，每个人都用足气力，脑袋和石阶猛撞，扑通扑通乱响，活像在那里捣石臼！[①]

以上情景绝非虚构，而是慈禧的贴身女官德龄的记述。这些表演类似现在“硬气功”中的“烈火烧身”“砖石排打”“铁头功”，确实功力高深，使昏聩的慈禧误以为“神拳”可以抵挡洋枪大炮，故而对义和团由痛剿变为阴险利用了……

“神拳”的特点，就是将民间宗教迷信的降神附体、画符念咒，与武术中的金钟罩、铁布衫、排打功、技击术等传统练功法相结合。“神拳”由于其神秘性（迎合封建社会民众低文化素质）、简易性（无须长期吃

清末民间武人，一看就充满叛逆“匪气”

苦）、凝聚性（习练者同为信徒）等，故迅速传播，但同时必然夹杂浓厚的迷信色彩。

缺乏知识的义和团成员，把古典小说、戏剧当成真实，相信真能持符念咒降神附体而刀枪不入。义和团成员有黄红巾裹头的，有穿优伶戏装的，有手执麈尾、头戴英雄帽如剧台上的黄天霸的。“红灯照”的女兵则皆红装乘马，手持拂尘，背有宝剑，仿佛侠女、仙姑临世……他们供奉的神灵既多且杂，什么“天地三界十方神灵”“协天大帝”“真武大帝”等神牌，终日香烟缭绕，两旁排列刀枪剑戟。习武前，焚香磕头触地、掐指诀，然后面向东南双手一揖，念咒语：“东南山请师父，下山教徒弟，上八仙，下八仙，中八仙，虎豹神，虎恶神，南海观世音……”念毕即

清末手持中看不中用冷兵器的中国武士

义和团“红灯照”的女战士

被捕后英勇不屈的义和团战士

喘大气，瞪眼睛，跺脚，喃喃诵咒语。

当时人叙述：义和团成员“神降附身”后，立即“状类疯魔，自称张飞、李逵或二郎神、哪吒、李太白、孙行者、猪八戒、杨香武……各寻兵刃如风驰电掣恣意乱舞”。“女习红灯罩，妇人蓝灯罩，降体之神，多半小说中樊梨花、刘金定之类”。其他供奉的对象还有玉皇大帝、洪钧老祖、张天师、孔圣人、托塔天王、姜子牙、关云长、诸葛亮、赵子龙、马超、姜维、梨山老母、武松……②

慈禧希冀义和团的“神拳”和符篆咒语可“扶清灭洋”。但现实无情，董福祥所率甘军及义和团数万人，进攻仅四百来人守卫的洋使馆一月，已死伤数千人，仍攻不下使馆。在天津，众多清军、义和团攻打租界，洋兵不过两三千人，打了十多天，洋人伤亡仅数百人，而中国兵民已死二万多人……③

八国联军于1900年8月4日集结二万军队向北京推进，慈禧狼狈外逃。这个独裁蛮横的老皇后翻脸不认人，立即大肆屠杀“扶清灭洋”的义和团以向洋人“谢罪”。

武术、巫术在巴山蜀水大普及

残存的义和团成员仓皇逃散，不少人翻山越岭来到四川。清朝官吏罗缃急急忙忙上奏朝廷：“自上年畿辅肇乱，邪拳匪党潜窜各处，渐次入蜀！”

四川历史上民间宗教一直很活跃。“白莲教”早在清初就传入四川，以扶乩飞鸾、呼风唤雨等扩大影响。道光年间又出现“青莲教”，“传以符水治病术”，“只用清水一碗，燃烧檀香，在碗上画符念咒，吃水之人即有神附体，自能打拳弄棒，名为少林神打，男女皆可学习”。此外，又有“灯花教”（燃灯教），“诱男女为徒。燃灯拜之，灯上或见金龙，或见金莲。拜久则闭目存神，若有一灯惝恍相照，谓为真阳发光……能普照大千世界，仙果成矣”。后发展为红灯教，信徒众多。如1874年时灌县红灯教徒李三少、余道士“往来温、彭、崇、灌中，以照光拜灯拳勇各术煽惑愚民，复假鬼神谈隐秘，人多信之”。

以上四川流行的民间宗教，大都以符咒、武功、“仙水”及为人治病

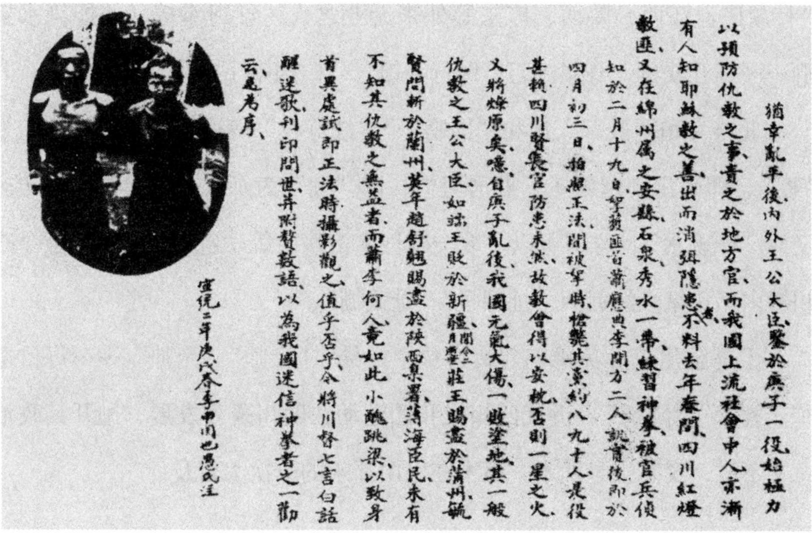

猶幸亂平後，內外王公大臣鑒於庚子一役，始極力
以預防仇教之事，責之於地方官，而我國上流社會中人，亦漸
有人知耶穌教之善，出而消弭隱患，不料去年春間，四川紅燈
教匪，又在綿州屬之安縣、石泉、秀水一帶，練習神拳，被官兵偵
知，於二月十九日，擊獲匪首蕭應典、李開方二人，訊實後，即於
四月初三日，拍照正法，聞被拏時，擒獲其黨約八九十人，是役
甚賴四川督憲防患未然，故教會得以安枕，否則一星之火，
又將燎原矣。噫，自庚子亂後，我國元氣大傷，一敗塗地，其一般
仇教之王公大臣，如端王戍於新疆，閣含二月斃莊王賜盡於蒲州，毓
賢問斬於蘭州，英年趙舒翹賜盡於陝西臬署，薄海臣民，未有
不知其仇教之無益者，而蕭李何人，竟如此小醜跳梁，以致身
首異處，試即正法時攝影觀之，值乎否乎。令將川督七言白話
醒迷歌，刊印問世，並附贅数語，以為我國迷信神拳者之一勸
云，是為序。
宣統二年庚戌春季中旬也愚氏注

1909 年安县红灯教首领萧应典、李开方被捕砍头前照片和四川总督赵尔巽的告示

等扩大影响，从事反清活动。北方义和团大量成员流落四川，与红灯教等合流，这就使四川义和团运动在 1902 年前后达到高潮。

据当时地方政府给清廷的“汇报”“奏折”等称：“自上年直隶义和团肇乱之后，其党流入川境，潜传邪教，遂致蔓延……近且屡变其名，曰‘神打’，曰‘阴操’，曰‘红灯教’，其实皆系拳匪。”外省入蜀的义和团以及在蜀中活动已久的红灯教、少林神灯、无生门教、顺天教等，都在夜深人静时集合信徒进行武功锻炼（“神拳”“阴操”），以图起事，影响日大……光绪二十八年《巴县档案》载：四川义和团宣传“所习咒语，演习 49 日，可飞檐走壁；演习 120 日，枪炮不能近身”。

四川义和团主要参加者还有“国噜子”。有人认为“国噜”谐音“哥老”，是后来哥老会的起源。早在 1743 年四川巡抚纪山就有奏折称：

“有湖广、江西、陕西、广东等外来无业之人，学习拳棒，并能符水架刑……三五成群，身佩凶刀，肆行乡镇，号曰国噜子。”

北方义和团残部入川和“国噜子”“红灯教”等联合，改设“坛”为“棚”，即采用“国噜子”棚居习惯，以“棚”为练武功的单位。每一棚又叫“一碗水”，意即可以“端一碗符水治病、练功练拳”……[4]至今四川境内仍称聚众练武叫“扯棚子”“扯武棚”。

于是全川草莽英雄四起，自称“神佛”“天师”“元帅”……每日操练“神拳”“阴操”。近代四川义和团运动在四川蓬勃发展，抛开其政治意义不讲，实际上是武术、巫术在巴山蜀水的一次大普及。

四川义和团对峨眉派武术的重要影响

1901年5月起，义和团运动在四川广泛开展，到1902年初夏形成高潮，此后战斗连续十年之久，令清廷惊惶万分。最后，四川义和团演变或合流为四川“袍哥”“哥老会”“保路同志军”，为辛亥革命做出了巨大贡献。

这些是从政治上评论的。很少被人提到的是：四川义和团运动极大地促进了峨眉派武术的形成，也对后来四川民俗民风产生了重要影响。

义和团将民间宗教“师巫邪术”融于练功中，讲究“附体降神”。“神降”时手舞足蹈，处于一种潜意识的动作之中，所以叫“神拳”“阴操”。

1902年后，四川大部分州县都有义和团打拳习武。如遂宁县“乡里演其术者，几于十室而九”。1904年，犍为县陈廷壁在四乡传播“神拳”，乡人普遍“学习邪教，念咒练拳”……义和团运动高峰时期，千百万人普遍练功练拳，规模之大确属空前。正像义和团战歌中云：“资阳县里亲眼见，家家户户习神拳……不顾生命拼死干，杀的洋人心胆寒！”④

“神拳”在四川的大普及，使具民间宗教色彩的武功在四川流传不衰。另外，大量北方义和团成员进入四川，也将各种北方拳种带入巴蜀，形成“五花八门”多彩多姿的四川武术流派，饮誉海内外……

晚清时有个湛然法师，俗名叫何崇政，是名山县人。他写了本《拳乘》(残本)，开头就有“一树开五花，五花八叶扶。皎皎峨眉月，风义满江湖”。后列有青牛、青城、铁佛、黄陵、点易五地，每个都列有香、垓、山、水等⑤。

现在把峨眉派武术与武当派、少林派并列为中国三大主要武术派系。而峨眉派武术中“洪、化、字、会、僧、岳、赵、杜”八大门派，就是根据何崇政的“五花八叶扶”来的。

《崇庆县志》第十三篇《军事·备考》中，说何崇政是蒲江县干溪保人，绰号“何蚂蚁”。但在雅安市人民政府主办的雅安国际在线“雅安杰出人物”中，则说：“何崇政，清咸丰、同治年间李、蓝起义的著名将领，雅安市名山县人，生卒年月不详。”何为人“豪侠好义”，咸丰六年(1856)在府试中，因针砭时弊，遭指斥鞭笞。咸丰九年(1859)李永和、蓝朝鼎揭竿而起，何崇政满怀对清廷的愤懑，投奔其麾下，以足智多谋，任蓝部军师……后起义失败，不知所终。

据此，很可能何崇政在兵败后，遁迹佛庙号湛然法师。1900年后他见大势可为，又在巴山蜀水间奔走，组织哥老会反清。

湛然法师的《拳乘》与其说是武功秘籍，还不如说是哥老会供联络用的“海底”（即江湖黑话）。诗中“五花”就是丰都县青牛、灌县青城、通江县铁佛、开县黄陵、涪陵县点易五个川中反清会活动中心据点。“八叶”就是指“洪、化、字、会、僧、岳、赵、杜”八大门派的四川武术。笔者揣度，“八叶”就是当时四川八大“武棚”。

事实上，清末著名的哥老会、义和团反清人士，也就是著名的武术家。如巴县的况春发、张树三，广安的张百祥、秦炳，广汉的刘崇俊，川南的罗子舟、佘竟成等武林高手都是反清急先锋（刘崇俊民国后还任四川武士会会长）。四川“绿林派”武术，光看名称就是赤裸裸地表明和清廷的分庭抗礼。

一些外来的义和团成员在四川广授门徒，对四川本土武术发展也影响深远。最显著的例子就是海灯法师的师父朱智涵。朱智涵（1873—1973），山东泰安人，十二岁流落到滕县玄武道观当了道士，取号“智涵”。后来他参加了“义和团”，失败后南逃，最后驻足四川中江县兴隆场，靠行医售药谋生。

当时大多数人诬义和团为“拳匪”，许多来川成员隐姓埋名讳言往事。而朱智涵则常谈“结坛习武杀洋人”的往事，当地人都晓得有个当过义和团的“朱老道”，传说他会飞檐走壁、会“神拳”法术……朱智涵教授过无数弟子，影响最大的是既“享誉”海内外、又引起极大争议的海灯法师。海灯一直很尊重朱智涵，1967 年岁末，海灯带着弟子专程前往中江县龙台镇拜望业师，摄影留念。相片中海灯面容清瘦，着旧中山服，佩戴毛泽东纪念章，留下“文化大革命”时期的时代特征；朱着长袍，头戴大棉帽，白胡子垂胸，神态祥和、精神矍铄，其时已 95 岁高龄。

海灯法师和他的师父朱智涵（右）（供图：海灯法师之弟子）

朱智涵 100 岁才含笑溘然仙逝。

在四川绵阳、广元、中江、南充等川北地区，朱智涵门徒甚多。其所传武术广为流行，现已构成峨眉派武术中重要派别之一。

“神拳”对四川民俗“尚巫”的影响

四川义和团的“神拳”，对峨眉派武术及民俗民风产生极大的影响（包括某些消极影响）。“神拳”后来演变为“南宫”和八大门中的“会门”，在川、鄂、黔边境一带，如巫山、夔府、秭归等地区不间断地流行。“会门”主要是一种峨眉派“自发动功”：一边念咒，同时在人的“灵台穴”或“肺俞穴”上按引一遍，叫人先默想师父或神灵的相貌；一边念咒，把念头集中在所按引的地方，则会不由自主地打起拳来，各种姿势各尽其妙。如果单念咒还不能打拳的人，就叫他坐在凳子上，将一个棉花球垫在尾间骨端的“长强穴”，把念头集中于尾间关节上，就会发生一股热流遍及全身，不由自主地打起拳来……以此种现象夸张神奇，自称能刀枪不入[⑥]。

“会门”功夫既成为峨眉八大门派之一，因为倡导怪异，迷信色彩极浓厚，1949年以后已少有人提及，但民间仍有流传。

对于当年义和团利用武术进行反清活动时所附着的宗教迷信色彩，不能过于苛责。恩格斯就说过:“对于完全受宗教影响的群众感情来说，要掀起巨大的风暴，就必须让群众的切身利益披上宗教的外衣出现。”

但对“神拳”广泛传播中弄神作鬼、符水治病、隔山打牛，等等，其带给后世崇尚巫术的消极影响也应有清醒认识。本文作者曾多次参加省内外有关专业学术会议，很多人奇怪地问:“当代气功大热潮发端于四川。许多带巫术色彩、在全国有争议的事件或人物，如第一个‘耳朵识字’，还有什么海灯法师、严新、胡万林……为什么都发生在四川？”

其实，读者从本文介绍的巫风浓厚的“神拳”中，就不难发现其历史发展的必然性。

注释:

① 德龄:《瀛台泣血记》，四川人民出版社，1986年。

② 以上散见于《景善日记》《拳变余闻》等史料。

③ 参见荣禄:《荣禄集》中《致许应睽书》，见《近代史资料》，1983年。

④ 以上参见张力:《四川义和团运动》，四川人民出版社，1982年。

⑤ 见四川省地方志编纂委员会编纂:《四川省志·体育志》，四川科学技术出版社，1998年，第7页。

⑥ 见周潜川:《峨眉十二桩释密》，山西人民出版社，1959年。

南怀瑾在四川

“九年足迹遍西川”的生活，对南怀瑾影响甚深，为他后来成为“上下五千年、纵横十万里、经纶三大教、出入百家言”的世界著名国学大师，奠定了雄厚基础。南怀瑾先后出版了32部专著，在世界各地长销不衰。他无论讲学还是在著述中，提到四川之处不胜枚举。

那时的南怀瑾还有治国平天下的壮志，
“每相与论天下事，
壮怀激烈，慨然有澄清之志”。
但南怀瑾又常常
“芒鞋竹杖，遍历名山大川，友天下奇士，
不知者辄目为痴狂，而君恬然乐之”。

微信扫码

- 巴蜀留声机
- 巴蜀文化录
- 历史风云榜

巴山蜀水钟灵毓秀之气，从古至今滋养过无数外省来川的政治家、文学家，也曾滋养过无数宗教界大师。国学大师南怀瑾就是一个颇具神秘色彩的传奇人物。

入川觅“剑仙”

1937 年，一个面容俊秀操江浙口音的青年，出现在成都街头——他就是南怀瑾。

南怀瑾为啥到四川？一些人说他少年时就想“深入探究宇宙人生的奥秘”，这是故作高深之谈。他入川目的其实非常简单——想学“剑仙”。

南怀瑾 1918 年生于浙江温州乐清县南宅殿后村。1966 年 11 月 11 日，他在题为《太极拳与道功》的讲演中说：他从小就幻想当剑仙侠客。有天突发奇想，欲飞檐走壁，便在楼上跳梁倒挂，一跟斗跌下地。他父亲听到巨大声响，吓一大跳，忙跑上楼，才晓得儿子在练侠客“功夫”！老人家就聘武师，南怀瑾十二岁开始正式习武。

凡遇有一技之长的人，南怀瑾见面便翻身跪叩拜为师……他回忆：“到二十岁前，所拜的师父，各门各派，多达八十余人。所学范围包括南宗、北派、长拳、短打，乃至十八般武器……外加蒙古摔跤、西洋扑击等，真可谓‘样样统摸，般般皆弄’……一次，中央国术馆于杭州国术馆主办全省性国术比赛，我亦参与其盛，以姿势优异而获冠军。”

他从浙江国术馆国术训练员专修班第二期毕业。这时候的南先生，也可算武林高手了，却私自反省：“所习武艺实未精到，各路各派，亦不过略窥其门径而已！”

俗话说“燕赵多侠士，峨眉出剑仙”，南怀瑾一心想到峨眉山学剑术。1937 年全面抗日战争开始前两三个月，他只身入川觅剑仙[①]。

南怀瑾到成都时不到二十岁，寓居贵州会馆。他几十年后还回忆说：“成都在我的印象里，大家都很悠闲，到现在，我对成都还很怀念……”

他对成都少城公园（现人民公园）印象更佳：“里面有茶座、有棋室。泡上一壶茶，坐半天一天都可以，走的时候再付钱。中间有事离开一下，只要把茶杯盖反过来放，茶博士就不会把它收掉。没有钱的不喝茶也可以，茶博士问你喝什么，你说喝玻璃，就会送来一玻璃杯的开水。这种农业社会的风气现在大概不会再有了！”

公园里名人贤士不少，经常可以看到穿长袍、着布鞋的各种各样古怪的人，而这些正是南怀瑾感兴趣的人……南怀瑾一身中山装，又是浙江人，开始时茶园里许多人怀疑这家伙是不是蒋老头子（蒋介石）派来的，慢慢地，他们了解这个小伙子只是想求学问道，也就不怀疑了，好几个人还与他成了忘年交[②]。

“厚黑教主”的佳话

有天，公园里来了一个人，个子高背有点驼，戴一顶毡帽，面相特别——这就是以写《厚黑学》闻名的“厚黑教主”李宗吾。其实，厚黑教主孤家寡人一个，只是一位有独立思想的卓越学者……

南怀瑾有缘结识了“厚黑教主”，常在茶铺内听他针砭时弊，骂四川军阀。一次，李宗吾对南怀瑾开玩笑说：“我看你这个人有英雄主义，将来是会有所作为的。不过，我想教你一个办法，可以更快地当上英雄。要想成功、成名，就要骂人，我就是骂人骂出名的。你不用骂别人，你就骂我，骂我李宗吾混蛋该死，你就会成功。不过，你的额头上要贴一张大成至圣先师孔子之位的纸条，你的心里要供奉我厚黑教主李宗吾的牌位！”

这不是仍在骂历代当政者“脸皮厚心子黑”吗？南怀瑾对他讲：“老师，你就不要再讲厚黑学了，不要再骂人了。”李宗吾说：“不是我随便骂人，一些人脸厚心黑，我只不过是把他假面具揭下来！”南怀瑾说：“听说中央都注意你了，有人要抓你呢。”

当时许多人怕惹是非，不敢结交李宗吾，但南怀瑾不怕，一直同他来往……②

通过李宗吾，他后来又结识了第二个“异人”。这是他入川两三年后的事。一个和尚死在自流井（即现自贡市）。南怀瑾同好朋友钱吉（也是个和尚）一起走了八天，到自流井奔丧，烧香磕头后，盘缠用完。南怀瑾突然想起李宗吾老家在这里，就登门拜访。“厚黑教主”很高兴，问：“你怎么来了？”南怀瑾说：“我来看一个死人朋友。”李宗吾以为他开玩笑，说：“我还没有死啊！”

李宗吾盛情款待：捉鱼又杀鸡，弄出一顿正宗川菜……酒足饭饱，南怀瑾开口借钱。李宗吾问：“缺多少？”南怀瑾说：“十块钱。”李宗吾马上到里屋拿出二十块大洋。南怀瑾说："这太多了，而且不知什么时候能还……"李宗吾说："你先用了再说！"南怀瑾后来感慨地回忆："从我借钱这件小事来看，厚黑教主的为人道德，一点儿也不厚黑，甚至是很诚恳、很厚道的。"②

当时"厚黑教主"年过六旬、名震四川，大南怀瑾近四十岁。他同尚默默无闻的外省小青年南怀瑾的这段交往，堪称当代文化大师交往的佳话。

饭后聊天时，李宗吾突然说："你不是喜欢武功吗？这里赵家坳有一个赵四太爷，武功很了不起……"李宗吾接着介绍："赵四太爷从小就是个瘸子，但功夫很好，尤其是'踏雪无痕'的轻功，雪地里来回走一里多路，鞋底上不会沾一点污泥。他教了一个徒弟，但徒弟学了功夫不做好事，干起采花勾当，夜里翻墙入室强奸民女。赵四太爷一气之下，把这个徒弟的功夫废了，从此不再授徒传艺……我推荐你去，他一定会接受。你跟赵四太爷学三年，将来当个侠客也不错。这三年的学费由我承担。"

于是他们坐"滑竿"（四川一种简易竹轿）去拜访八十多岁的赵四太爷。南怀瑾怀疑他能飞檐走壁，后来回忆说："赵四太爷一笑之后，即疾行一里多路，又快步走回来。这时刚好新雨初晴，地上泥泞，老人脚上穿的一双白底新靴，一趟回来后，鞋底一点也没有被泥染污。而且他在起步时，未见拿架作势，洒然来去自如。他又问欲见走壁的身手否？随即见他张臂贴壁，亦未有任何架势，人已离地拔高，笑说：'你现在相信吧！愿学否？若愿住三年，即可示教。'"

南怀瑾觉得三年时间太长。当晚和钱吉回客栈过夜，第二天一早，李宗吾来到客栈，劝他留下来学武功，南怀瑾婉拒了。李宗吾连说：“可惜，可惜！”②

南怀瑾后来在成都又遇到一位河南籍拳师，教他“十三大法”，南怀瑾想：“这是太极拳衍变的十三架势，不刚不柔，然而每一个动作，招招可以致人死命。顿时感觉到倘使学这套拳的人没有道德修养，动辄要人性命，如何了得！”

他从此弃拳不学，专志于精修佛学了。他五十多岁时说：“我对拳术，一搁就是二三十年，既不练习又不与人较量，可说一生从来未曾施用过，且越到后来越怕动手，愈厌习武。古人造字，止戈为武，武功的目的是以武制乱，以求‘和平’。后世学武，反而更滋生事端……这也是使我弃武学禅之主要动机。”①

袁焕仙和“灵岩盛会”

南怀瑾入川后，考入国民党中央军校研究班第十期。毕业后进入军队，屯垦戍边，1939 年秋，曾被任命为大小凉山垦殖公司总经理兼地方自卫团总指挥。巴山蜀水令这位仅 22 岁却才华横溢的外省青年陶醉。他写《过蛮溪》诗：“乱山重叠静无氛，前是茶花后是云。的的马蹄溪上过，一鞭红雨落缤纷。”从诗中可以想象这位年轻军人率部跨马跃涧、以鞭击茶花、花落如雨的潇洒情景……

他还写下《务边杂拾》（六首）：“东风骄日九州忧，一局残棋尚未收。云散澜沧江岭上，有人跃马拭吴钩。”“挥戈跃马岂为名，尘土事功误此生。何似青山供笑傲，漫将冷眼看纵横。”……[3] 此时的南怀瑾，既有“有人跃马拭吴钩”干一番功名的凌云之志，但“漫将冷眼看纵横”中，已很有出家参禅的念头了。

南怀瑾在中央军校时的照片

不久，南怀瑾调回中央军校任政治教官。逢假日闲暇，芒鞋竹杖遍游蜀中名山大川，访求高僧奇士。这时，他结识了对他一生影响巨大的老师——袁焕仙。

南怀瑾的恩师袁焕仙大德

袁焕仙（1886—1966），盐亭县古楼坪人（袁焕仙之女袁淑平撰《袁公焕仙老先生行略》中说他为盐亭县麟瑞乡龙顾村人），名其章，字世杰。少有逸才，健谈论，工书画，善辞章。十三岁应童子试，考中秀才。辛亥革命后，毕业于四川法政学堂，曾任越西县知事。民国十五年（1926）任杨森联军总司令部军法处长，驻万县期间曾与朱德交游。袁焕仙平生喜好佛学，四十岁以后，弃政从佛，坚持不懈参究佛学十余年。

民国三十五年（1946），袁焕仙到南京参加制宪国大会议，并在南京成立维摩精舍，盛况空前，许多国民党政要如陈立夫、周宗岳等时来参叩。随后赴台湾讲学年余，返川后曾回盐亭设维摩精舍。1949年以后，袁焕仙在成都家中休养，死于1966年“文化大革命”开始后……④

1942年秋天，袁焕仙在红叶满山的灌县（现都江堰市）灵岩寺主持“禅七”盛会。历时数月。灵岩寺为“灌县十景”之一，为中国著名古刹，始建于北魏孝文帝年间（479）。

这时南怀瑾在成都中央军校任政治教官，也特休假来灵岩寺。

袁焕仙在灵岩寺的开示教诲，其中有许多“禅机警语”，对南怀瑾一生影响巨大。如有一次南怀瑾问道：“什么是‘六根’‘六尘’‘六识’？”袁焕仙回答：“石头就是六根，柱子就是六尘，‘啄棒’就是六识。”

四川人把打人木棒习称为“啄棒”。所以南怀瑾听了茫然说：“先生如此‘漫言’，学生不能领会。”“漫言”，意思是可笑的戏言，如称“漫画”。袁焕仙说：“你如此‘漫问’，谁要你领会？”

南怀瑾仍未领悟，又问：“佛教中说，‘眼耳鼻舌身意’为‘六根’，对应‘色声香味触法’六尘，根尘相接，生出‘眼耳鼻舌身意’等，称为六识。如今你却说六识即石头，六尘即柱子，六识即啄棒，这岂不大大违反佛教教义，不符合佛典吗？”

袁焕仙见他拘泥书本不能警悟，不高兴了，提笔写道：“你既然已明了教义，贯通道理，即自己解脱可也，又何必到我这里来唠唠叨叨？”

南怀瑾又问：“世上既有真假，那什么是真？”袁焕仙说：“汤圆煮油锅。”南怀瑾问：“如何是假？”袁焕仙说：“油锅煮汤圆。”南怀瑾更茫然：“如此谈话，益增迷惘。请老师剀切直示，解除学生迷惑。”袁焕仙说：“咄，你何不说迷惘益增，你学生来解除老师我的迷惑？”⑤

袁焕仙曾主持“禅七”盛会的灵岩寺山门（重修）（供图：王成华）

南怀瑾久久默默无言，有些领悟了……

几天后，果州（今南充市）来了个道士，同袁焕仙等人关着门围炉夜话。远隔重楼的南怀瑾自我感觉已具“神通”，能看见、听见他们交谈……他深觉诧异，恭请袁焕仙到祖殿谈此事。袁焕仙大骂道：“我道你是个人，却仍有这种见解么？”骂毕愤然回去闭门而寝，骂得南怀瑾默默无言。

从古至今无论学佛或习武，许多人过分注重神异之事。袁焕仙本着儒家“子不语怪力乱神”之说，是不信什么“神通”的。这对南怀瑾影响甚大，他后来也曾说：“神通与神经只隔一张纸。”⑥

灵岩盛会时，袁焕仙还特设素筵，邀集亲朋好友百余人雅集。有个师竹君，是灌县耆宿，和袁焕仙都曾参加1913年反对袁世凯的“护国战争”。师竹君这年已73岁，仍健壮异常。他写了个剧本《醉后之光》，写《水浒传》鲁智深虽暂栖佛门，英豪之气难抑……此时离“护国战争”29年已过，袁焕仙抚今思昔，感慨万端，醉后击节自唱《醉后之光》的唱词：

“开大步，迈出了天王宝殿，三门外铺遍了锦绣江山……望广陌田畴片片，耸高林红叶翩翩，木落惊秋鹰眼乱……赤条条来去无牵挂，一任他醉染枫丹，落日斜过疏林，秋风来四野。牧童儿横牛吹笛向谁家，渔翁执钓江边撒……”

袁焕仙悲歌慷慨，唱得潇洒清逸、音绕屋梁。俯瞰大江东去，伴随灵岩山中万壑鸣风，把南怀瑾等人听得如痴如醉……⑦

袁焕仙融会贯通的治学方法和杰出辩才，对南怀瑾产生很大影响，令他终生难忘。南怀瑾后来回忆说：灵岩盛会时袁焕仙对他的笔示、口授，比同学者多数倍，多年后“笔示幸能略存残纸，一读再读，汗泪交倾，此狮子一滴乳也！”[⑧]

峨眉三年“闭关”

灵岩盛会后，袁焕仙与贾题韬、朱之洪（1871—1951，辛亥革命元老，历届国民参政会参政员）、但懋辛（1886—1965，辛亥革命元老，曾任川军军长、国民政府军事参议院上将参议，1949 年以后任民革中央常委、四川省政协副主席）、傅真吾（曾任四川省主席刘湘的中将参谋长）、萧静轩等人，在成都提督东街三义庙共建的“维摩精舍”，出版了维摩精舍丛书:《中庸胜唱》《黄叶闲谈》《榴窗随判》《灵岩语屑》。南怀瑾、杨光岱等人参与了这套记述袁焕仙“讲授”的书，成为袁焕仙的高足。当时有人说：维摩精舍门下有三大元、五仙人。三大元，是指灌县灵岩禅七会上首名状元南怀瑾、二名榜眼郭正平、三名探花杨光岱。

南怀瑾被认为是维摩精舍的开山首座弟子，所以许多会内人都称他为大师兄。

此后南怀瑾随袁焕仙到潼南玉溪口过冬，更得不少教诲。袁焕仙由习儒、从政到禅学大师的人生历程，为南怀瑾树立了楷模。

1943 年 5 月，南怀瑾在成都突然失踪。原来他毅然辞去军校教官职务，“不禀先生，不谋友朋，突然而逸”，到四川峨眉山大坪寺潜心研究禅学。大坪寺由明末避世的得道高人松月法师开山，地处悬崖陡峭的孤峰之上，人迹罕至，为静修好去处。更吸引南怀瑾的，是大坪寺藏有全

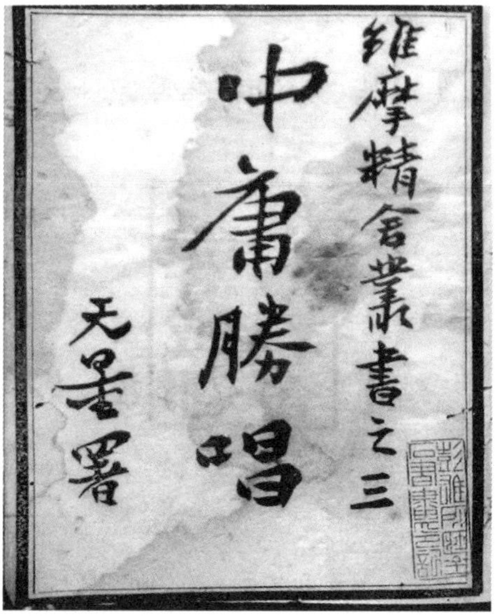

民国时期出版、由著名书法家谢无量题写书名的《中庸胜唱》（供图：彭雄）

部大藏经。在印华法师（尼姑）、普钦大法师的帮助下，他选定此处“闭关”三年，皈依在普明法师座下。

也毕业于黄埔军校的萧天石，1955年在“台中草庐”为南怀瑾所著《禅海蠡测》一书写《剩语》一文中回忆：那时的南怀瑾还有治国平天下的壮志，“每相与论天下事，壮怀激烈，慨然有澄清之志”。但南怀瑾又常常“芒鞋竹杖，遍历名山大川，友天下奇士，不知者辄目为痴狂，而君恬然乐之”。

1943年，萧天石和南怀瑾一同遍访高僧，同师事光厚老和尚。此后南怀瑾越发古怪了：“君辞军校事，后又弃隐于青城之灵岩寺，霜枫红叶，日伍禅流。旋从禅德袁焕仙居士游……不知踪迹者久之。一日，忽有客

南怀瑾峨眉山闭关后留影

自峨眉来，始知闭关于中峰绝顶之大坪寺，西川旧好，相顾愕然！”

这时的南怀瑾，还怀着对红尘生活的留恋，这从他的《入峨眉闭关出成都作》诗中可以看出：“大地山河尘点沙，寂寥古道一鸣车。熏风轻拂蓉城柳，晓梦惊回锦里花。”但他又是抱着学佛参禅的巨大决心到峨眉山的：“了了了时无可了，行行行到法王家。云霞遮断来时路，水远山高归暮鸦。”③

他由龙门洞入山，一步一步迈向天下秀的峨眉，终于拒绝了尘世的诱惑，《过龙门洞》诗正是这种心境的流露：“穿云冲破几重天，踪迹空留岭外烟。试上龙门回首望，不知身在万山巅。”③

峨眉山顶冰天雪地，他每当夜深人静时起来静坐。他说，此时“万籁俱寂，飞鸟亦无，清净境界，如身游太虚中，安心自在，就像神仙境界一般非常舒适。而且常听到虚空中天乐之音，非常美妙。因而想到庄子所谓‘天籁之音’……”⑨

深山三年闭关，生活无疑十分孤寂清苦。但峨眉秀绝天下的风光，让南怀瑾苦修中自得禅门之乐，他写诗道：“云作锦屏雨作花，天饶豪富到僧家。住山自有安心药，问道人无泛海槎。月下听经来虎豹，庵前伴坐侍桑麻。渴时或饮人间水，但汲清江不煮茶。”“醉染霜林几树红，善来双鸟解巢空。分明凡圣无优劣，妄指西东有异同。扶杖人归天上月，呼群雁叫岭头风。洞门偶一读黄老，谁在拈花微笑中。”⑩

穿上僧衣的南怀瑾晨昏青灯黄卷相伴，斋戒素食与僧侣为伍。三年中，他遍读大藏经三藏十二部及其他有关梵文典籍。其间，袁焕仙特地上山看望这位得意弟子，并在大坪寺为僧众们举行了一次“禅七”，还题笔为大坪寺写了一副对联：“此地即普贤道场，来天末雁，看岭外云，数遍色色尘尘，都是晴空一亘；何处觅秀头和尚，饮赵州茶，读慈明榜，历画山山水水，依然秋月半轮。”

闭关三年，南怀瑾对外面世事都不了解，山下挑米回来的小和尚偶尔带来一点新闻。有一天小和尚回来说，厚黑教主去世了（李宗吾 1943 年 9 月 28 日逝世）。南怀瑾很难过，心想借的二十块现大洋也没法还了，就每天给他念《金刚经》……②

终于闭关期满，像只离群已久的归雁，要下峨眉了。虽是回归尘世，但此时的南先生已深得禅学三昧，心意空灵了，他在《归雁》诗中写道：“转身冰雪清凉界，万水千山自在飞。浅渡危矶斜照远，芦花明月任高栖。”③

曾为军人的南怀瑾从峨眉山上飘然下来了，美髯拂胸，衲衣杖策，神采奕奕。萧天石问他：“从甚处来？”他答：“前从灵岩去，今自金顶回。”萧复问：“今后拟往何处？”南怀瑾朗声答：“到处不住到处住，处处无家处处家。”两人相视而笑者久之。1945 年后任灌县县长的萧天石，后来也成为著名道教研究学者。

闭关三年，对南怀瑾一生影响甚大，他在二十多年后的 1966 年还写诗感慨：“长忆峨眉金顶路，万山冰雪月临扉。”⑪

“回首巴山天那方”

1945年冬至次年春，南怀瑾又去五通桥多宝寺闭关潜修。

多宝寺是五通桥名胜之一，是峨眉山大坪寺的下院，寺后有蓊郁的大松林。每当夜半月明，寺内僧人会看见一人在松林中舞剑练拳——这就是南怀瑾。

因慕名来访者日多，南怀瑾移至女弟子张怀恕父亲家中的书楼上居住。张怀恕曾任隆昌教育局局长，很受人尊敬。据张怀恕后人回忆：“妈妈和家人商量，便请怀师移居到我外公家的书楼上，也好长期供养。外公的书房有三间，左边的书房堆满了图书，其中有全套的《永乐大典》和《四部备要》，右边是卧房客房。怀师住在我们家里，安禅打坐外，便埋首在书丛之中……”[⑫]他披阅了全套《永乐大典》等典籍，为日后名扬天下的治学打下深厚的基础。

1946年春天，南怀瑾回到成都。不久后，南怀瑾在风了和尚的陪同下，到西康、西藏参访密宗各宗各派。满空法师为他担任藏语翻译，四川高等法院首席检察官谢子厚居士则提供给他宁玛派、噶举派、格鲁派、萨迦派等多种秘藏法本。南怀瑾当时有个西康行辕公署少将参议的头衔，因此能在康藏一带顺利成行。他参访了贡噶活佛、根桑活佛等。后来，贡噶活佛还在成都古刹大慈寺，特地为他传授显密戒律，并亲手书写了藏文传法传戒的证书交给了南怀瑾……[⑫⑬]

1946年秋天，南怀瑾欲离川赴滇，去云南大学讲学。许多名流及高层人士如曾任四川省主席的王缵绪、曾任财政厅厅长的甘典夔及吴景伯、

国学大师南怀瑾老年照

曾子玉、谢子厚、萧静轩、刘航琛等人，都大力挽留，但南怀瑾都一一婉谢……[12]

他在重庆写下《丙戌秋，留别蜀中耆宿伍心言秘书长》诗：“历尽嶓岷蜀道难，欲归翻觉世途单。多情偏是温泉月，照到离亭去客车。”《华阳国志》中说：“西岷嶓地称天府。”南怀瑾这是说：天府之国蜀道虽难，但自己走遍了，孤身离川真依依不舍啊……

他在重庆又遇到在潼南县当书记长的老朋友田肇圃，他写《鹧鸪天》词倾诉聚散如梦的离别愁情：“云水萍飘岂偶然，九年足迹遍西川。管他鬓到秋边白，落得人闲月似烟。肠空转，事难全，又入阎浮欲界天。樽前酒醒荒唐梦，君向潼南我向滇。”直到上了飞机去昆明途中他仍丢不下四川，写道："晴空万里昆明海，回首巴山天那方！"[3]

在滇期间他又曾短期回到成都，到四川大学讲学。1947 年，他返回浙江乐清故里，归隐于杭州天竺寺、江西庐山天池寺。1949 年春，南怀瑾到台湾。

"九年足迹遍西川"的生活，对南怀瑾影响甚深，为他后来成为"上下五千年、纵横十万里、经纶三大教、出入百家言"的世界著名国学大师，奠定了雄厚基础。南怀瑾先后出版了 32 部专著，在世界各地长销不衰。他无论讲学还是在著述中，提到四川之处不胜枚举。他晚年大力支持修"金温铁路"，致力于两岸和平统一，成为沟通两岸关系的和平密使，一手促成两岸的"汪辜会谈"……[14]

从 1986 年开始，南怀瑾频频写信回四川，通过张怀恕的后人等渠道，同四川许多故旧如袁焕仙女儿袁淑平及黄幼勤、贾题韬等人有了联络，长期通信[12]。

"回首巴山天那方"——南怀瑾，一位终生难忘巴山蜀水的当代奇人！

注释：

① 《太极拳与道功——南怀瑾先生讲述》，《十方杂志》1966 年。

② 南怀瑾：《李宗吾与厚黑学》。

③ 南怀瑾：《金粟轩纪年诗》中《西行集》。

④ 《四川盐亭县志》，2003 年 6 月 29 日。

⑤ 袁焕仙、南怀瑾等：《灵岩语屑 · 壬午辑》，成都维摩精舍，1943 年。

⑥ 朱文光：《答客问——怀师》。

⑦ 袁焕仙、南怀瑾等：《灵岩语屑 · 醉后之光》，成都维摩精舍，1943 年。

⑧ 袁焕仙、南怀瑾等:《灵岩语屑・尺素辑》，成都维摩精舍，1943 年。

⑨ 南怀瑾:《观音法门（略讲）》。

⑩ 南怀瑾:《金粟轩纪年诗》中《西行集・秋日四律步傅真吾先生原韵》。

⑪ 南怀瑾:《金粟轩纪年诗》中《西行集》《海东集》。

⑫ 参见:《五十年来的近事》，尚香文化论坛（http://www.ssxweb.com/bbs）。

⑬ 南怀瑾缘网（http://www.nanhj.com）:《学界楷模，一代宗师——记中华传统文化之集大成者南怀瑾先生》。

⑭ 李令媛:《南怀瑾：两岸密使一代高人》，《海外星云》2000 年第 25 期。

民国四川几大“妖人”

所谓“妖人”，指以邪门奇术妖言惑众之人。虽是装神弄鬼，却每每掀起大风大浪，不单普通人受骗，还把不少“大人物”弄成“瓜娃子”。此中“龙门阵”稀奇古怪，胜过天方夜谭……

这时众人才有点脑瓜子开窍：

骗局！

而“左老师”带着“请仙剑”的重金，

真的已驾“剑光”上天庭了——坐飞机溜也！

李
時真定灵
仙
誠求必應

民国时江湖行当大致有“风”“马”“燕”“雀”四大门，“金”“皮”“彩”“挂”“平”“团”“调”“柳”八小门。江湖人物中有：假神仙、假僧道、江湖术士、江湖郎中、江湖艺人、江湖骗子、窃贼、强盗、侠客、乞丐、清客等各色人，构成“江湖”这充满神秘魅力的世界。所谓“妖人”，指以邪门奇术妖言惑众之人。这些人，大都是混迹江湖的“老跑滩匠”，三教九流的人物都有，尤以神仙方士、江湖术士、江湖骗子等居多。虽是装神弄鬼，却每每掀起大风大浪，不单普通人受骗，还把不少“大人物”弄成“瓜娃子”。此中“龙门阵”稀奇古怪，胜过天方夜谭……

“剑仙”现形记

“燕赵多侠士，峨眉出剑仙。”四川历来剑仙起串串，以致还珠楼主写的小说《蜀山剑侠传》让无数人神魂颠倒。宣统末年赵尔丰任四川总督时，成都还真的来了几个剑仙。为首的是一个和尚、一个道士、一个俗家人，自称是师兄弟三人，还携徒弟数人，寓居文庙前街。僧、道等人自称“剑仙”，说将于某日某夜吞吐剑光。

其夜无数人登高遥望，果见僧道寓处有白茫茫毫光直射屋外！于是“剑仙”功夫如何了得的传闻沸沸扬扬，不少人想要拜师学艺当“剑仙”。凡拜谒僧道一次送贽见礼纹银四两，拜师礼为十二两。而三个剑仙深藏不露，仅由徒儿传授功夫，学费每月四两。

这三个剑仙志存高远，并非单求钱财，意在广收徒众称霸武林，这便引起“达摩会”中人的警觉。原来“达摩会”是当时民间武师的社团组织，有点像现今的“武术协会”。正、副会首周腾蛟、吴蔚生与徒弟王镜屏、侯坦商议道：“剑仙乃高人，择徒甚严，焉能广收普教、处处要钱？且其所传技艺平平，仅以‘剑光发放、吞吐内功’为幌子，多为骗局！”

古神话中逐疫驱鬼之神叫方相氏，鼓目龇牙满脸凶相，可说是后世“妖人”的祖师爷（出自：宋本《三礼图》）

王镜屏是“达摩会”中“执法”，武艺高强且素不信邪，当下他直闯僧道居处。门卫拦截不住，大吼大叫：“王镜屏来了！”王已闯入内室，见和尚道士正卧床榻吞云吐雾大吸鸦片烟。王镜屏跳上烟榻，以“千斤坠”腿法压住胖和尚，手锁其颈厉声喊道：“你给我快放剑光！”

和尚挣扎难言，那侧的道士厉声道：“我等剑仙出家人，慈悲为怀，怎能轻易杀生！”王镜屏也大叫：“你真能放剑光，老子甘愿去死！既是出家修行之人，为啥子跑到闹市来抽鸦片、骗钱财？”

道士大怒道：“你之武艺还不如我一门徒，何劳我来放剑光伤你？”

王镜屏跳下地求比武，吼道：“如老

子输了，我‘达摩会’中人都拜你为师！”乃定于次日在成都陕西街韦驮庙中，请来全省城武人与僧道师徒十余人较技。

闻说凡人要与“剑仙”比武，全城轰轰然都来看热闹。第一轮王镜屏即胜僧道之徒王连两场。第二轮便应与僧道比武。突然间，僧道二人跪地告饶，哇哇大哭说出原委：原来是湖北几个武人，武艺也还凑合，他们邀僧道俗三人扮“剑仙三师兄”，自己扮徒弟，凑集十余人结伙行骗。那直冲房顶的“剑光”，戳穿了一文不值：是在燃放硝磺、铂粉，类似现在小娃娃耍的“冲天小火炮”。成都受骗的有拳师几十人和新收徒弟数百人，骗银约二千两。

第二天，在安乐寺关帝庙前（其址为现蜀都大道蜀都影城对面红旗

清末一自号“李半仙”的术士

商场处）处置骗子。“达摩会”会首周腾蛟说：“所骗财物已经挥霍，虽是受骗，但皆因被骗者迷惑怪诞而致！”被骗者都羞愧难言。周下令重责三个号啕大哭的“剑仙”各四十大板。“剑仙”三个徒儿实为主谋，按武林江湖规矩应废其一臂。当下由王镜屏将三个湖北武人各戳伤右眼一只，以作终身行骗致残标记。其后将僧道等人一齐赶出省城，并书写榜文寄告全国武林界……

此事轰动一时，至今犹流传于四川武术界，成都著名武术家侯仲约老先生谈之尤详①②。

“左老师”的“剑仙训练法”

秦德君，忠县人，为明末女英雄秦良玉后裔。她1932年作为中共地下党员，曾当过四川军阀刘湘的女参议官。当时成都“通天教”“左教”妖人纷纷活跃在社会各阶层。秦德君老人曾回忆这方面情况，令现在的人匪夷所思。

“左教”祖师爷人称“左老师”，他把四川大军阀刘湘部下的“高干”和夫人都动员在他门下练“剑仙”，还打出“抗日爱国”旗号，说：练好了能以此打垮日本！“左老师”让徒子徒孙们拿钱“请”仙剑，每人一把剑，据说是赤足黄金，四百元一把。每把剑都有个剑名，持剑者当然就是“剑仙”了。刘湘部下林润荪夫妇一人一把，儿子一把，又花四百元送秦德君一把。

秦德君的剑号名曰“遗隐道人追风剑”，秦德君当然就成了“遗隐道人”。“左老师”每晚饭后在林润荪的书房里教他们四人练剑，秘传秦德君的口诀是“风烈烈，冷浸浸，遗隐道人不留停！”还要秦摆个“仙姿”：盘脚坐蒲团上，左手拿黄金宝剑抱在胸前，把口诀反复念三次，把右手第二指、第三指向左手一推，口说：“去！”“左老师”说：这样练七七四十九天，剑就会飞出去，天南地北，由持剑人指导，百发百中！

1932年5月15日清晨，一百名剑仙弟子在南山的南天门会师。“左老师”为了奉承林润荪，还把秦德君任命为这一百个剑仙的领队，号为“消灭倭寇、保卫中华”的“仙姑元帅”。秦德君虽知愚昧之举，然而口号冠冕堂皇，也只好逢场作戏。谁知5月15日那天，一百名剑仙男女弟子准时等候“左老师”于南山的南天门，一直等到天黑，望穿秋水却不见“左老师”仙影。突然有人传来消息说：“左老师犯了天规，玉皇大帝把他召去跪在天宫里的南天门，希望众弟子向玉皇大帝下跪求情！”

这时众人才有点脑瓜子开窍：骗局！而“左老师”带着“请仙剑”的重金，真的已驾“剑光”上天庭了——坐飞机溜也！后来众人得知：那一百支剑是在浙江凤祥银楼定做的，每支剑连工带料只花八十元，一支剑净赚三百二十元，一百支剑赚了三万二千元！③

想当皇帝的“燃灯古佛”

民国年间四川省永川县红炉场，有个人引人注目。此人年近四十岁，身着旧蓝布长褂，手捻一串长长的佛珠，颇具古风，令人感到神秘莫测：他就是彭汝尊，字泰荣，自号“龙凤仙山述古老人”。

彭汝尊自幼聪慧过人，在私塾苦读过多年孔孟之书、诸子百家、佛老玄学。他熔儒、佛、道诸教于一炉，创立一个类似宗教又不是宗教的封建会道门组织“同善社”，自任“统道师尊”。“同善社”教义十分庞杂，以“无生老母”为宗主，兼拜弥勒、释迦、阿弥陀诸佛、玉皇大帝、文昌帝君、灶君、济公、孔子、老子、吕洞宾、关羽、张飞等圣贤或神仙，杂取儒释道三家言语，自诩“万法归一”，宣扬“三期末劫”。

彭通古博今，又深谙养生术，外表显得仙风道骨。许多有身份的人都慢慢成为他的忠实信徒，奔走宣传说：“‘无极燃灯古佛’降世了，师尊能知过去将来，断人吉凶，指点迷津！”

无数人纷纷参加“同善社”，其中有巨商富绅、军政要员、普通百姓。而各地头面人物，大都担任“同善社”的各级领导。如最初“四川同善社”的“善长”就是曾洪图（曾任四川都督府军政部次长，四川军官学校校长）。其信徒越来越多，在四川普遍建立分社，还发展到汉口、上海、西安、北京等地。许多省份的军政显要都参加“同善社”。如四川督军刘存厚、省长赖心辉，湖北督军王占元、肖耀南，至于什么师长、旅长、县长之类参加的就更多了。1918 年，彭汝尊亲到北京传道，在北京成立同善总社。中华民国大总统曹锟和国务总理段祺瑞也来参拜，“燃灯古佛”彭汝尊当即降下谕旨：封二人为“同善社”的“护法”，彭的大名从此震动京师。

此后，彭汝尊在全国成立了十六个“大号”（大的分社）、三十八个“小号”（受大号领导），形成庞大的传道系统，各地安置了大小“号首”。1925 年在汉口成立“合一会”，作为领导全国“同善社”的中枢机构。彭汝尊亲自驾临，各省重要首领也云集汉口，盛况空前……后来形成“南北二派”，北京同善总社统辖北方各省，“合一会”统辖长江以南。南北两派均尊彭汝尊为“统道师尊”。彭除偶尔到外地巡视外，长期隐居永川县红炉厂。

“同善社”在中国翻江倒海，影响巨大，以致毛泽东在1930年5月《寻乌调查》中，曾以长达712字的篇幅谈到它在江西发展的情景。

这个“无极燃灯古佛”凭什么神通在全国网罗数以百万计的会员呢？除了当时社会情况需要这种政教合一的“善道”外，彭还有其“妖术”。

才入会者被引进僻静佛堂，由“恩职”先生密授道行，叫“点体”或“点道”——实际上就是传授练功健身的方法。许多身有痼疾投医无效者，入道打坐后病愈，对他越发迷信。

不少见过大世面的达官贵人，受过高等教育，本来也不相信彭是什么“燃灯古佛”下界，只是携礼前来永川县探听虚实。但往往目睹彭汝尊后便敬佩得五体投地。许多人说：彭汝尊端坐禅室内，他头上罩有淡蓝色的光圈，就像菩萨头顶的佛光一样。有人说：彭师尊身上散发一种“麝兰之香”。还有人说：如有幸被彭师尊“摩顶说法”，其手掌一触头顶，自己就感觉如触电、如暖流、如石压……种种难以言喻的奇妙感觉。彭推算晋谒者生平往事、吉凶祸福，往往言之如神……

种种情况看似不可思议，不过也只是江湖玩意。晋谒者在彭汝尊外表迷人、环境唬人、装神弄鬼的特殊环境中，难免神经过敏。彭还懂“江湖门子”，如手掌发烫，很可能就是江湖不传秘术中的“火烫门”（掌中藏中药汞沙，加一两点茶水手掌就会奇热发烫。此外，笔者晓得的“门子”还多，此处不赘述）……彭汝尊积年老江湖，“断人祸福”也非难事，连手艺稍高明的算命瞎子也能把人哄得稀里糊涂呢。

彭汝尊利用“打坐参禅”这一有效健身方式，加之推行扶乩、通灵等巫术活动，网罗了众多信徒。“燃灯古佛”想坐龙廷了！1927年大革命前后，“同善社”对许多骨干信徒进行武艺训练，说是“伏魔大帝”将扫魔定劫、辅佐弥勒古佛重开太平盛世……一句话，“同善社”欲乘世道动荡之机复辟封建王朝。这引起当时国民政府的注意，曾以“‘同善社’宣扬迷信、勾结北洋军阀”的罪名下令取缔，使其活动有所收敛。

民国二十年（1931）溥仪建立伪满洲国。彭汝尊于民国二十二年（1933）派其次子彭宝善赴长春晋见溥仪表示拥戴，得到溥仪嘉奖，并授教主名号。彭宝善在长春住了将近两年，于民国二十四年（1935）潜回四川。

到了1937年全面抗战时，蒋介石成都行辕接到特工密报：彭汝尊在永川住家处暗中置备皇冠、黄袍，意欲聚徒登基当皇帝。当局当即派兵前往永川县缉捕。但至彭家后，彭汝尊早已遁去，只捕到彭的父亲和其弟子永川县“同善社”号首曾奎牛两人，搜缴了彭家的金银财宝、各式枪支百余条、彭准备做皇帝用的全副銮舆摆设，及溥仪封号敕书与诏书密令等……彭汝尊在宜宾躲藏一阵后，又飘然返回旧居。

这下“同善社”的人纷纷传说：“统道师尊早知某月某日有一场劫难，默祷瑶池老母，老母派护法韦驮暗中保护，遂遁去云游数月后，现在安然回驾龙山！”这一来，越发把信徒们哄成“方脑壳”了！

事后，各地社友纷纷前来慰问。彭汝尊出示一诗：“孽海茫茫一叶舟，回头是岸早绸缪。神州破后家何在，大劫临时死亦愁。仙佛凡身皆俗种，英雄骏骨尽荒丘。鸡鸣子夜遥天晓，济难禳灾共苦修。”众人看了诗，认为“统道师尊”是倡议举行禳灾祈祷会，并说是为抗战胜利及死难国人而祈祷。当局遂不再干涉“同善社”活动。

临近中华人民共和国成立，彭汝尊晓谕社中人，大难将临。他于1949年农历冬月十三日在大足县龙水镇突然坐化而死，也有人说他是畏罪“吞金自杀”。其子彭宝善后被枪毙[④⑤]。

“刘神仙”的“神兵”

民国期间“道行”最高的“妖人”，当数“刘神仙”。

刘从云，又名刘宗培、刘汉群，化名全汉尊、刘钟伯，道号“白鹤”，四川威远县人。生于光绪十年（1884）。

1906年投在威远县刘永宽之“一贯先天大道”（又称“儒教”）名下，1914年即以高徒身份代师传道。次年刘永宽病死，刘从云当上教主。

刘幼入私塾十二年，且为人机变诡诈，江湖“门子”（即“法术”）极多，哄得人人称他“刘神仙”。“神仙”为混饭吃，最初也干了几年占卜、星相、堪舆之类的江湖跑滩匠。后他用江湖中“瞒天过海”“做大路子”的招数，自称是奉玉皇大帝旨意，代天宣化慈航普度，以挽回“红羊劫难”。1911年起他广收门徒，十年后“刘神仙”信徒成千上万，在川中设了108个坛馆供坐镇菩萨，神灯长明。

1923年，刘从云率心腹李彦清、高鹏飞来成都“传道”，先“引渡”了商界如万国储蓄会总经理郭理钧等二十多人。

四川军阀中最先是川军21军机关枪司令刘佛澄、团长蒋尚朴“上舟”入教。此后军长刘湘也顶礼入道。刘湘之妻，外号“刘甫（佛）婆”，十分相信善恶因果之说，更迷信“刘神仙”。军长夫妇既皈依“神

民国初期成都一个老“巫医”

仙”莲台下，21 军各级军官岂不争当徒子徒孙！刘从云有次酒后失言道：“从此英雄尽入吾彀中矣！”

刘从云懂些兵法军事，以“诸葛神机”自命，向刘湘献“安川计划”十条。一次刘湘和杨森联合作战攻鄂，久无战况消息。刘从云掐指推算道：“三天内定有佳音！”果然三天内捷报飞来。1930 年蒋、冯、阎中原大战，他又为刘湘制定《平定中原作战方略》，把心存逐鹿中原野心的刘湘逗得心痒痒的，喜欢得就像听了孔明先生的《隆中对》。

1929 年夏，“刘神仙”在刘湘支持下成立道门军队。他筹集信徒入道礼金二十三万银圆，购回德国步枪三千支、手枪二百支，选青壮年道徒百人于重庆大佛寺集中受军事干部训练，再选送三千道徒做士兵，成立川军21军模范师，号称“神兵”。到1931年，“神兵”已扩大到一万三千九百余人，由“刘神仙”直接指挥。他“以神建军”，川中几乎所有重要军阀都成了他的门徒，并由他分别赐以道号法名。如刘湘赐号玉宪，潘文华赐号玉羽，唐式遵赐号玉美，王缵绪赐号玉道，王陵基赐号玉豹，杨森赐号玉勇，邓锡侯赐号玉齐……

1932年，川军29军（军长田颂尧）、28军（军长邓锡侯）、21军（军长刘湘）在潼川结盟，共同对付24军（军长刘文辉）。“刘神仙”对众军事将领说：“我已算定冬至之前，24军必败！”“刘神仙”以“前敌总指挥”头衔率“神兵”攻入成都，果然将刘文辉24军击败，得到刘湘二万五千块银圆的奖赏，在成都三槐树街购置了大公馆。这是“刘神仙”最春风得意之时。

1934年四川各地方军阀组织“六路会剿”共同对付红军，刘从云当了“四川剿匪军事委员会委员长”。这年秋天，刘湘召集第二次“剿匪军事会议”。只见刘从云在会上恭恭敬敬地对神坛三跪九叩，两个侍童各扶住丁字形乩笔的一端，在沙盘上战抖晃动起来。刘从云长声悠悠道：“神驾降临，诸弟子跪接！”众川军首领纷纷下跪。

也有许多人不买刘从云这个“野神仙”的账。开会之前杨森就说：“我妈死了，我都没磕过头。老子怎能给刘从云下跪？”最后碍于刘湘情面只好下跪，窝一肚子闷气回去骂了几天娘。川中老牌军阀王陵基信奉道教，向刘湘发电报称：“均座（指刘湘）之命绝对服从，刘妖（刘从云）之令，誓死反对！”而刘湘的第2师15团团长严啸虎，早就上书要杀掉“妖人”。外号“范傻儿”的师长范绍增常在跪拜时骂“刘神仙”：“我×

你娘！”“傻儿”对人说：“我 × 他先人他都不晓得，狗屁个神仙！”[6]

江湖妖人刘从云巍巍然当上“委员长”，驻节南充发号施令，命将出兵不但要占卜吉时良辰，还要掐指定方向。一次命潘佐师截断红军后路，潘师长照其指定的方向前进，面临大山，又遇断岩，急忙电报请示。“刘神仙”回电话责备魏师长：“你不晓得军队要逢山开路，遇水搭桥嗦？”把个魏师长鼻子都要气歪了，答道：“是不是还要我军临岩舍命？”一时传为笑谈……[7]

刘从云夜夜焚香祈求诸神保佑，此次“神军”却一败涂地。川军各部为洗刷自己，全都破口大骂“刘神仙”装神弄鬼贻误战机，纷纷致电要刘从云“自裁以谢川人！”“刘神仙”晓得娄子捅大了，只好溜之乎离开四川去“麻”外省人，还去了伪满洲国，云游南北广收道徒。

1946年冬，“刘神仙”到上海，范绍增把他介绍给杜月笙。杜为“神仙”在南京路大庆里找了个公馆，“神仙”便又在沪上当起了“相天下士”的高级“跑滩匠”。杜月笙、范绍增为“神仙”定下价例：每相一命金一两。此时的“神仙”不再穿古怪道袍，而是狐裘貂褂，口衔雪茄，身后徒儿四人皆西装革履。刘从云巍然高坐，来相者皆达官贵人，“神仙”大名又传遍上海滩……

1948年4月，选举“总统”和“副总统”，争斗激烈。“刘神仙”把蒋介石、李宗仁、孙科、胡适等候选人的“八”字详加批注、圈点登于报上。又把富春楼“花国大总统”（选美冠军）的“八字”也登其中，“花国”和民国并列张贴于街巷，围观者哈哈大笑……上海警备司令宣铁吾见“刘神仙”“涮坛子”搞笑，对党国要人大不敬，十分恼火，便下令封了相馆，将“神仙”赶出上海。这当儿，蒋家王朝已大厦将倾，“神仙”又去香港鬼混一阵，尔后回川[⑥]。

中华人民共和国成立后，“刘神仙”终于被“贬下凡尘”。

1950 年，刘从云卖掉成都三槐树街的房屋，改名刘钟伯，辗转迁往外东星桥街、水津街……1955 年 12 月，成都市中级人民法院以反革命罪判处刘从云死刑，缓期两年执行。1957 年 2 月 12 日，翻江倒海四十多年的“神仙”，在保外就医中寂然病死[⑧]。

注释：

① 据成都著名武术家侯仲约老先生 1983 年提供的武林史料。

② 参见《四川体育史料》（内部刊物）1983 年武术专辑。

③ 参见秦德君、刘淮:《火凤凰：秦德君和她的一个世纪》，中央编译出版社，1999 年，第 103—107 页。

④ 参见童锡之、丁常通等:《“同善社”的起源及在隆昌的情况》，《隆昌文史资料》（内部发行）第 3 辑，1982 年。

⑤ 参见罗氏家园（http://www.luos.org）中《永川历代名人 · 彭汝尊》。

⑥ 见周之德:《记刘湘的“神仙军师”刘从云》，四川省政协文史资料委员会编:《四川文史资料集粹》第 6 卷，四川人民出版社，1996 年，及《四川文史资料》第 12 辑。

⑦ 见吴晋航:《1935 年参谋团入川前后》，全国政协文史资料研究委员会编:《文史资料选辑》（内部发行）第 2 辑，第 112—113 页。

⑧《成都公安志》主编陈稻心先生为本文作者提供的史料。

四川近代“武侠”

中国历史上重文轻武，武术从不入正史经传。本文介绍的四川武林人物事迹，绝非小说里和荧屏上胡编的神话，而是历史上真实、鲜活的“武侠”……

王以狗退猫进之势，

身子向后疾闪，躲开那一腿，

然后托地跃起，左掌直抓对方面门。

张忙双拳往上架挡，

王一招猴儿偷桃，右掌击向对方丹田。

张还没回过神来，王禹堂急转身腰，

一记后扫腿将张猛扫倒在地上……

國術館紀念全體科員攝影

目下，笑傲江湖、行侠仗义的武侠影视剧，称霸荧幕。其实，中国历史上重文轻武，武术从不入正史经传。远的不说，就是百年内四川武林史实，现在也成一团乱麻。本文作者曾专门研究武术史，在巴山蜀水遍交名师武友，花了不少心血博采史料。下面介绍的四川武林人物事迹，多为本人采访所得，正史不载、少为人知。读者可从中看到巴蜀武林济世、度人、报国的优秀传统。这绝非小说里和荧屏上胡编的神话，而是历史上真实、鲜活的“武侠”……

四川武士会会长刘崇俊

刘崇俊，四川汉州（广汉）人，自幼好武，师从数人，武功虽已臻上乘仍谦虚好学。时有武术大家马黑子，祖籍甘肃，光绪二十二年（1896）来川，驻彭县清真寺内传授武艺。马黑子专攻北派，精于腿法，一次在彭县（今彭州市）文昌官内，曾腾空飞跃一记旋风腿，将庙前木柱打离柱墩近半尺……故武林以“神腿马武师”称之。刘崇俊闻其名，与师兄马镇江将马黑子恭迎至成都家中，拜师学艺。马黑子以“大小红拳”“小神拳”“九龙大刀”等技艺倾囊而授，刘崇俊、马镇江因之功夫猛进。马镇江被聘为清军十营总教官，刘崇俊辅之，二人因武艺高强深得赞誉。此时，刘崇俊秘密参加了反清组织“哥老会”。

1911年，成都保路运动兴起，省督赵尔丰诱捕蒲殿俊、罗纶等九人，蜀中形势顿恶。赵尔丰枪杀民众事件发生后次日，刘崇俊与《蜀报》校对李明新及川江水道总区官邓涵秋，会同来川组织新军的湖北党人梁俊明、陈君显等召开秘密会议。会上，刘崇俊对赵尔丰之暴行义愤填膺，言辞激昂，睚眦几裂。欲携械行刺赵，众人力止之，决定刘崇俊、李明新赴温江等地联系同志军举行武装起事。次日，刘崇俊二人赶至温江，与同志军首领吴庆熙相晤。吴对刘崇俊道：“刘兄，我手下已集合数千人，只是缺少武器，你能否替我们弄得急需的子弹？”刘慨然应允，当即赶回省城，与潜伏清军中的邓涵秋共同设法搞到不少子弹。刘崇俊将子弹藏于行李中雇车拉运。城门处清军搜查甚严，刘毫无畏惧，厉色对众清兵道：“我少许铺盖行李，也值得一搜么？”清军士皆知其为省城有名国术家、军中教官，威望甚高，竟任之出城而去。

“四川武士会”内江分会会员徽章

民国时期曾任“四川武士会”会长的刘崇俊所写的“练步拳”书

温江同志军得子弹后，士气大振，立即起事攻打成都。此后，刘崇俊又转赴新津县、崇庆州与当地同志军首领侯保斋、孙泽霈会晤。数日后，侯即率兵与清军激战于成都红牌楼，吴庆熙率兵与清军激战于文家场，孙泽霈痛歼清军于三渡水……保路运动遂推向高潮。赵尔丰不得已释放蒲殿俊、罗纶。罗立即邀刘崇俊至家，了解同志军详情。蒲殿俊拿出现金一千元，商定由刘崇俊、李明新到成都之东另成立一支同志军以壮声势。二人奔赴外地与哥老会首领乔仲山及淮州（仁寿）仁字码头哥老会大爷韩镜轩等会晤，数日内就集合许多人马，刘崇俊亲自教练国术技击之法……不久各路同志军胜利攻占成都，作为武昌起义的前奏而功载史册。刘崇俊在保路运动中，武勇报国，建立了功勋。

民国后，刘崇俊以反清之功曾任团长，但他不欲仕途，旋即解甲，复以习武养生为乐事。1912 年，四川第一个官办武术组织“四川武士会”在成都忠烈祠正街成立，省都督尹昌衡为名誉会长、马镇江为会长、刘崇俊为副会长。1925 年筹建“四川省国术馆”，前清状元骆成骧任馆长，刘崇俊任副馆长，后任具体负责馆务工作的教务长。国术馆位于少城旁半边桥，门口有对联“仁者必有勇，君子无所争”，乃刘崇俊亲书。同在国术馆任教者有喻德安、侯万里、颜联武（满人，善枪术）、周海泉、杨建堂（善射）、陈玉安等人……学员中有刘学洲、刘玉书、詹品三等。

刘崇俊武功全面，尤精技击，其身形魁伟而灵巧。武人中每有技艺高超者不服刘之盛名而求较技，多败于刘手，转而师之，故其门徒甚广。而刘谦恭无自满色，仍好学不倦。成都有拳师陈大章，武艺精湛。有人对他说：“刘崇俊功夫甚好，你何不拜其门下？”陈笑道：“刘习北拳及峨眉派，而我习三原派。他又不懂我的拳派，焉肯拜其为师？”刘崇俊闻之，大有“一事不知以为耻”之慨，遂发愤径赴陕西三原县，拜三原派高手“鹞子高山”为师学艺。刘本为武林大家，一点即通，不久即尽得三原武术奥蕴而返。刘复面晤陈大章，为其演练三原派功夫并谈其拳理甚精深。陈大为惊叹，由是敬重刘，转而师之。

刘崇俊为人正直，乐于助人。一日街邻失火，刘奋然提水桶，踊跃助救。登梯上瓦脊泼水时，火势虽减而木椽已坍，刘从高屋跌下，右腿骨折。后经治疗仍略瘸，自此更练功不懈、精益求精。蜀中武人戏道：“刘瘸子一腿虽稍短，而武艺反长了一截！”刘听之捻须大乐。

“中央国术馆”馆长张之江聘刘至馆中任编研处长，编辑有姜容樵（八卦名家）、李雅轩（太极名家，现成都习杨氏太极拳者多为其再传弟子）、黄柏年。该处主要编写古代、近代武术文史资料及武术教材，广设辅导站。刘崇俊之“练步拳”列为馆内生员必修项目之一。郑怀贤、张英振等武林高手都曾在馆中习拳（郑、张时任馆中国术教师）。后国术名家吴志清将此拳整理成书流传全国，吴在序中赞刘之“练步拳”说：“此拳传自川人武士会会长刘崇俊君。盖刘君久历秦陇河洛，探访名师益友，专研少林五拳及岳门短打。经三十余年之旁搜博采，确认此拳为龙拳而无疑……余叹未曾前闻。见习一过，觉与他拳相异，且刚柔相济，无太过亦无不及。恰似黄庭初写，始信龙拳之神妙也！”

刘崇俊返川后，仍负责省国术馆工作。刘虽为武人，然学识渊博，诸子百家皆有涉猎。他常慨然道：“世人每觉武人粗鄙，但古今来武人都是‘武棒锤’么？岳飞岂不是武人？戚继光岂不是武人？但论学问胜一般文人多矣。现已进入科学时代，国术非小道，武人亦当弄文，所谓‘文人应武，武人应文’！”

他爱好书画，其作格调不凡。抗战初期成都书画界募捐义卖，刘之书画每帧标价数十元，买者仍多，由此可见其画技已达相当水平。刘崇俊还善养雀鸟，对此甚有研究，曾任省城“凌霄会”（类似今之信鸽协会）会长，曾著书行世。一次蓄一珍奇红嘴雀，鸣声婉转异于常鸟。有华西协合大学某洋人欲以高价购之，带回本国，谋之再三，刘崇俊坚不允，谓人道：“我中国稀奇东西，为啥要卖给洋人带到外国去？”此外，刘还善相马、驭马，亦有书著刊世。

刘崇俊主持省国术馆期间，成绩斐然，搜罗众多俊才逸士。一次冯玉祥和“中央国术馆”张之江馆长（张乃冯之旧部旅长）到成都，至省国术馆参观众武士之演练，冯、张皆赞叹不已说：“真是流派众多、风格迥异，想不到蜀中国术如此兴盛。这和刘馆长热心‘发扬国粹’分不开！”

1938 年 3 月 3 日，被称誉为“吾川国术泰斗”的刘崇俊病逝成都，出殡时有百多个武人争抬灵柩，规模极为隆重。市民夹道观之。

（注：关于刘崇俊的内容主要根据作者采访的口碑材料。关于刘崇俊参与保路运动史实，参考当事人李明新先生生前回忆文章《立宪派与士兵运动和哥老武装》，政协四川省文史资料研究委员会、四川省人民政府文史研究馆编：《四川保路风云录》，四川人民出版社，1981 年，第 57—59 页。）

“铁人”马宝

民国七年（1918），成都青羊宫举行全川首届国术擂台比赛。省督军熊克武部查马长、同时也是熊的保镖的李国操任第一组擂台的擂主；第二组擂主为著名峨眉“余门”派南拳传人余发斋；第三组擂台的擂主为有名的“铁人”马宝，精通南派武功，曾任省都督尹昌衡的镖师……这三个“擂主”，都大名鼎鼎。比赛期间，全川武林高手纷纷登台献技。马宝功夫令人叫绝，人们纷纷打听此人来历。

马宝，字飞熊，后改为哲良，成都人，生于1864年秋。他原居乡下，清末才搬进省城。据马宝的关门弟子杨季冰老先生回忆，马宝出身贫寒，却自幼爱武。他没钱拜老师，就常跑到场镇看江湖汉子卖艺，对其所见切切在心，回家后比比画画无师自通。他还时常跑到河边举巨石练力气，沿沙滩狂奔乱跳，爬上树取鸟蛋，入林中逮弄蛇虫……就是不肯正经读书，入私塾三年才念了一卷“人之初”，还不能背诵，只好停

民国初年古城民居院坝里的武术家在练功

民国时期（1929 年）国术馆武人合影

学。成人后身材高大、膂力过人，喜养雀、打斗、赌博。但他对母亲很孝顺，想方设法买好东西侍奉，乡里称他为“马孝子”。他性情刚直暴烈，真正是“路见不平一声吼，该出手时就出手！”对横行霸道的豪强者，则报以铁拳，必待对方告饶后才放手，还常愤愤然说：“你以后还要这样，老子还要打你！”故又有人称他为“怒马”。经常有打架寻事者，旁人吼一声：“怒马来了！”其人必慌慌张张跑掉……

后来他拜成都织缎机房的武林名师刘扬廷门下为徒。刘扬廷是太平天国翼王石达开身边四勇将之一，身怀绝技。大渡河失败后，四人杀出清兵重围，化名隐居各方，刘扬廷在成都开设机房，袁大安在嘉定府城内开茶馆，乔守玉隐居名山县蒙山，杨板熊隐居雅河一带……马宝随刘扬廷学了一身好武艺，后刘病故。这时，外号“金舵子”的黄二爷来川，马宝与新繁县的刁泽成又拜其为师，深得其真传。黄二爷逝世后，马宝披麻戴孝择地竖碑埋葬师父。

马宝从师多人，绝艺在身，脾气又暴躁，终因惩治当地恶霸胡贡生爪牙而误伤人命，只得化名外逃投军。因擅长武功，不久升为伍长，屡建战功，升至川北协镇千总。

赵尔丰任四川总督时，调聘马宝为总督府镖客，待之甚厚。1911 年 12 月清廷灭亡，四川军政府都督尹昌衡决定杀赵尔丰以树己威。辛亥年十一月初三日，赵尔丰被砍头示众。

赵尔丰对马有知遇之恩，马宝决意为赵报仇。第二天，尹昌衡在成都举行庆功大游行，将赵尔丰脑袋装在盘内，由士兵端着游街……尹昌衡穿着呢军装，头戴金边大军帽，身挂指挥刀，骑在高头骏马上，扬扬得意……走马街口，街边楼上忽然“嗖”的一声，闪电般飞出一镖，把尹昌衡的军帽击飞。尹大惊失色，伏在马背落荒而逃……

尹昌衡回衙后大怒，命将附近百姓捉拿严审；又疑为马宝所为，派兵前往白云寺街 12 号马公馆将马老夫人接到都督衙门。

几天后，马宝潜回家方知详情，对老婆说：“大丈夫一人做事一人当，我怎能连累老母和百姓？”随即赴都督府自首。

尹随即升堂问：“为何刺杀本督？”马宝答道：“赵大人开边千里，功劳赫赫……结果被你杀了！他于我有恩，所以要为他报仇……现既被捉，要杀要剐由你！”尹昌衡默然半晌说：“义士杀之不祥，你也不愧英雄本色，又是孝子。我不治你罪，你走吧！”当即将一干人释放。后传马宝一度任尹之保镖。

民国六年（1917）后，马宝曾在成都三次主擂，晚年还在四川省国术馆国术专门学校与刘崇俊同任教育长，为武林培育人才。

马宝膝下一子二女，长女涤新，后为教师。次子如龙，在边防军任上尉国术教官，“七七事变”后参加抗日，右头骨受伤，后在四川水警总局任闲职。三女维新一直教书。马宝弟子众多，有杨季冰、胡澈超、刘宗沛、许文超、马石臣、罗伯华、朱仲康等。

马宝 1941 年仙逝，葬于成都北门外肖家碾。

反清武士佘竟成

佘英，原名佘俊英，号竟成，四川泸州小市镇人。生于清朝同治末年，出身贫寒，早年丧父，与母亲靠佃种、针凿谋生。他先后学过铜匠、撑船，十余岁就有一身好气力，爱使拳弄棒。最初无处拜师，四处偷经学艺。泸州为川南重镇，市面上常有江湖艺人卖艺。他是看热闹的常客，常在场外暗自揣摩、比比画画。有时他还帮助艺人维持秩序、收拾摊子，艺人们也乐于点拨一二。故佘竟成虽系自学，武艺已有相当功底。

被中华民国政府总统孙中山追赠为陆军中将的佘竟成

小市镇武举人李孝思精于峨眉派武艺，绰号“通城虎”；他于 1896

年在泸州设武棚招徒。佘竟成入棚拜师，他膂力甚大，习武又刻苦，故武艺大进，尤精于搏击。佘竟成好打不平，被称为“豪士”。他参加清代最后一次科举考试，考取了武秀才，被公推为市镇袍哥会“义字公口”的“舵把子”（袍哥首领）。

泸州官吏见佘竟成武艺好，请他当“州衙堂勇管带”，负责“擢领卫队、缉捕盗匪”……但他“目击清政不纲”，不久后辞职回家开牛肉饭馆，仿佛《水浒传》中朱贵开店接纳四方豪杰，任侠仗义的大名传遍川南。与此同时，他仍练武不辍。一次武林朋友说：“泸州道台衙门的旗杆好直哟，砍来做端阳节赛龙船保管要得！”他当晚凫过沱江，将旗杆几斧头砍断，又凫水扛回小市镇。可见他艺高胆大，蔑视清廷。

1906年，革命党人黄复生邀佘竟成东渡日本去见孙中山。中山先生见他魁梧豪放，大为器重，当即委以西南大都督，“命英归，喻会党以大义、为种族效命……”

佘竟成回国后，以会党（袍哥）首领兼同盟会会员双重身份，成为四川反清重要首领。泸州知府杨兆龙要捉拿佘竟成。此时佘母逝世，佘竟成借小市镇西昌会馆办丧事。杨兆龙调来大队兵丁乘夜色将会馆围得水泄不通。清兵杀气腾腾涌进会馆搜查，搜到天明也不见人，只好垂头丧气而归。

泸州人因此都说佘竟成会飞檐走壁，会“驾土遁”。其实，佘竟成此次脱险全赖其精湛武功：他趁混乱嘈杂之际，纵身跳跃抓住堂上横匾，再借其超人膂力翻腾而上，侧身藏于匾后。清兵做梦也想不到悬重赏捉拿的“要犯”就藏在自己的头顶上！

佘竟成先后组织、参加了泸州、叙府、广安等武装起义，给清政府沉重打击。佘竟成多方聚集队伍，教授手下弟兄使用砍刀、长矛等实战功夫。他鼓励大家道：“不要看清妖有毛瑟洋枪，打仗时短兵相接，那洋玩意儿当不了老子手中的大砍刀！”

1909年12月13日，革命党再次在川南起义。佘竟成指挥一路人马，在嘉定府童家场夺得团练局近百支快枪和八只炮船。当日下午各路人马齐聚嘉定上游新场关帝庙中正式宣布起义，前去攻打嘉定城。但守城清军人多势众，装备精良，义军败走。到宋家村时，佘竟成大吼道：“兄弟们，再退就没路了……都跟我杀回去！”吼罢，不顾身患痁疾，手执大砍刀率部回击，接连杀死清兵十余人。前方又有一支清军夹击而来，义军腹背受敌，死拼至夜色降临方才四散突围。

佘竟成身边仅剩部下二人，逃至云南边境的豆沙关附近，守关清兵紧追不舍。佘竟成打听到这个山头叫“断蛇坡”，不禁叹气道：“唉，我佘某命当绝于此地了！”佘虽是反清志士，但尚未摆脱旧式武人封建迷信的思想枷锁，因为“佘”与“蛇”同音，“断蛇坡”便成了自己的大忌。故清兵追来时，他命两位部下逃走，自己坦然受缚。

佘竟成虽被捕，但神态英勇、目光炯炯，立于木制囚车上仍宣传反清大义。道侧围观者莫不感动，有的老百姓在囚笼上挂红绸和红布以示敬仰之情，连清兵也没法禁止。佘竟成被押送至宜宾，他写下千余言的“自述”，痛陈清廷腐败无能、丧权辱国。他对审讯官员慷慨陈词：“神州之内凡有血性的男儿皆是吾同党，抓不完、杀不绝！”

知府宋联奎恐夜长梦多，于当夜三更将其杀害。佘竟成临刑前留诗一首云：“牡丹将放身先残，未饮黄龙酒不干。同志若有继我者，剑下孤魂心自安。”其充分显示了武勇报国的高尚情操。

民国建立，佘竟成被总统孙中山追赠为陆军中将，并在泸州忠山脚下立碑纪念。此后，佘竟成作为反清志士而被后人垂吊，慢慢地竟忘了他原来还是一个出色的武术家。

王禹堂“争也君子”

王禹堂，四川邛崃人，自幼爱武，先后拜艾梦兰及高峰和尚为师，学得绝技。他擅长南派拳术，身法矫健灵巧，出拳迅捷，摔扑滚跌之术（地躺拳）也很精妙，人称“小燕青”。他住西街童家巷，除授徒外，也靠行医度日。

有一年，县城来了个外省汉子，在城隍庙前跑江湖卖艺。大汉拳如流星、腿似闪电，武功不浅，令圈子外观看的王禹堂暗暗叹羡……汉子收住拳脚，向众人抱拳高声道：“在下张德标，江湖人称‘铁罗汉’，学过三拳两腿。想四川人稠地广，定有高人异士。奈何遍走巴蜀，无缘碰上高手一个。俺今到临邛，卖艺卖药外寻师访友。在场朋友可有武艺中人？请上场与俺走上三圈！”

观众见其言语不逊，都悻然不平，好事者便让王禹堂与张德标较艺。王禹堂摇头：“江湖卖艺招揽观众，偶然说几句过头大话难免，何必认真！”众人再三怂恿，说：“不比一比，不但他要说我们临邛无人，就是我们也要说王老师练个球功夫哟！”

王禹堂无奈，只好上场，口称“请教”！张德标见他又矮又瘦，貌不惊人，便面露不屑之色，手一扬，使了一记顺风扯旗虚晃，下盘却闪电般左腿直踢王禹堂裆下……王以狗退猫进之势，身子向后疾闪，躲开那一腿，然后托地跃起，左掌直抓对方面门。张不料王禹堂手法如此快捷，忙双拳往上架挡，王一招猴儿偷桃，右掌击向对方丹田。张还没回过神来，王禹堂急转身腰，一记后扫腿将张猛扫倒在地上……众人齐声叫好，张又羞又愤，一言不发去了。王禹堂虽获胜，但想到砸了“跑滩匠”的饭碗，数日里怏然不快。

一晃两年，张德标又出现在临邛，登门声称要再“叨教”，双方约定三天后在县城南岳祠相会。王禹堂到南街“张爷庙”向高峰和尚求教。高峰和尚说：“习武之人，首要修德。张德标离家几千里卖艺谋生，上次你踏了他场子，两年来他定然苦练，才来寻你。两虎相斗，必有一伤。你受伤倒还好说；那张德标身在异乡，或伤或残，你于心何忍？从前孔夫子教弟子比箭，说‘君子无所争。必也争乎，揖让而升，争也君子’。我华夏武林，自古崇尚武德，同道中人较量，岂一定要拼个你死我活？你与张德标较量，用‘文比’之法可也！”

三天之后，双方来到南岳祠云华殿前。看热闹者人山人海，都希望张德标惨败以显乡人荣耀。谁知比赛前，高峰和尚对众人说：“王、张二人系故交老友，今天在此‘文较技’。办法是由张用大斗笔蘸上墨水向王甩洒，倘有墨水沾上王身就算张胜；如洒不上，就算双方都胜。王只守不攻，因王系本地人，岂有主欺客之理！”

张德标暗想：一支大斗毛笔蘸上墨汁乱甩乱洒，就洒不上几点在他身上？于是欣然应允。较量开始。王张二人围绕一张小矮方桌相对，桌上放只装满墨水的大斗碗，张饱蘸墨汁瞅准机会就狠狠甩洒。王绕桌闪身避让，只见方桌四周，闪动两人身影，急绕如飞，如同走马灯般让众人眼花缭乱……相持一阵，碗里墨水蘸光，王禹堂身上干干净净，哪有半点墨迹？大家齐声呼好，张又羞又怒，操起大斗笔向王甩去。王禹堂却一招“云中揽月”接在手中……

这时，高峰和尚已叫人哔哔剥剥点燃鞭炮，宣布二人皆胜。王禹堂上前握住张德标手说：“武林较技切磋本是好事，但互结死仇，何时是了？论武艺你强我处甚多，我理应虚心求教！”

张德标感佩十分，当下握手言欢，二人结为知交。

王禹堂“争也君子”美谈流传甚广，被人称为“武林君子”。在邛崃，至今还流传此类传说，邛崃地方志上也有简短记载。

王禹堂的弟子当中有四川保路运动时任川南同志军统领的罗子舟，在成都青羊宫全川擂台赛屡获金章的李福斋等。

（注：关于王禹堂的内容除作者根据口碑材料外，还参考谭光前先生《著名拳师“小燕青”二三事》，《邛崃风光》1983年第3期。）

罗子舟勇跳舍身岩

罗子舟亦名罗梓洲，又名罗日增，1875年生于四川雅安县上坝乡沙坪，为家中第八个孩子。他家室豪富，自幼酷爱武艺，尤喜少林派功夫，先后从师多人。王禹堂在离雅安仅三四十里远的名山县设棚授徒，他曾参师学艺，功夫益精，被乡里公认为武艺超群的“硬手”。他的大哥是清末廪生，见他武功出众，叫他去应武举考试，弄个武童生、武秀才之类功名光耀门庭。他却朗声答道:“今朝廷昏聩，天下动荡，何必去迷恋那镜花水月般的功名富贵?”相反，他却参加了被清王朝严加取缔的袍哥组织(又称哥老会)。

罗子舟拜泸定县义字旗袍哥首领谭必成为“大哥”，广结江湖豪杰，扶贫救困、秘密反清。因他武功过人，甚有威望，逐渐成了雅安一带义字旗袍哥首领。孙中山先生嘱佘竟成扩展组织准备武装斗争。佘竟成乃派专人与罗联系从事反清革命活动。

光绪皇帝的一个师父曾壁光，是洪雅县有名的富豪巨室。罗子舟为显示反清力量，决定洗劫曾家。曾家雇有打手保镖多人，附近又有清兵驻扎，但罗子舟毫无畏惧。他带领十来名随他学武的兄弟潜至曾家，与众保镖恶斗，曾家死伤多人，被劫掠一空。

此事传扬蜀中，官府震骇，上川南分巡兵备道黄炳琨下令通缉罗子舟。罗在雅安一带已无法立足，于是远走峨眉山暂避。

在峨眉山巅的金顶，罗子舟每日在华藏寺中打拳练功，颇为自得。却不料华藏寺中的和尚见罗颇有江湖豪气，身边又有两个随身侍从，猜测罗定是“绿林盗贼”，佯作殷勤款待，暗中派人下山急奔峨眉县衙密报。

县令闻报，推断定是罗子舟，当即令一把总率领步兵二百余人封锁山径，将金顶华藏寺严密围困。罗忽听庙外人声鼎沸，心知有异，急与徒弟各操长木棍跑出庙门，欲杀出血路逃走……三人持木棒猛打横扫，清兵以长矛大刀相迎。罗子舟一根木棒舞得呼呼作响，打伤十来个清兵。无奈清兵蜂拥而上，三人且战且退至庙中。清兵穷追不舍，罗子舟等越窗逃至庙后。渐渐三人已被逼退往舍身岩上。

这舍身岩是金顶最高处，海拔 3600 多米。山下云涛翻滚，人立岩上如浮于云海之上。那个把总见罗等已被逼到了悬崖上，料其插翅难飞，狂笑道：“罗匪听了，你等难逃朝廷法网，宜马上归顺听命。如怙恶不悛，从重论处！”令清兵齐举毛瑟洋枪对准罗子舟三人。

罗怒目骂道：“我罗某铮铮铁汉，岂降狗奴！”又对两徒弟道：“情景险恶，与其束手就擒受辱，不如跳崖一死。”言毕，长啸一声，飞身跃向那万仞深谷……两徒弟也随之跳下悬崖。出人意料的是，罗子舟在临谷底处落于荆棘丛中，仅受轻伤，随后逃脱。而两徒弟皆被摔死。

四川同志军以其大难不死，戏称罗为“罗八千岁”……一时议论纷纷，说他武艺已练到“剑仙侠客”的地步，可“飞来飞去”不受伤损了，这其实是言过其实，但他精湛的武功对减轻损伤无疑也起了作用。

罗因在保路运动中的杰出功绩，清政府垮台后被四川军政府任为边军统领，但不久后他即去职，习武练功以老终生。

（注：关于罗子舟的内容主要根据作者采访的口碑材料。关于罗子舟参与保路运动史实，参考政协雅安委员会：《战斗激烈的雅安光复——回忆同志军首领罗子舟》，政协四川省文史资料研究委员会、四川省人民政府文史研究馆编：《四川保路风云录》，四川人民出版社，1981 年，第 98—103 页。）

李国操勇擒罗升之

李国操，四川近代武林著名人物之一。湖北沙市人（一说汉阳县新隆镇人），1875 年生。从九岁开始学武术，遍游大江南北寻师访友，后得拜武当派高手樊益良为师，刻苦学艺八年。民国七年（1918），四川军政首脑人物以“团结尚武”为号召，在成都青羊宫举行全川擂台比赛。此时李国操任省督军熊克武部查马长，同时也是熊的保镖。在比赛中，李国操任第一组擂台的擂主。比赛期间，全川武林高手纷纷登台献技。结果，大会公认李国操无论实战功夫还是表演功夫都居众人之上。自此，李国操名声更大了。

罗升之，外号罗汤圆，四川巴县人，生于珠宝商人家庭。他家几代都是天主教徒，和法国传教士关系非常密切。1913 年，川军王陵基部与滇军黄毓成部为争夺重庆市，炮轰山城，危及各国驻渝领事。英、法、美、德、日等五国领事委八面玲珑的罗升之居间调停。调停成功后，罗得到袁世凯颁发的四等嘉禾奖章。这时帝国主义列强支持中国各军阀互相混战，借机扩张各自势力范围及倾销军火。罗升之便充当买办，专门从事贩卖军火的罪恶勾当。1922 年，熊克武、但懋辛率领的川军第一军与刘湘、杨森率领的川军第二军在重庆地区交战。熊、但等人系老同盟会员，一来痛恨罗升之死心充当洋人走狗，二来气愤罗升之大量向第二军推销军火，早就欲除罗。而罗也早有防备，雇请了十多名武艺高强的打手做保镖，扬言：“一军想杀我，我看还没有能杀我的刀咧！”

一军参谋长王旭东密电向驻扎奉节的军长但懋辛请示。但复电“快速剪除此患”！王旭东当即与军部要员密商，要擒拿罗升之必须干净利落，不能惊动太多的人。罗家护卫甚严，打手镖客武功高强，稍有耽延，罗就闻风逃遁。王旭东考虑再三，对军部查马长李国操说道：“此事只好烦你去执行了。你带赖副官等几个兵弁前去，务要小心谨慎将罗抓来！”

李国操接到这一军令，立即率众直奔罗家而去。

这一天是星期六，罗家请来保驾的外国洋人都要到长江南岸去度周末。李国操等人待夜深之后，飞檐走壁潜入罗宅，碰上罗家打手保镖，李大显神威，先打翻几个在地，趁赖副官等人与众保镖厮缠时，径直来到罗的卧室，一掌将门击开奔进内屋。罗闻声从床上跳起，李国操厉声喝道：“军部有要事，请你立即前去！”罗情知不妙，忙脱下手上钻石戒指送上，李将他一把提起，挟持于右腋下飞奔出屋。罗家众打手正与兵弁打斗，李怒喝道：“我是李国操，谁敢阻拦！”众打手素知李乃武林名家，纷纷避让。罗升之吓得直打哆嗦，再三要李放了他，许诺给十万元重酬。李不为所动，如飞似的将罗挟持到军部复命。王旭东晓得事不宜迟，马上下令处决。

罗升之伏诛的消息轰动山城，各界人民对这个助长内战的民族败类被处决无不额手称庆……李国操后定居重庆，传授武术，徒众甚多。他1960年去世，享年九十余岁。

宝鼎与“积健武术社”

宝鼎不是四川人，但其在四川居住甚久，对传播北方武术起过很重要的作用。

宝鼎（1865—1942），字显廷，回族，陕西省长安（今西安市）人。他父亲宝万良早逝，母孀居，抚二子一女成人。宝鼎居长，自幼随母种菜、打饼、贩卖养家。他少年时勤于读书，见天下动荡，毅然弃文习武，

四川著名形意拳名家、武术教育家宝鼎

先后从师多人。他考取过武秀才，后辞亲远游，在武林中寻师访友，师从著名河南派形意拳大师安大庆，习形意拳两年，终成国内闻名的形意拳大家。

宝鼎遍游四方，靠卖艺及替人做保镖为生，后入清军历任武职，游走于陕西、甘肃等地。光绪二十八年（1902），他随军入川任千总。清光绪三十年（1904），成都皇城坝民房失火，总督赵尔丰下令："有人能掀倒风火墙灭火者重赏！"宝鼎奋不顾身，烈火中用形意拳内力猛运气推倒风火墙……灭火立功后升为管带，宣统二年（1910）驻潼川（今三台县）府。

1912年辛亥革命后，地方乱杀满族人，形势混乱。宝鼎当时已任革命军营长，他严令部属守军纪、不扰民，严禁乱杀满人……故保全南充、三台等地未遭兵祸。民国元年后他任川北潼川盐务管理局卫队队长。从此，宝鼎长住三台22年。

宝鼎在川北盐务局公务之余授武不倦，从民国元年至民国十年，谢廷琪盐运副使，著名画家张善子、张大千弟兄及士兵数百皆受他亲身指教……

宝鼎名声在四川越来越大，皆知他"擅北宗，精内功"。民国十年，他决定在潼川正式设武馆。当地有势力的武师担心宝鼎这个外来人抢了自家饭碗。拳师中有个张显奎，精于峨眉青龙拳，身手矫捷，人称"张灯影”，喻其拳脚快捷如灯影戏一般。他正值壮年，心高气傲，带上几个徒弟寻到宝鼎住处，言辞唐突：“你宝鼎先生就算当年功夫过得硬，但而今年逾花甲，何苦硬绷面子开啥子武馆强为人师？你老若是缺几个钱花，只要说句话，我等后辈包管白送钱财，以尊老敬贤。”

宝鼎正色怒道：“我设棚授徒，岂是为几个银钱？况我在盐务局任职薪俸不薄！我宝鼎志欲将薄技贡献川人，发扬国粹，俾使从学者积健为雄，强种保国。你道我老矣，本人尚不敢自恃已老。如不弃，我倒想领教一二！”张显奎欺宝鼎已年逾六十，立即应允比武。

宝鼎摆了个形意中“无极形”桩式等张进攻，张显奎身手敏捷，飞蹿至宝鼎面前，上盘出手疾发虚招引诱，下盘却用峨眉青龙拳中“倒肩钉腿”猛踢宝鼎下腹要害。宝鼎稳稳站立如老树盘根，对方一腿狠踢来，他不但不后避闪让，反而气聚丹田将腹部挺身迎将上去。张显奎的腿如同踢在弹簧上，只听“咕咚”一声，不由自主被弹倒在一丈开外，半天爬不起来……张显奎输得心服口服，后来他对宝鼎执弟子礼甚恭。宝鼎精于大枪术，枪法神出鬼没，他将大枪术悉心传授给张显奎，后来张的枪术遂闻名川北。

宝鼎捐款办的武馆于 1921 年 10 月 10 日正式成立，取名为“积健武术社”。公布的社章中明确写道：办此社的目的是振兴国术，改良国人的孱弱体质，使之康健。“积健为雄”，国人体魄强壮庶可“强种、强国”。社章还明白宣称：办社宗旨为普及国术使之发扬光大，非为借之敛财谋富，故授徒概不收学费！一时川北数县及成都不少喜武者前往潼川“积健武术社”学艺，会员最多时达千人以上。优秀门徒有大弟子黎汉章、二弟子末崇安及林暄等人。

宝鼎每日闻鸡起舞，清水净身诵经毕，即练形意拳。白日即授徒。积健社成立十二年，天天如此。每年10月，积健社办庆祝会，宝鼎自费买牛办席，遍请爱好武术的官绅会餐，众弟子作陪并演武，连续十三年，堪称潼川古镇佳话。

宝鼎虔信伊斯兰教，1932年，他自费乘船历时三月前往沙特阿拉伯麦加城朝觐圣地，带回精装《古兰经》一部，渗渗泉（圣水）、枣子、工

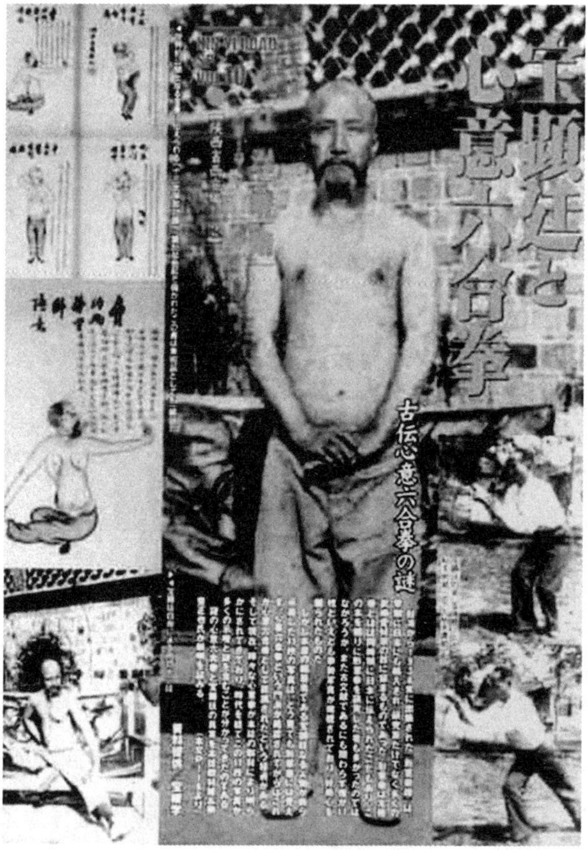

日文版《宝显廷心意六合拳》封面

艺品等圣品，于民国二十一年返回三台。宝鼎晚年为传播武术勤奋著述，所著《内功十三段图说》《形意拳谱》为武界人士珍藏。

1934年后，他调职甘肃兰州，潼川积健武术社因而中断。他在兰州数年，仍教武不懈，弟子众多。宝鼎所传授的“心意六合拳”及“太祖洪拳”等在川、陕、陇广为流传。1942年宝鼎年近八旬，始退职回川。这时正值抗日战争，抗日英雄王铭章之弟王瑞激邀请宝鼎到省城成都办国术馆。正筹备中，这年秋天，宝鼎不幸病逝于成都新南门外寓所，终年77岁。国内武林人士为一代形意拳大家仙逝深表哀悼……

（注：关于宝鼎的史料来源，除1984年本书作者亲赴三台县采访武术人士外，还参考了宝鼎所著的《形意拳与内功十三段》，四川科学技术出版社，1988年，及该书中由宝鼎高徒林暄搜集、徒孙林泰端整理的《宝鼎传略》。）

杨妹“九年不食”之谜

杨妹幼年丧父母，依远族为生，九年前腹内发生疼痛，自此即不思饮食，仅仗生水少许为生。

纸上谈兵已不稀奇，

全国“不食”高人真的蜂拥而出。

各地的“杨妹”相继出现。

先是“上海杨妹”，接着是“无锡杨妹”

“西安杨妹”“东北杨妹”，最近并有“华南杨妹”……

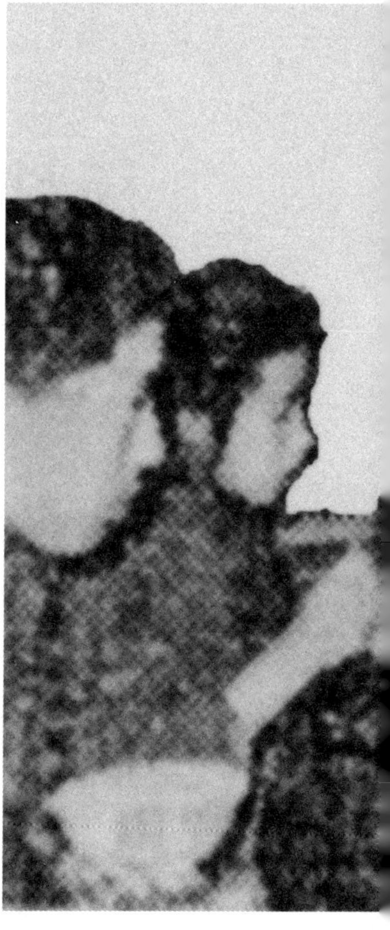

“不食”，又叫“辟谷”“绝食”，自古被人视为修道长生之术。这是一起民国末年发生在巴蜀大地而轰动中外的旷世奇闻……

牧羊村姑成了“国宝”

1947年，偏僻的四川石柱县桥头乡传出奇闻：村妹子杨妹，九年不食人间烟火！

杨妹两岁多时，爸爸杨春吉害病死了。杨妹被送到大爷杨春山家寄养。大爷家是佘德瑜的佃客。佘德瑜，当地女名人，国民党石柱县参议员、桥头区区长、桥头中学校长。

杨妹八岁，大娘病死；她十三岁时，大爷又撒手西归。这下杨妹可惨了，只得跟着大爷之子杨定生哥哥，但哥嫂对她不好，稍不如意就打骂。杨妹每天上山放养哥哥家的三头牛和六只羊，还要割两大背筐青草。她每天吃顿早饭上山，天黑了才能回家。中午饿了，只能找野果野花充饥；渴了喝几口山泉……

有天野果吃得太多，回家后肚子痛。她去找桥头中学校医看病，女校长佘德瑜在场，因她的地佃给杨妹大爷家耕种，杨妹自小还喊她为婶娘。

不久，石柱县县长白昭义来桥头乡视察。佘德瑜说：“杨妹，你去拜

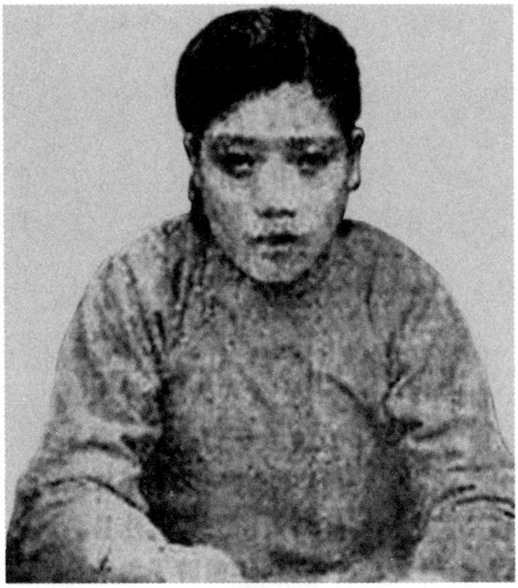

杨妹 1948 年初到重庆时的照片（出自：《四川卫生史料》1984 年第 3 期）

寄给白县长当干女，白县长拿钱送你到重庆治病！”二十来岁的村姑杨妹，黄瘦的脸，个子也不高，怯生生地被扯去见白县长。佘德瑜对白县长说：“她叫杨妹，长期只吃野果不吃饭，你说怪不怪！”白县长慷慨地说：“既然当了我干女儿，去重庆看病吧，我给钱。”白县长还给杨妹取了一个名字叫杨白生……

几天后，杨妹随佘德瑜和佘的舅娘张老太等人坐轮船，沿滔滔长江到重庆，住在九龙坡女子师范学院佘德瑜的亲戚、学院事务主任卓松岱家。杨妹很少吃饭，常常是只吃点花生米、水果，稍吃多点就胸口痛。大家惊讶地问：“杨妹哟，你咋不吃东西？”杨妹低头回答：“我从小在家放羊割草时，坡上野生东西很多，如桃子、慈姑、李子、杏子、栗子、地泡、地瓜……我中午就吃点这些。每天割草回家，家里都吃过夜饭了，我也就经常没有吃。所以八九年来，我很少吃饭。”

卓松岱感到奇怪，便常对人讲杨妹“九年不食”的怪事。从此，怪闻越传越远。

赫赫有名的上海《申报》闻风而至。1948年4月27日，该报刊登了记者魏雪珍写的《少女九年不食》，郑重其事地加了编者按：“这是一桩轰动山城的奇事，同时是一个值得研究的生理现象。记者魏雪珍先生所报道的只是一个不吃东西的证物，可并不是编造什么骗人的谎话。其中所提出的问题，必须让生理学家、医学家或科学家展开他们的研究！”

当时的重庆市市长是川中军阀杨森。他甚重养生之道，对此事大感兴趣。此时他对秘书李怀说：“邀请成渝两地的知名人士座谈，要找出科学根据，才能扩大影响，使人信服。”

重庆卫生局的“检验”

市政府举行的关于杨妹不食的讨论会上，杨森发言：“现在全世界都在闹粮荒，我们四川却出了个‘九年不食’的杨妹，真是原子时代的奇迹。杨妹简直就是我们中华民国的国宝！”引起全场笑声。

重庆市卫生局局长李之郁兴致勃勃地说：“人不吃饭能活着，这在中外医学史上绝无仅有！”于是在座各位大发高论，有个老中医翘起白胡子引经据典：“杨妹可能从小无意间吞食灵芝草、长生果。自黄帝尝百草后，古今吃仙草灵果而后‘不食’的例子多矣！”西装革履的西医专家则侃侃而谈：“杨妹体内可能有与常人不同的特殊生理机构，能像植物一样只靠空气、水、阳光起光合作用而自制食物！”

当然也有不信邪者：“人是铁、饭是钢，三天不吃饿得慌！凡活着的动物都要新陈代谢，无食物则无营养。说杨妹不食，不合科学！”

会议吵吵嚷嚷十分热闹。最后，杨森同意根据杨妹名字“杨白生”，组成“白生研究委员会”，下设“咨询组”和“技术研究组”。指定一名学者、两名医生、三名护士日夜轮流监视杨妹，逐日记载，以提供杨妹不食的“科学根据”。《申报》也专门有特派员参加。

卫生局李之郁局长对新闻界说：“最初我们也不相信，因为这不符合医学常识。后来调查，杨妹的监护人卓松岱是个很正派的人，绝无任何意图……对杨妹观察的工作由卫生局、市民医院、中正医院负责办理。杨妹是一个有情感、有灵性的活人，不能用实验室那种办法来检验她。她有人权、有自由，未得她的同意，我们也不能做其他检查。所以我们首先要由护士小姐与她联络感情，一切听其自由，她要到哪里玩就陪她到哪里玩，同时日夜暗暗观察她！”

从1948年5月10日起，决定进行三周观察。杨妹开始怕得不得了，经反复劝说才答应配合。5月10日是观察的第一天。天刚亮，卫生局派专车到九龙坡卓松岱公馆接人。上午10点钟后，杨妹随众人到了卫生局，卓松岱还以监护人身份同卫生局签订公约。午餐时，其他的人吃得稀里哗啦，杨妹怯生生地坐在饭桌上，未吃任何东西。下午两点后，杨妹和佘德瑜及她的舅娘张老太、冉小姐步行到半里路外的市民医院女职员宿舍，杨妹双手提的两个布包也经检查。下午5点钟，众人乘汽车到杨森市长公馆。

村姑杨妹第一次见曾是四川“土皇帝”（省督理）的杨森，心里咚咚直跳。杨森笑眯眯地问她：“叫什么名字？哪时候来重庆的？”还说：“你好好住在卫生局治病，不要害怕，要好好接受检查。”杨妹这才敢抬起头来，见杨森头发都花白了，旁边却有一个小老婆才十八九岁。告别时，杨森叫他小老婆拿了一段花格子衣料送给杨妹，说：“这点小礼物，叫人为你做一件长旗袍！”

第一天的《监护记录》写道：“杨妹一一答复市长各项问题。十余分钟后，乃乘车返舍。本日虽经途中往返辛苦，杨妹毫无疲劳状态，精神愉快，惟说话不多，大概环境不熟缘故。全日未进任何饮食，无大小便。9时入睡。与杨妹同寝室者共三人：二位监护人，一位监视人。”

土得掉渣的杨妹，戴起别人送的金项链，穿起时新旗袍……医生护士对她很客气，称呼她为杨小姐，同她一起聊天、听收音机、一道去看电影，或去卓松岱家玩、去商场购物，还教杨妹识字。护士小姐和杨妹日夜在一起，每天记录下杨妹的体温、体重、血压、脉搏等数据。

三周后的1948年5月末，市卫生局发布万余言的《杨妹不食观察记详》。差不多每天都写着“今日未进饮食，无大便，精神如常……”

这三周中，中外媒体经卫生局特准前往拍摄新闻照片和新闻电影。于是，“杨妹不食”新闻不但国内轰动，而且引起海外关注。

《申报》1948年5月29日以《杨妹考验日内结束，李之郁昨发表经过详情》为题，将李之郁呈报卫生部次长金宝善函件交《申报》发表。原函称：“杨妹幼年丧父母，依远族为生，九年前腹内发生疼痛，自此即不思饮食，仅仗生水少许为生。据监护人推测约21岁。由本局派专人伴同生活，据报并未发现杨妹进食或有食欲表示，精神如故……无大便仅有小便，亦有月经，体重84磅。”

国民政府最高新闻机构“中央社”也在5月31日“观察”结束时发表专电:“渝卫生局考验自5月10日起，逐日有报告书。杨妹在考验期中，除喝少许生水外确属不食……”

经官方“中央社”一炒，国内外更轰动。

但有人仍不相信。

1948年5月28日，重庆卫生局对杨妹的三周观察期满之际，唱反调的《新民报》重庆社经理刘正华主持召开“杨妹不食问题座谈会”。到会的有医学家及社会名流梁漱溟等二十余人。他们认为：世界上能在一定时期内“不食”的人很多，并不稀奇，中国历史书籍中的记载多不胜数，但真真假假，很难辨清。据说印度信教者有百日不食的，而德国绝食最高纪录是74天……武汉疗养院院长黄日聪说，绝食者有三类：一为宗教的，一为科学的，一是莫名其妙的，杨妹大概属第三类……

重庆妇产科医师韩明炬说:“昨天西医师公会集会时讨论了杨妹的事，大家一致认为卫生局的观察方法不够科学与严密。科学的前提是不容许有丝毫漏洞……我主张把杨妹的观察时间延长到74天以后，如那时真是不食才算奇迹。”

座谈会一致结论是要求“延长时间到三个月”和“更加严格检验”。“白生研究委员会”于是决定：对杨妹再严格检验加上秘密监视。

《申报》1948年6月8日以《美籍专家将飞渝检验杨妹》为题报道说：“刘瑞恒博士由沪函李之郁，谓此事已轰动全美，短期内派美籍专家詹姆斯将参与……”

《申报》1948年7月11日《杨妹最近一周体力、精神均佳》报道：6月中旬，成立了由空军医院院长殷哲卿、陆军总医院院长袁印光、武汉疗养院院长黄日聪、中正医院外科主任胡先华及李之郁等组成的杨妹研究委员会，着手杨妹的第二步检验工作。称：“杨妹自5月10日起，到6月27日，已有47天不食的正式记录……”

这期间，国内众多报刊大炒“杨妹不食”的消息。这年3至10月，在杨妹住地，各报记者云集，各界男女结队参观。太平洋通讯社记者秦安迅速写出《原子时代的奇迹，九年不食之女人：杨妹小传》专书。重庆市市长杨森、重庆市警备司令贺国光数次接见杨妹……

全国掀起“杨妹热”

继续观察期间，村姑杨妹顿成大明星，追星族无数，连大学生也写来求婚信。“中央社”津津有味地报道：“蓉一大学生曾写信向杨妹求婚……”

有的小报上还登出戏谑打油诗般的求爱信：

> 我最亲爱的杨妹，如今米珠薪又贵，物价飞涨像腾云，无职无业心忧碎！可怜我今三十岁，家中无人主中馈。欲想娶亲生子女，巧妇难作无米炊。报上忽闻卿不食，心中喜得难入睡。我本大学毕业生，欲求与你成婚配……

不信邪的《新民晚报》登竹枝词四首，讽刺杨森掀起“杨妹不食”的新闻热：

天下奇闻此日多，西川杨妹事堪歌。九年不食人犹健，试比神仙又若何?

灵芝地瓜本传闻，儿时牧羊去山林。采草摘果本充饥，偶吞一粒保元真!

茅庐初出一村姑，眉锁春山淡若无。将军新赐锦入时，入时妆束绣花襦。

大学生徒异想开，情书欲作凤鸾偕。成家不负家庭费，此子居心亦太乖!

“中央社”和上海《申报》1948年6月1日报道说：家住上海中正西路的小学生冯艳才，写信给重庆卫生局局长李之郁：“爸爸是工人，每月工钱很少，家里六口人吃饭……我看到爸爸一天劳苦，从工厂里垂头丧气回家，心里很难过。希望你告诉我杨妹研究的结果。”“如果不需要吃东西能照常做事，不是可减轻爸爸的千斤重担吗?非但我的兄弟姐妹感激你，全沪或全国的小学生都同样会感激你。至少我们这般贫苦爸爸的儿女们有这样的感觉!”天真的小学生把杨妹当成救苦救难的观音菩萨了。

《申报》1948年5月28日以《杨妹不食并不违背上帝意志》报道：卫生局长李之郁接到美国“世界实业改进会及南北矿质研究会”负责人华脱日朗博士的信。信里说：“渠阐述此奇异事件，并不违背上帝意志。矿界也曾有不可思议的事发生，幸赖科学家不断研究，始一新耳目……”

洋人也纷纷来到重庆看稀奇。有一天，杨妹的监护人卓松岱、《大公报》记者蒋白和《新民报》记者周君，以及摄影人员陪同洋记者来到九龙坡杨妹住处。英国女记者毛恩握着杨妹的手，用生硬的中国话问：“你，为啥不吃东西？”

美联社记者麦德生叽里咕噜称赞：“杨小姐，你绝食的研究对人类有功！饥饿是战争的主要根源，人类若都像你这样不吃、少吃东西，战争自然减少啦！”他还向杨森说：“美联社指示我从西安来渝，想邀请杨小姐赴美观光，一切费用由美联社负担！”

杨森想了想，说：“杨妹在中国未研究出成果以前，暂不出国。而且据南京来电，美国也即将派专家来重庆协助我们研究杨妹不食；最近有香港和其他地方也都邀请杨妹去访问，我们都谢绝了！”

卓松岱取出一封信对麦德生说：“佛教会也来信，请我们送杨妹去佛教会修炼，说将来一定会成正果！杨将军指示说：‘杨妹去修炼成正果，也只是她一人成功。我们若研究出杨妹不食的科学道理，那便会使全人类都成正果，意义更重大！’所以，杨妹是我们的国宝，现在哪里也不去。”

这时，摄影师正哗哗啦啦地拍洋记者的镜头，又在为杨妹摄制生活影片，忙得不可开交。

“杨妹不食”的新闻，在国内掀起“辟谷”“不食”热潮。北平《世界晚报》1948年7月3日刊出《杨妹与老僧》，说台湾曾有一老僧二十年不食，现还活得很正常。上海《申报》1948年6月15日刊出医师公会主席宋国宾谈话，认为“杨妹不食”之事，自古有之，如清道光年间就有一“三十余岁孀妇，夫死矢志绝粒，日惟饮水少许，如是者五十年，寿至八十余始卒……”北平《新民报》1948年6月8日登出读者来信：《古有辟谷之法，姑且志此待证》：“晋惠帝永宁二年，黄门侍郎刘景先表奏：臣遇太白隐士传济饥辟谷仙方。臣家大小七十余口，更不食别物。若不如斯，臣全家愿受刑戮。”这位热心读者列出辟谷仙方，请报社设法试验。

纸上谈兵已不稀奇，全国“不食”高人真的蜂拥而出。《新民报》刊出一篇《杨妹热——不食仙子偏多女性，不食纪录长至二十年》的文章：“各地的‘杨妹’相继出现。先是‘上海杨妹’，接着是‘无锡杨妹’‘西安杨妹’‘东北杨妹’，最近并有‘华南杨妹’……”这些“杨妹”的事迹各异，但都有一个共同点：“上海杨妹”张黛琳坚持不到医院检查。“西安杨妹”张贵卿在医院“检验”三天后溜之大吉。“华南杨妹”姓韩，一个78岁的老太太，自称“不食”二十年，也坚决不到医院……

“不食”新闻热的结局

杨妹食量极少确是事实，但绝非完全“不食”的神仙。新中国成立后她丈夫冉崇阳说：“杨妹去重庆前住在佘德瑜家的几天，我虽然未亲眼见到她吃过饭，但经常见到她吃花生，衣包里都有。她离开桥头乡时，据说佘德瑜曾亲自派人杀了一头黄牛，用牛肉晒干磨成细粉加上鹿茸，制成营养丰富的丸子，一起带去重庆的，借治病为名，每日服两次，每次二粒……”

杨妹被关在“慈善医院”三周，又在幽深小楼上继续“检验”到74天以后……监视的人故意在她面前吃啊喝啊，肉香扑鼻，她却饥肠辘辘、头晕眼花。有天晚上，她避开小楼里的灯光，偷偷溜进幽静的花园，想找点野花野果充饥，但花园里只有芭蕉的黑影和硬如钢针的罗汉松树……

杨妹很失望，忽见凉亭木盆里有两三个被守夜狗啃过的苹果。杨妹再也忍受不住了，匆匆上前抓起苹果大嚼……突然镁光灯一闪，已有人把她偷吃狗食的镜头拍了下来！

“白生研究委员会”把杨妹偷食的记录公开发表。曾报道“杨妹不食”的“中央社”1948年7月15日也说：“秘密监视人员也有所发现，例如：7月12日午后2时，检验人员特别烹调洋芋烧肉一碗，事前清点碗中共盛肥肉七块，洋芋七块，故意置于杨妹能见之处，陪伴护士即上床假寐。不久，秘密监视人员果见杨妹以极机警之动作将碗中之肥肉及洋芋放入口中。事后清点碗中只剩肥肉五块、洋芋五块……”

“白生研究委员会”还趁7月5日对杨妹口腔检查之机，“发现杨妹齿根上附有白色及绿色块状物二块。检查结果，一系淀粉，一系水果……”

“中央社”还报道了杨妹到“检验”后期不甘忍受折磨的狂躁情形：“……杨妹本人已悉其不食之秘密为人识破，自本月8日起，即显示性情暴躁，精神颓丧，坚求返回其监护人卓松岱所住之九龙坡女师学院休息，并出词恫吓，谓将自杀。医生指此亦为情虚之一证。”

重庆卫生局1948年7月17日发表杨妹偷食的公报以后，《申报》在7月19日以长标题《杨妹哑谜全盘揭穿，仅忍饥21天，数度偷吃证实，渝卫生局停止主动检查，故弄玄虚者实无可恕》报道：杨妹曾偷食稀饭、盐豆、白糖、饭、胡豆、红烧肉、洋芋各情……

后来有人断言是佘德瑜、卓松岱、李之郁、杨森等人蓄意制造了此事。

还有人判定此事为“在中国新闻史上，可以说是影响最大、最具典型意义的一则伪科学新闻”。

是矣非矣？

卫生局局长李之郁在三个月“检验”结束时，承认杨妹绝对“不食”

是假，但说：“以杨妹极小的食量而言，以她比常人能耐饥饿而言，也是难能可贵，值得研究的！”

客观而言，李之郁这话是很有道理的。其实，报道“奇闻逸事”，是中外媒体的惯例。1948 年 4 月 27 日，《申报》开始在追踪报道此事的“编者按”中也说得明明白白：“这是一桩轰动山城的奇事，同时是一个值得研究的生理现象……并不是编造什么骗人的谎话，其中所提出的问题，必须让生理学家、医学家或科学家展开他们的研究。”

杨妹较长时间内可完全“不食”是事实，但其极限是多久？这才是国人关心的话题。

详考此事的来龙去脉，从卓松岱因好奇而传扬此事到最初考察三周，再到继续“更加严格‘检验’三个月”，最终“白生研究委员会”勇于面对和披露“杨妹暗中偷食”的事实，各报都迅速如实公开、客观报道，没见有任何出于“政治”或“商业”因素而幕后操纵或作假的有力证据。

围绕这旷世奇闻，更多表现出的是当时激烈的报业竞争和各报不同的“政治”敏感度。《申报》创刊于 1872 年，久享盛誉。它似乎没必要刻意掀起“杨妹不食”的新闻噱头。

而创刊于 1902 年的天津《大公报》则比《申报》“冷静”许多，5 月 22 日后才登出综合报道《访问“九年不食”的杨妹——一件与科学原理违背的故事》。其后它只是“来电照登”。

北平《新民报》也持怀疑态度。1948 年 7 月证实杨妹不能长久“不食”后，《新民报》登出模仿白居易《长恨歌》的《杨妹歌》作讽刺：

异端自古生中国，辟谷多年求不得。杨家有女初长成，养在川中人未识。天生异质难自期，一朝选在医生侧。九载绝食事太奇，名流争往识颜色……只缘中土多饥馑，遂使芳名盛一时……缎被皮鞋并脂粉，十分装扮一分春。从兹不欲回乡土，冠盖车马充门户。遂使当时诸要人，不问苍生访此女。声名显赫上青云，杨妹仙名处处闻……美国博士欧西客，闻道不食动魂魄……煌煌奇迹纷通电，海角天涯喧嚷遍。上海西安并广州，几多杨妹同相见。疑云忽遍珞伽山，窃食纷传众口间，破绽应自医牙起，检出绿素纤维子……天上既无绝食鸟，地下亦无离水鱼。劝君休作非非想，辟谷长生不可期！

虽然“检验”失败了，杨森仍主张把杨妹送到美国去继续“研究”，但佘德瑜和卓松岱连夜把杨妹送回石柱县乡下去了。轰动国内外的“杨妹不食”奇闻，在种种笑谈中徐徐拉下了帷幕。

1949年以后关于“不食”的余闻

1984年9月19日，涪陵县、石柱县卫生局吴文林、王勇、朱奇常等人，为整理卫生史料，到石柱县龙沙乡杨妹的住处冉家院子专程走访了杨妹。那时杨妹已六十开外，身体健康，儿孙满堂。“杨妹”是土家族人，已被选为石柱县政协委员……

当年杨妹回到石柱县不久，就和冉崇阳结了婚。

冉原为佘德瑜保镖，据说参加了佘德瑜组织的“土匪暴动”，后被判刑管制，70年代初因车祸身亡。佘德瑜在50年代“镇反”时被处决。那

20世纪80年代杨妹（中）和家人一起吃饭（出自:《四川卫生史料》1984年第3期）

个写《杨妹小传》的太平洋通讯社记者秦安（又名秦世祥）1949年以后当了教师。1956年也被认定是“特务”，在关押期间他交代其主要犯罪事实是:“在反饥饿反内战的情况下，我伪造《杨妹小传》以麻痹缓和人民群众的反蒋情绪……”

杨妹有四个孩子，大女冉隆英已出嫁；二儿冉隆海，儿媳叫向翠兰，孙女叫冉启群；三女冉隆珍（当时十七岁），四女冉隆翠（当时十五岁）……杨妹说:“自从农村实行包产到户后，我们粮食吃不完。儿子分家后，我母女三人，一年要喂一两头肥猪，过年时还要杀一头肥猪自己吃。我家房子不够住，有间房子遭山洪冲坏了，政府给我发了救灾补助款，批准建新房……”

杨妹热情地用老腊肉、酒等招待来访者。饭桌上有人问她:“你现在的饭量如何？”她笑着说：“不多不多，一顿九大碗，哈哈哈……”

20世纪80年代后“气功热”席卷神州。在中国销声匿迹已久的“辟谷”之说再度甚嚣尘上。

2004年，四川再爆轰动国内外的“不食”新闻：“泸州中医生陈建民，为弘扬中医养生之道，挑战英国魔术师大卫·布莱恩44天绝食纪录，从2004年3月20日开始在四川雅安碧峰峡绝食49天。”四川碧峰峡景区的开发商，也就是后来绝食活动的主办单位成都万贯集团事后宣布“成功绝食49天”。

但此事被《北京科技报》当成“2004中国十大科技骗局”。被人称为“反伪斗士”的司马南等人也坚称：“这纯粹是一场商业闹剧。”

陈建民一怒之下将《北京科技报》告上法庭。2005年7月，在四川泸州市纳溪区法院，主持开庭的林庭长介绍：被告虽然并未到庭，但法院还是判决《北京科技报》停止对陈建民侵权并在报纸及网站上赔礼道歉，赔偿原告精神损失费一万元。而陈建民声称将继续刷新“绝食”纪录。

“不食”极限到底是多少天？如何更科学地进行考察？这是世界上始终不衰的话题。且不论民国年间那场“杨妹不食”的研究是不是“伪科学”，可以肯定的是，那次对“不食”极限的首次研究，对以后真正科学地研究这个问题，提供了宝贵的历史经验和教训。

写作本文时，除作者采访搜集资料外，参考了1948年4月至8月《申报》《新民报》，内部出版的1984年《四川卫生史料》第3期，《纵横》2001年第2期《旧中国最大的伪科学新闻“杨妹不食”新闻的破灭》，中国法院网：《绝食49天老中医告北京某报一审取胜》等。

抗战名将宋哲元大葬绵阳始末

1940年，宋哲元病死四川绵阳，国内震动。四川民众为他举行了类似“国葬”的大葬仪式。此为抗战时期的一件大事。

一战一和当年变生瞬间
能大白于天下，
再接再厉后起大有人在
可无忧乎九泉。

谈及抗日战争，必然要谈到“长城抗战”“卢沟桥事变”，而这些重要事件都与抗日名将宋哲元有关……1940 年，宋哲元病死四川绵阳，国内震动。四川民众为他举行了类似“国葬”的大葬仪式。此为抗战时期的一件大事。

戎马倥偬将星陨落

绵阳城东二山逶迤，三国时刘备初得蜀地，曾到此山，赞叹曰：“富哉，今日之乐乎！”故后名富乐山。抗战名将宋哲元即葬此处。

“文化大革命”乱世，其墓毁损。当时笔者曾有感写诗：“怅无限、水无痕，夕阳如血泣黄昏。荒丘乏趣景萧瑟，松柏严霜也凋零。君不见昔日狼烟三千里，健儿抗战死长城。当年英雄安在哉？残碣难寻将军坟！”

1940 年 4 月 5 日，川北重镇绵阳传出惊动国内的消息：抗日名将宋哲元病死此地。

宋哲元，字明轩，清光绪十一年（1885）生，山东省乐陵县赵洪都村人，久居天津。宋家为武术世家，几辈练武，家中有兵器库房，十八般兵器样样俱全。宋哲元 1907 年考入北京武卫右军随营武备学堂，1910 年毕业后在北洋陆军 6 镇 23 标第 2 营做事。此后，他追随冯玉祥二十年之久，转战河南、陕西、四川、湖南、湖北等省，历任营长、团长、旅

在长城上指挥抗日作战的宋哲元

长、师长。1927 年 11 月，宋哲元出任陕西省政府主席……1929 年，蒋介石和冯玉祥逐鹿中原，冯吃了败仗，冯的西北军残部改编为东北军第 3 军，宋哲元为军长，后改称陆军第 29 军，成为老蒋麾下一支杂牌军。

1931 年“九一八”事变爆发，宋哲元在事变第二天通电全国，有“宁为战死鬼、不作亡国奴”的壮语。1932 年他任军事委员会北平分会委员兼察哈尔省政府主席。

1933 年，日本侵略军进攻山海关，危及华北。宋哲元奉命急行军赶到长城要塞喜峰口抗战。黑沉沉的深夜，他选了五百名大刀手奇袭喜峰口。他对部下高吼:“有进无退、死而后已!”一番血战，塞上千名日军全部死于大刀下……喜峰口一战，宋哲元名声大振，著名抗日歌曲《大刀向鬼子们的头上砍去》，即从此出。

1935 年 1 月，他晋升为陆军二级上将。这年 12 月，宋哲元兼河北省政府主席，当选为国民党中央监察委员。面对日本人步步进逼，宋哲元立誓:“不丧权，不辱国，不说硬话，不作软事!”

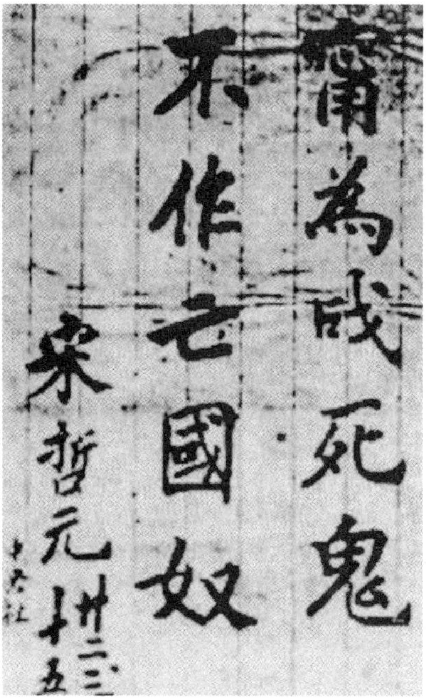

宋哲元接受中央社采访时写的誓词

1937年7月“卢沟桥事变”发生，宋哲元抱病率29军奋起抗战，几个月间在冀、鲁、豫数省千余里战线奔波督阵，常累倒不起……1938年春，他兼任第一战区副司令长官，军务益繁，积劳致疾[1]。

关于宋哲元病逝经过，1940年上海《申报》“成都航讯”的记录很详细。宋哲元身体素来健壮，1938年冬因公事到贵阳，偶患感冒。这天，日本飞机空袭贵州，他到贵阳近郊山上寺庙躲避。因衣衫稍薄，山风袭来，他病势顿时转剧，几天后竟半身不遂，请医诊治稍好，但四肢活动不便。1939年5月，他由贵阳到重庆，医生劝他长期休养。此时他只好辞去军职，决定到山清水秀的四川灌县调养。

6月5日，他到灌县，住在东门外观凤楼附近。这所新居是邓哲熙等部下先期前往修建的，有三个院宅，一座小楼，茅屋数间，另外还有十来亩地的花园，颇为幽雅。同住者除他夫人及其五女、六女外，还有友好幕僚赵新儒、邓哲熙、秦德纯、杨镇南、张树亭等人。宋哲元每日栽花植树自娱。乡居月余，他病体稍安，忽发游兴，登上青城山，居五日，和易心莹等道士畅谈。他高兴地说："道学玄妙无比，我对道家之说已有浓厚兴趣！"下山后他购《老子》《庄子》及道经多卷，在家里开始打坐养性……

他在灌县时，热心公益，曾捐款一万三千元，以七千元在灌县创办抚幼院，以六千元创办贫民医院，百姓都称赞："宋将军做了大善事！"

1939年10月，宋哲元血压骤然升高，到成都请中大医学院院长戚继南治疗，半月后渐好转。1940年2月下旬，又胃出血。亲友说："灌县水质不宜于你的身体健康，不如迁居绵阳吧！"

1916年，宋哲元曾率部在绵阳驻防，并在此与夫人常淑清结婚，故对涪城深有感情。离开绵阳25年，1940年3月11日，宋哲元又回故地。过了十多天，宋哲元血压更高，病情转剧。宋之老母亲年已八旬，留居北方。宋哲元重病中，常念老母在堂，不能侍奉，悲伤万分，同妻子抱头痛哭……3月26日起，他已不能饮食……

3月30日至4月4日，宋哲元昏迷数次，5日下午二时病逝，卒年56岁。弥留时仍以"抗战到底"为念，勉励旧部张自忠、冯治安、刘汝明等努力奋斗，收复失土。

《申报》1940年4月20日说："……宋氏在病中，仍盼早日痊愈，重上前线。弥留时，秦德纯、邓哲熙、杨镇南等赶抵绵阳，宋语秦等人说：‘抗战尚未获得最后胜利，忝为军人，竟不能恪尽职责，效命疆场，此恨曷已！’”[②]

宋哲元病逝消息当天即传至南岳衡山，在此主持抗战会议的蒋介石心情沉重。在山上的中共代表周恩来也深表哀悼，他向蒋介石提议：“宋将军曾一度隐息南岳，在麻姑桥留有遗迹，我们去那儿瞻仰，以寄哀思吧。”

麻姑桥石壁上有一行直径三尺的大字“不教胡马度衡山”，旁边书刻“卧虎”，字体刚健。这是宋哲元的遗笔。他自比“卧虎”，寓意重上战场之意。周恩来说：“29军将士浴血奋战，南苑战役中，副军长佟麟阁、师长赵登禹双双为民族壮烈殉国。”

蒋介石叹道：“我失去‘卧虎’，痛彻心肺！”说毕，吩咐副官摆上笔墨宣纸，题写挽联：“佛日方中，忽痛阴云遽护法；倭奴未灭，为怜民族失干城。”周恩来也写了一联：“失地未收回，虎威昭垂卢沟月；绵阳惊不起，鹃声啼破锦江春。”[③]

天水行营主任程潜首先向国民政府建议“国葬”，海内各界人士也多附议。但当时国事艰难，当局回复：“抗战期内，一切国葬缓议。”

宋哲元的同僚、故旧以及绵阳当地士绅公同集议，择地暂厝。当地著名风水先生吴克庄最善“堪舆”之说，他端起八卦罗盘忙碌一阵说：“涪城古富乐山为风水吉地，宋将军葬此大吉！”绵阳专员钟体道、县长郭铺及当地士绅都说：“宋将军忠勇爱国，功勋显著。如今忠骨埋于富乐山，诚为山川增色，我等情愿集合全城民众，筹资相助，以暂厝将军遗体！”于是，绵阳通城百姓决定举行隆重公葬[①④]。

将军出殡举国同悲

宋哲元之死惊动国内，虽未获国葬之名，其事之盛却无异于国葬。蒋介石特赠赙仪一万元，并派处长竺涛来绵阳治丧，又电令军事参议官秦绍文料理丧葬事宜。“宋委员明轩治丧处”定于1940年4月16日公祭，17日暂厝于富乐山……整个绵阳城沸腾起来。

灵堂上，素幡高悬、花圈如阵、哀乐幽幽。堂中正面挂宋哲元戎装巨像。前设各界送来的祭席素筵。两旁军人轮流守灵。灵柩两侧为其夫人常淑清、子宋华玉、长女景昭、次女景宪等陪灵的苫席。灵堂上端高悬中国国民党中央执行监察委员会送的挽幛，上题“良图永著”；右首是国府主席林森的挽幛“孝友忠贞”；左首是军事委员会委员长蒋介石的挽幛“天地正气”。灵棚内，诸多“党国要人”送来的素色挽幛62幅：冯玉祥题“乾坤正气”、阎锡山题“功在党国”、何应钦题“国失干城”、朱庆澜题“正气长存”、鹿钟麟题“袍泽同悲”、冯治安题“壮志未偿”、刘汝明题“至大至刚”……

当时正处抗日战争最激烈之时，蒋介石的挽联是：“砥柱峙中流终仗威棱慑骄虏，星芒寒五丈不堪殄瘁痛元良。”蒋介石把曾威慑日军的宋哲元比为“出师未捷身先死”的诸葛亮，评价不可谓不高。

冯玉祥的挽联是：“卅载故交相期报国，一生革命未尝后人。”

李烈钧的挽联是：“喜峰口鏖兵摧敌凶威凭白刃，居仁堂祝寿怡亲戏彩著斑衣。”称赞宋组织大刀队精忠报国，又是“斑衣戏彩”的大孝子。

程潜的挽联是：“何处招魂精气周流天上下，万方多难阵云重叠海东西。”

孙中山长子孙科的挽联是：“燕蓟恃长城杀敌余威纾国难，风云黯大地收京化日慰英魂。”

孔祥熙的挽联是：“綮戟壮幽燕丹心可鉴卢沟水，鼓鼙思将帅热泪难成箐里吟。”

何应钦的挽联是：“身兼刚段沉潜德，功在沙场搏俎闻。”

孔夫子嫡裔孔德成的挽联是：“火箭犯卢沟永为大将伤心地，客星陨涪水正是中原歼虏时。”

中共领导人也送来挽联。

重新整修的宋哲元墓之八德亭（供图：绵阳市地方志办公室）

重新整修的“宋上将明轩之墓”（供图：绵阳市地方志办公室）

朱德、彭德怀的挽联是：“一战一和当年变生瞬间能大白于天下，再接再厉后起大有人在可无忧乎九泉。”称赞宋哲元忠勇爱国的情操……

4 月 16 日，隆重公祭仪式开始。军乐团奏起荡气回肠的哀乐，全体参会者肃立，向宋哲元画像默哀。冯玉祥、陈继淹、秦德纯、吕秀文以及宋哲元的儿子宋华玉、女宋景昭等，都悲声恭读了祭文。

4 月 17 日，“治丧处”备好白马素车，十几个壮汉将灵柩舁上，宋哲元生前属僚百余人亲手执绋送殡。沿途军警骑马执旗开道，军乐团前引，四川省立绵阳中学数百名身穿土黄色制服，系蓝、白领巾的童子军，高举挽联、挽幛、锦旗、锦标、花圈、花篮，捧着国民政府 1937 年 7 月“卢沟桥事变”后向宋哲元颁授的青天白日勋章，浩浩荡荡向富乐山进发。殿后有护军百余人，送殡汽车百余辆，车顶挂蓝白两色彩球。

绵阳百姓倾城而出，沿途夹道不约而同地脱帽致敬。一路上的路祭桌、茶桌鳞次栉比……富乐山上，在宋哲元下葬后，军乐团又高奏哀乐，全体恭送人员肃立致哀。贺国光代表蒋介石宣读祭文。

接着由军政部部长何应钦、川康绥靖主任邓锡侯、副主任潘文华等宣读祭文。最后，在悲壮的军乐声中填土造坟……

4月17日公祭这天，国民政府发布命令：

> 国民政府令，陆军二级上将，军事委员会委员宋哲元久绾军符，精娴韬略。往岁长城之役，率师御侮，声绩炳然……此次抗战军兴，在前方指挥将士，屡奏奇功。近以积劳致疾，政府正殷廑念，遽闻溘逝，轸悼良深。应予明令褒扬，发给治丧费五千元交军事委员会，从优议恤，并将生平事绩存备宣付史馆，用彰勋绩，而慰英灵。此令！
>
> 国民政府主席　林森
>
> 中华民国二十九年四月十七日

1940年5月18日，国民政府再次发布命令：“宋哲元上将原叙第二级，兹追赠为上将第一级。此令！国民政府主席林森”。

宋哲元安葬在一个高约三米、面积二十余平方米、平面呈八角形的石廓墓中。后在暂厝宋氏遗体的富乐山修建“宋上将明轩林园”，墓前立石碑，由冯玉祥以隶书题“宋上将明轩之墓”。墓前立墓道坊一座；复建八德亭一座，以赞扬宋氏生前有孝、悌、忠、信、礼、义、廉、耻之“八德”。还立有神道碑一座，由丁惟芬撰文，于右任书丹，详记宋氏生平事迹。

为宋哲元出殡这天，因四川省立绵阳中学童子军前往服务执事，“治丧处”以七百元相赠。绵阳中学用这笔钱在学校修“明轩亭”，亭内有碑，碑文由黎光明撰，钟体道书[①⑤]。

当时，抗战正处于最激烈最艰苦之时。宋哲元的葬礼如此隆重，实际上是在显示中国人抗日到底的决心。

宋哲元墓茔，“文化大革命”中曾被毁损，1978年重建。2005年纪念抗战胜利60周年，宋哲元的外孙、美国哥伦比亚大学教授唐德良等人专程到绵阳，将一把宋哲元将军在喜峰口战役中亲自砍杀过十多个日寇的大刀，以及一批文献资料捐赠给绵阳宋将军陈列馆[⑥]。

青山有幸埋忠骨，绵阳富乐山成了缅怀抗日战争先贤的胜迹……

注释：

① 以上参见:《宋故上将哀荣录》《宋哲元生平述略》等多种史料，见超星数字图书馆藏。

② 以上参见：上海《申报》1940年4月20日“成都航讯”。

③ 参见刘小梅:《周恩来与蒋介石的“衡山游”》,《老年文汇报》2006年4月10日转载《文史春秋》文。

④ 参见《抗日将领宋哲元》,《绵阳晚报》2005年9月3日。

⑤ 以上参见常人春:《近世名人大出殡》，北京燕山出版社，1997年。

⑥ 参见《华西都市报》2005年9月4日。

最后在大陆落网的国民党将军

抗日军人、大特务、将军、逃亡、囚犯、新生……郑蕴侠走了漫长的一个世纪，他的传奇人生折射了人世沧桑和时代巨变。

我这一生风风雨雨，

阅尽人间沧桑……

虽是百岁之人，精力不济，

却也有“老骥伏枥，志在千里”之志啊

微信扫码

◉ 巴蜀留声机
◉ 巴蜀文化录
◉ 历史风云榜

郑蕴侠，原国民党中统少将，1949 年以后在四川和贵州潜伏长达八年，逃亡经历比电影还离奇。他逃亡期间，周恩来曾指示："生要见人，死要见尸。"郑蕴侠 1958 年才落网，是大陆最后被捕归案的国民党将军。1975 年被特赦。1985 年，郑蕴侠与本书作者被同邀参加电影《草莽英雄》剧组，两人因此相识相熟。作者根据郑蕴侠先生口述及贵州省务川县委统战部陈瑕部长、高腾录副部长、文明信主任等提供的情况，再现了这位活至百岁的国民党前将军的传奇人生。

郑蕴侠（上排中）和本文作者郑光路（上排右）在《草莽英雄》电影剧组

安乐寺换银圆被擒

1950年初的一天上午，晨雾还未散尽。成都八宝街上，出现了一个身穿老式大棉袄、四十来岁的“小商人”。这个平凡得半点不起眼的人，有谁能想到就是半月前身穿黄呢将军服、威风凛凛的中统少将？

郑蕴侠，1907年生，黄埔四期毕业，曾在上海法学院深造了七年。凭这两张过硬文凭，他1933年起先后任国民政府中央司法院法制专员、军法执行总监部司法长、“中统”少将专员……在特务系统算是最高级别了（“军统”首脑戴笠也只是少将军衔）。

1938年3月，中国抗战史上最著名的台儿庄大战打响。郑蕴侠奉令率领一个政工队到前线，亲自参加了炮火连天的滕县守城战，与日寇五次争夺阵地……最终苦撑到援军到来，他才满身血污地掩护伤病员突围。他曾满含仇恨地改写岳飞《满江红》词：“……侵略耻，犹未雪，民族恨，何时灭！驾长车踏破富士山缺。壮志饥餐倭奴肉，笑谈渴饮东洋血。待从头扬我国族威，新中国！”

1941年后，郑蕴侠兼“陪都”重庆《世界日报》采访部主任、《自治周报》总编、重庆图书杂志审查委员会委员、军委会坚信通讯社社长等职，曾远赴中国驻印缅远征军主持战地通讯……

如果说郑蕴侠抗战时期还曾为抗战效力，抗战胜利后，“反共”特务活动却成了他最主要的工作。重庆“沧白堂事件”“较场口血案”这两个影响重大的历史事件，他从头到尾都是参与者、指挥者，亲自指挥打过郭沫若、李公朴。他还率领特务去捣毁过中共《新华日报》，临解放又受命任国防部新编反共救国军第一军少将政治部主任和该军特别党部书记长……

1949 年 12 月下旬的一天，重庆解放军军管会公安处内，侦察科张科长带着一个身穿旧军装的男子，走进负责追捕国民党重要匪特人物的陈处长的办公室。

张科长介绍说：“陈处长，这位就是中统大特务郑蕴侠的司机李增荣！”李增荣局促不安地汇报说：“地下党安排我活捉或打死中统大特务郑蕴侠的任务，我完成得不好。他逃往成都途中卫士多，我没法下手打死他，只好瞅空在吉普车引擎中撒了包沙子，车在路上熄火……但还是让他跑了！”

陈处长对张科长说：“和成都军管会联系，通报注意这个中统大特务！”

郑蕴侠独身一人化装成小商人，改名何安平，一路风尘逃到成都。他在八宝街有个远亲王元虎，当过川军师长。到了王家，王元虎的岳母对郑蕴侠说：“你王姻伯起义了，到新都县宝光寺集中学习去了！”郑蕴侠在王家睡了一夜，第二天王元虎回来，说：“哎呀，你该早些来嘛，我好把你的名字添到起义人员名册上！”郑蕴侠暗想：“不好，这个姻伯口口声声‘起义’，会不会跑到解放军那里把老子卖了？”

他不辞而别，匆匆到城里另找一家小栈房住下。这天他走到一条小巷，突然有人拍他肩头。郑蕴侠大惊，忙掏怀中手枪，手却被抓住。正发急，一看却是老友——中统局专员尤绍五！郑蕴侠又喜又怒：“要不是你手快，老子手枪一亮，我两个就暴露了！”

尤绍五拖着他到了新川旅馆一个小房间里，刚坐下就哀叹一声：“‘树倒猢狲散’啊！各路国军溃逃人员和军统、中统两系的人，牵线线一样到成都军管会自首……你去登记没有？”

解放初期大批国民党潜伏特务被逮捕

郑蕴侠说：“你我兄弟干的事自己明白，岂能自投罗网！”尤绍五垂头丧气说：“说的是啊，我干‘中统’资格比你还老，共产党能放过我？唉，逃、逃！走一步看一步吧！”当下两人黯然神伤，握手道别。

这时，成都“肃特”行动正大张旗鼓开展。一刻也不能多留了！这一夜他翻来覆去睡不着，想：“我只有去云南，从那里逃出国境！”

天亮后，他把两支手枪藏好，到成都最大的投机市场“安乐寺”，准备把一百块银圆换成共产党的人民币，便于逃亡中使用。他刚从一个瘦脸钱贩子手上换了五十块银圆，突然“安乐寺”内一片惊惶：成都军管会公安团贺彪团长率领一团人包围了安乐寺市场。解放军端着枪旋风般扑进来……

郑蕴侠周身冰凉，心中惊叫："抓我来了！"

解放军搜查了所有人，郑蕴侠袋里五十块银圆被搜缴，却反松了口长气，庆幸身上没像往天一样带手枪。接着，他们被押送上车，到一处临时收容所，登记姓名、身份。郑蕴侠忙掏出化名为"何安平"的国民身份证……

军官宣布："你们扰乱金融秩序，银圆一律没收……今天起每天组织学习，学得好，就放回去！"郑蕴侠同贩子们每天上午扫街，下午晚上学习。郑蕴侠心想："我这个少将，这下成了'扫将'啰！"

他不晓得：这次解放军早派卧底侦察员董夏民化装成大银圆贩子打入"安乐寺"，意在一网打尽"金融罪犯"。幸好这次行动重点不是"反特"，郑蕴侠才有惊无险地滑过去了[①]。

郑蕴侠关了八天后被放出来，立刻离开了成都！

险象环生逃亡路

郑蕴侠逃离成都一周前，在重庆军管会公安处紧急会议上，侦察科张科长介绍："成都方面通报，据起义人员检举，证实郑蕴侠确实已潜逃到成都……"

张科长赶到成都，在《川西日报》上注意到一则新闻：市军管会整顿金融市场，许多银圆贩子被审查关押……张科长灵光一闪："郑蕴侠到成都，要潜伏就得生存，就得用川西地区流通的人民币……他离重庆时只带了金条、银圆做活动经费。会不会他也碰巧被抓了？"

他急忙到市军管会，联系上金融处李文炯处长、黄伊基副处长，查阅了案卷。

张科长又拿出郑蕴侠的照片，金融处拘留所一个负责登记的战士很快认出了郑蕴侠："那天被拘留的有这个人，他登记时国民身份证上叫何安平！"

再查各旅馆登记，"何安平"的线索断了……重庆和成都军管会立即印发通缉令！

郑蕴侠逃亡的路上，"清匪反霸""除奸肃特"的标语随处可见。吓得他把两支手枪和子弹偷偷丢进沱江里。

走到出铁器的大足县龙水镇，他胡乱买了一箩筐铁剪、菜刀之类铁货，跟在三个铁货老贩子屁股后也假装卖铁货。他们沿途"赶溜溜场"，直奔川南，几天后已到赤水河畔川黔交界的叙永县。郑蕴侠一阵高兴：过了赤水河就是贵州毕节，然后就可以经威宁去云南了。

哪晓得毕节遍城是解放军！栈房老板说："前面几县国民党残部和土匪暴动，去云南的路全被截断了。"郑蕴侠大惊失色，思来想去，云南去不得了，只好又返回四川。

往回走了两天，在一处大山老林中突然窜出土匪劫道，把他抓到一个破山神庙里，一个头裹白帕子的瘦猴子土匪扯起沙哑喉咙："这是爷们的司令部。把你龟儿子的'财喜'拿出来，免得招打！"

郑蕴侠瞟一眼这个蛛网密布、尘埃遍地的"司令部"，真是又好气、又好笑。他被瘦猴绑在柱子上，身上近五十万元人民币（注：旧币）被搜走。

郑蕴侠好无奈，心头说："想几个月前，老子奉命去川东各县亲自点验、组织近二十万人枪，身边师长、团长起串串。不想今天竟受这几个剪径小毛贼的窝囊气！”

只见瘦猴等土匪一跃而起，齐声乱嚷：“胡司令回来了！”郑蕴侠心想：“要赶紧让这个草头司令放了老子！”他也张嘴大叫：“胡司令，救命啊！”

那“胡司令”原是国民党军队中一个副连长，被解放军打垮了，纠集几十个难兄难弟占山为王。他恶狠狠说：“这野物是干啥子名堂的？把龟儿子掀到悬崖底下喂野狼！”

瘦猴动手把郑蕴侠拖出庙门，脚下已是万丈悬崖。胡司令一声怪叫：“给老子朝悬崖底下掀！”

曾被郑蕴侠“点验”过的川东反共武装首领黄云卿等人被解放军捕获时的情景（供图：郑蕴侠）

他大叫:“胡司令，掀不得呀！”胡司令瞪着他:“咋个掀不得?”

郑蕴侠说:“胡司令，我家有老娘！”胡司令说:“哪个是孙猴子从石头里蹦出来的，只有你才有老娘?”

郑蕴侠又叫:“胡大哥，掀不得呀！我是‘嗨’了的！”

这个“嗨”指入了江湖袍哥。郑蕴侠念念有词:“‘大哥请登金交椅，三哥请上软人抬，五哥请坐龙虎案，各路弟兄两边排。辕门该由老幺守，不是嗨哥不准来’……胡大哥，念我‘嗨皮’分上，手下留情啊！”

原来自清代后，四川袍哥势力极大。郑蕴侠作为“中统”内最熟悉民间帮会的大特务，1944年还奉命到川南秘密调查宜宾“大刀会”，天天同袍哥打交道。他晓得同这些滥土匪打交道，只能用江湖上那一套。

果然，“胡司令”一听郑蕴侠满口黑话，凶相顿时收敛，摆手说:“都是袍哥弟兄，松绑！”众人回到庙内。郑蕴侠“丢歪子”行了个袍哥礼:“兄弟大胆，紧贴胡大哥‘龙盘’‘虎坐’啰！”

“胡司令”说:“兄弟，老子放你下山！路上遇上反共游击队，就说是老子胡春山胡司令的兄弟！”郑蕴侠忙起身拱手:“天地旗、龙凤旗，多谢胡哥打‘好字旗’！兄弟这就‘开摇’啰！”他怕夜长梦多，当下就急忙出了山神庙。

“何安平”再变“刘正刚”

郑蕴侠一路躲躲藏藏，来到川南重镇泸州，寻处僻静小栈房落脚。

钱已被“胡司令”搜走，好在棉衣中还藏了两个金戒指，他去票号换了点钱，买了些泸州特产和许多干桂圆（中药铺用的龙眼肉），仍扮成小生意人。回到栈房，跑堂小工叫张二娃，也是袍哥中人，对郑蕴侠说：“新安排了一个跑药材的王大哥住你房里。王大哥也是‘嗨’了的！”

这天半夜，郑蕴侠起身屙尿，见王大哥正用肥皂刻的假印章向纸上猛盖。郑蕴侠不禁一笑道：“王大哥，你原来是做假‘派司’、假‘官票’的哟！”

王大哥躲藏不及，呐呐笑道：“你来，我送你两张‘护身符’！”

说完，王大哥把一张“四川省绵阳县城关镇人民政府用笺”和一张“居民外出证”递过来。郑蕴侠犟嘴说：“多谢大哥美意，我有真证件！”

王大哥嘻嘻笑道：“何哥子，你我都是道上的，用不着戴戏脸壳捉猫猫！我早看出你也是‘国字号’落难角色！”

郑蕴侠心中大惊，忙说：“落难江湖，你我义气当先。不瞒王大哥说，我当连长，遭解放军打烂了，逃出来跑小生意……”

王大哥叹了口气说：“改朝换代了，不少人就因为身上的‘派司’‘官票’不过硬，栽了！哪能不要这个东西备用？”郑蕴侠忙拱手说：“王大哥如此义气，我多谢啰！”

他接过那两张证明一看，心中又是一惊：“好个专业作假的水平！上面还有解放军军管会政委、镇长的签名和私章，真是天衣无缝！这个‘王大哥’，极可能是外省‘军统’中专干‘特工’这一行的！”

天亮起床时，“王大哥”早已悄然远遁了……郑蕴侠心想这个王大哥好机警，对我还提防着哩！他把昨夜“王大哥”送的证明拿出来，心里琢磨了一阵，在姓名栏上用笔填上“刘正刚”。

郑蕴侠这个“改头换面”行动太及时了——否则，几天后他将很难逃出西南公安局的缉捕大网，抓捕他的人“顺藤摸瓜”，已经“摸”到泸州了！

他逃到涪陵县，刚寻客栈住下，就碰上解放军严密查夜。郑蕴侠心里狂跳：“抓我来了！”双手微颤，掏出“王大哥”制作的证明，居然轻松过关。郑蕴侠心中说：“那‘老王’真有先见之明啊！”

原来，西南公安部会议曾传达上面关于“追捕残敌”的指示，其中有：郑蕴侠是“中统”大特务，又是重庆“较场口血案”的策划和直接指挥者。周总理曾指示对此人：“活要见人，死要见尸！”

郑蕴侠混杂在各色小商小贩中，四方赶“溜溜场”。后来，他靠袍哥中人帮忙，在乌江和长江汇合处凉塘乡的一家私家小厂“川东制服厂”当了个临时小工。郑蕴侠常说些“我们工人阶级要当家作主”之类新名词，又不怕吃苦流汗，很快成了厂里的“积极分子”。

一天厂里开“诉苦大会”，诉苦的人声泪俱下。副厂长突然跳上台高呼：“我要向工人弟兄讲讲我以前在重庆时，亲眼看见国民党特务制造‘较场口血案’的罪行！”

郑蕴侠头上轰地炸响：“遭球，老子被发现了！‘较场口血案’不是我亲任现场指挥的吗？诉苦大会是对着我来的啊！”

在副厂长的“诉苦”声中，会场里“坚决镇压国民党狗特务”吼声惊天动地。郑蕴侠周身冰凉，头脑中一片空白……

“刘正刚！”解放军军代表突然在叫他！会场中很多人都在望着他。郑蕴侠木然站起身来，心里说：“军代表一定是要宣布逮捕令了……唉，这下完了！完了！”

让他做梦也想不到的，军代表接下来的一句话却是：“刘师傅，请你到台上来，诉诉你在旧社会受的苦！”

郑蕴侠一下子回不过神来，擦擦额上冷汗，讷讷地说：“我、我说不好……”会场中工友都在叫：“刘师傅，你是厂里的积极分子，怕个啥子哟？大起胆子倒你肚子头的苦水嘛！”

郑蕴侠终于完全清醒转来，慢慢走上台。他毕竟是训练有素的大特务，就慢慢讲了起来。说自己家里很穷，十多岁时，外婆生病发高烧，他去摸外婆额头，烧得烫手！家里却冷冷清清又没钱，砂罐里草药没熬好，外婆已惨叫一声死了，后来……

他讲得声泪俱下、绘声绘色，颇受好评。然而这次“诉苦大会”却着实把他吓出了几通冷汗。不久厂里要压缩人员，郑蕴侠立刻脚板抹油逃离了工厂……

深山小镇潜伏八年终于归案

1950年底，川黔边界的濯水小镇上，出现了一个寻亲的外乡人刘正刚，逢人便焦急地打听：“我表姐叫廖忠玉，他男人叫姜玉清，还有个小女儿……请问他们住在哪里？”

濯水镇现属贵州务川县，自古以来是多民族聚居地，民风极其淳朴。镇上居民纷纷说：“哎呀，廖忠玉两口子早回山东老家去了！”

刘正刚沮丧万分，可怜巴巴地蹲在街沿边，眼圈通红，讷讷自言自语：“表姐、表姐夫啊，你们咋个说走就走了？现在我身无分文，叫我咋个办啊？”

此时早已回到山东老家的廖忠玉夫妇，做梦也想不到仅在长江上同坐过几天船的一位旅伴，竟莫名其妙成了自己的“表弟”，正去濯水“投亲”……

濯水镇不到两百户人家，外乡人“投亲不遇”的消息马上传开。许多人围着刘正刚，纷纷出主意：“你不要太难过。表姐虽然走了，你就留在这里嘛。”

开小栈房的何大娘更是热心：“兄弟，你先在我铺子上住下来再说！”

这正是郑蕴侠所要的找所谓“表姐”的结局。在镇上居民的同情叹息声中，他去了何大娘家……此后，何大爷介绍他同一些贩子去四周场镇当小贩。

1951年后，全国“清匪反霸”轰轰烈烈展开。郑蕴侠眼睁睁看见附近不少土匪、地主、乡长、袍哥、暗藏人员都相继落网……他怕得要命，常梦见自己被押上刑场，醒来时背上冷汗如雨！

哪知当地“农会”为他定的“成分”是“贫民小贩”，还给他分了田地。

从此后，濯水老镇上经常出现一个杂货贩子，顺便修电筒、配钥匙、补破鞋。在这“地无三里平、人无三分银”的贫瘠山乡，乡亲们大都打赤足、土布缠头，郑蕴侠入乡随俗。几年过去，他肤色晒得和山民一般黑，就连土腔土调、生活习惯乃至走路姿势，都和当地人无异了。

这个既受过高等教育又谙熟三教九流、满腹学问的“高干”，要伪装成小山村里的低俗小贩，实非易事！但他成功了：有谁会想到这个憨厚老实的小贩“刘正刚”，竟会是当年文武双全、威风凛凛的国民党将军！

濯水居民对这个外貌憨厚本分的小贩子“刘正刚”印象甚佳。这个曾活跃在旧中国教育、军政、帮会、新闻等各界的高级特工，在共产党层层监控下，居然顺利度过土改、清匪、镇反等一系列运动。1956年，他娶了个叫邵春兰的妻子。两口子平平淡淡过日子，倒也乐在其中。

谁知危险突至！有天他在去蔡家坪途中，一个熟悉的脸孔突然出现在面前。这个人叫汪恒兴，以前在重庆曾有交往。在崎岖山路上狭路相逢，两人都大为惊愕，四目相对，呆呆盯了很久！

郑蕴侠匆匆返回濯水，一阵恐慌袭来："我日他娘，这世界硬是太小了……唉，只有再逃亡了……"他离家，去贵州德江、印江、思南等地当修理匠、补鞋匠，一跑八九个月。后来偷偷摸摸打听，濯水镇好像并没啥动静，他才又大起胆子返回来。

老婆对他讲："你走后不久，濯水镇来了两个奇怪的杂货客，一来就找摊贩了解情况，问这问那的……"

郑蕴侠叫苦不迭："汪恒兴这龟儿子硬是报了案……那两个杂货客，不消说是共产党的侦察人员啰！"他心乱如麻："怎么办？再耗子过街样离家逃亡？共产党如今已牢牢统治中国，我又能逃到哪里去？"

他最后一顿脚，心中发狠说："要抓就来抓，要'敲砂罐'就敲，老子不逃啰！"

此后居然风平浪静。

其实，他这时早在公安人员的严密监控中了！1957年，务川县的"肃反"运动更轰轰烈烈。这时，他在公私合营商店当会计。有一天，镇上领导别有意味地对他说："刘正刚，你明天去县城学习！"

郑蕴侠去县里，一看来此"学习"的大都是"有问题"的人，而自己则是"重点"对象。他心里明白，已不可能再隐藏下去了。

他万念俱灰，终于下定决心，迈着沉重脚步，走上合作社食堂顶楼上，一咬牙闭上双眼猛然跳下去……

天下之事竟如此奇怪，郑蕴侠命不该绝！原来楼底下有个赶场的农民在喝酒，顺便把个竹背篼放在一个角落里，郑蕴侠从几丈高楼房几个筋斗飞旋而下，恰恰不歪不斜一屁股坐在这小小背篼中——就是杂技演员，也难表演这高难度绝活！

竹背篼弹性大，郑蕴侠仅肩上受了点轻伤。

1957 年 5 月 19 日，郑蕴侠一大早起床，正在门口洗漱，只见年轻的李干事笑吟吟招呼："刘叔，你起得早哇！"冷不防李干事咣当一声甩掉洗脸盆，猛然双手紧抱郑蕴侠身子，厉声吼道："狗特务，不许动！"

几乎同时，四周亮出几支黑洞洞、油亮亮的冲锋枪、卡宾枪！原来重庆市公安局专门派出专案小组，和务川县公安人员同时到了濯水。

郑蕴侠却也不大惊慌，转回脑袋对李干事惨笑。

公安局的张股长健步走过来，冷冰冰的手枪指着郑蕴侠胸膛："郑蕴侠，你被捕了！"一听他喊自己已经八年没用过的名字，郑蕴侠沉重地叹了一口气，伸出双手。

至此，国民党潜逃大陆的将级军官，已全部归案。

晚年新生

郑蕴侠 1958 年被解回重庆。

郑蕴侠后来对本书作者说："当年我率部下在戒备森严的地方焚毁档

案的情景，竟被中共地下党现场摄下来了！这几张照片，打消了我顽抗的心态，我将所知情况全都坦白交代了。从此心甘情愿认输！”

不久他被押送到四川珙县芙蓉煤矿“将校队”。郑蕴侠后来对本书作者说：“这里四周岗哨高耸，白日有警戒线，夜间有红灯。狱警告诉我们说：‘超越警戒线，就开枪！’我认罪服法很好，更不想逃跑。1961年，小说《红岩》创作过程中，作者罗广斌数次到狱中与我交谈。凡他想了解的情况，我均毫不隐瞒，一一相告。”

原来，郑蕴侠就是《红岩》小说中特务郑克昌的原型人物！

就这样，郑蕴侠在狱中度过了漫漫17年……1975年12月15日，“将校队”劳改人员被集中起来，管理人员对他们宣布了石破天惊的消息：“遵照中共中央主席毛泽东和中共中央的指示，国家司法机关最近决定对在押的原国民党县团以上党、政、军、特人员，一律宽大释放！”接着宣布：对释放人员给予公民权，愿意回台湾的，可以回台湾，并提供方便……②

高墙院坝内的囚犯们顿时欢呼雀跃，有的人涕泗纵横，有的高呼万岁，有的兴奋得昏倒在地！

1975年12月20日，郑蕴侠出狱，这时他68岁。特赦后，政府组织他们外出参观学习。到北京参观了十三陵、故宫、西山；还专门请他们参观了解放军炮兵的夜间演习……

郑蕴侠回到被捕前所在的贵州省务川县，先被安排在县城二中教高中语文和世界地理。从1981年起，他被特邀为县政协的“住会委员”。郑蕴侠多次对本书作者说：“省、市、县各级领导，尤其是务川县委和统战部领导，关心照顾我。我常对人说：‘统战部已成我的家！’”

中共贵州务川县委统战部陈瑕部长和高腾录副部长到郑蕴侠（右一）家中发放慰问金

县委统战部高腾录副部长和文明信主任，2006 年 2 月对本书作者说：“确实，务川县历届县委都很关心照顾郑老先生，为他安排了住房。他妻子双目失明，享受‘低保’待遇。务川是仡佬族苗族自治县，是个贫困县。统战部考虑到郑老先生的具体情况，多次争取为他增加生活费。”

郑蕴侠也对本书作者说：“现在政府每月给我的生活费已增至 1100 元。在工资水平普遍不高的贵州来说，是相当不低了……”

郑蕴侠的晚年勤于写作，20 世纪 80 年代在文史刊物《龙门阵》及党史杂志《红岩春秋》等刊物上发表不少文章，于 1995 年在四川人民出版社出版《中统秘闻》一书。他还是贵州省、市作家协会会员。此外，他还写了几本根据真实历史改编的小说、四本《风朝雨夕楼文集》……

2006 年 3 月后，郑蕴侠给本书作者接连写来十多封信，说：“我已近百岁，世间花的、麻的、黑的、红的……啥子东西没经历过？我自刻了枚印章：‘风朝雨夕楼主’。有人问我‘风朝雨夕’是何意义？我说：我这一生风风雨雨，阅尽人间沧桑。还有一层意思：我虽是百岁之人，精力不济，却也有‘老骥伏枥、志在千里’之志啊！”

抗日军人、大特务、将军、逃亡、囚犯、新生……郑蕴侠走了漫长的一个世纪，他的传奇人生折射了人世沧桑和时代巨变。

注释：

① 参见董夏民:《金融战卧底20天》,《红岩春秋》2001年第4期。

② 参见《宽大释放全部在押的原国民党县团级以上党政人员》,《人民日报》1975年12月23日。

四川最后的科举

中国的科举考试制度，始于隋大业三年（607），到清光绪三十年（1904）止，在中国延续近一千三百年。

当人们经过车水马龙的

成都天府广场时，

会有多少人知道百年前这里曾是

庄严肃穆的“乡试”之地？

微信扫码

◉ 巴蜀留声机
◉ 巴蜀文化录
◉ 历史风云榜

当人们经过车水马龙的成都天府广场时，会有多少人知道百年前这里曾是庄严肃穆的“乡试”之地？本文让读者进入时光隧道，回到1903年四川癸卯年最后的一次“乡试”中去，去一睹封建王朝科举制度之奇形怪状……

科举中的童生和秀才

中国的科举考试制度，始于隋大业三年（607），到清光绪三十年（1904）止，在中国延续近一千三百年。美国学者克拉克说：“以科举考试为核心的中国文官行政制度的创立，是中国对世界最重要的贡献之一。”有的西方学者还称之为“中国的第五大发明”[①]。

放牛娃出身的朱元璋当了明朝开国皇帝，为控制文人，考试开始用“八股文”：写法必须符合“破题、承题、起讲、入手、起股、中股、后股、束股”的八段式僵化框架，内容必须根据“四书五经”中的残言断句去“代圣贤立言”。读书人为应付科举考试，从幼年“开笔”起，一辈子都沉溺在“酸菜坛子”般的八股文中挣扎。古典小说《儒林外史》中讨口子一般的老童生范进，从二十岁起连考二十余次，直到54岁才中了秀才、举人，就是一个典型写照。

科举考试分院试、乡试、会试、殿试等，如登神鬼莫测的天梯。能登上顶峰中“进士”，确实像俗话说的：“真是祖宗坟上长了弯弯树哟！”绝大多数读书人哪怕白胡子拖到胯下，也嚼不烂八股文这酸臭玩意儿，仍是“童生”身份，被人嘲笑说：“年已七十还是童，真是长寿；到老八股还未熟，不愧书生！”这些老童生忍羞含恨，直到躺进棺材才同八股文彻底“拜拜”……

童生考试这“天梯”第一步就不容易：要经“县试”“府试”两次预考，录取后才有资格去“院试”考秀才。这三次考试总称小考或童试[②]。

四川童试，三年两考。各县考生先在县衙门的礼房报名、编号，填写身家及不是娼优隶卒出身……应试时都得“穿靴戴帽”：头戴红帽，身穿长套，脚蹬靴子，再穷也要缝件家机布的套子，这是当时规矩。试官提前一天就到考场，平常仪仗用蓝统伞，此时也改用红伞……以示朝廷科举大典之隆重。

考生半夜三更进考场，考试前辕门牌示：几更几点放头炮、二炮、三炮。头炮大约在夜半 12 点钟，过半点钟放二炮，午夜 1 点钟三炮响毕考场开门。试官坐暖阁监督，童生们鱼贯而入，点名取卷后开始去咬笔杆子写“八股文”……

县试、府试正值夏天，每次连考五天。考场每个号舍都有屙尿拉屎的瓦罐子，考场臭气冲天。场中不时“咚咚”地击鼓传点，以示时刻和催人交卷。“县试”五场，每场考完都要发榜，榜上有名者才能入下场考试。五场考完，一两千人的考生就只剩五六十人了。按旧规，终场考生每人要缴二百钱在考棚内聚餐；有幸能拈这顿伙食，就能算英雄豪杰了。

县试、府试都过了，就有资格参加院试考秀才，这时已是冬天。号舍四面无窗，寒风刺骨。考场内随时有衙役们巡视呵斥。三牌后，就有考生因风寒难耐出场了……

院试是由京城来的钦命提学使大人监考，不受地方制约，很威风。

考试常有人作弊。最常见的是“夹带”，清末书坊把“四书五经”上各题目做成格式化文章，印出袖珍版《小题文府》，很容易夹带；还有人将文章密密麻麻写在内衣、内裤、手巾上；也有临时请人代作文字沟通差役传递场内的；也有富家子弟干脆以金钱买得前几名的；还有直接请“枪手”混入堂号代考的。巴县考场有次逮着一个“枪手”，官府让他跪在东辕门侧“枷号示众”[③]。

总之，经过县试、府试九场及院试两场，历数十日的辛苦，如能咬紧牙关考完，侥幸中个秀才，就总算“一领青衿”成士林中人了。

于是，秀才们就雄心勃勃准备赴省城参加“乡试”考“举人”去了！

老皇城中的“乡试”

光绪二十九年（1903）七月初旬，四川各州县考生们，或一人独行或数人做伴，或骑毛驴或乘轿子，络绎不绝赴省城成都参加“癸卯”年乡试……

巴县秀才朱必谦老先生，也雇了轿夫两名（每人制钱四千文）。行至内江、资州一带，赶考人渐多，他只得出制钱百余文另交一力夫，叫他“打前站”先行安排好住宿，以便在省城有安卧之所[③]。

百年前的成都古色古香，举子多住科甲巷。“科甲”是科举别称，明、清时各州县秀才赴省应试多住此街旅店，因而得名。旅店每间房屋

四川阆中古城“贡院”旧址

大都悬“文魁”“解元”之类小匾，并书写住宿人姓名，以讨口彩图吉利……[4]

农历七月后，科甲巷一带就越发热闹拥挤了，旅舍爆满。于是城内许多私屋纷纷贴帖“招寓新科解元”以招揽生意。

秀才们相互传说：乡试就在刘备住过的“老皇城”内举行。这座金碧辉煌的城中城，宋朝之后因战乱城摧墙毁。朱元璋建立明朝，儿子朱椿到成都当蜀王，重修荒凉了几百年的皇城。两百多年过去，张献忠造起反来，跑到成都老皇城内建立大西国，吃败仗后又一把大火将登基宝殿烧得精光……

到了清初的1646年，成都城毁人空虎狼横行，省治不得不迁往保宁府（今阆中市）。乡试从顺治八年（1651）辛卯科开始到康熙二年

百年前“老皇城”内从明远楼后北望致公堂（出自：成都市规划设计院编《成都城市规划与建设》）

（1663）的癸卯科，在保宁府举行了五次[⑤]。省治1659年又迁回成都。康熙四年（1665），四川巡抚张德地奏请朝廷：将原在成都西南角的明贡院移入“皇城”的原明蜀王藩府旧址修建，从次年起这里便成全省乡试之所[⑥]。但贡院范围比原蜀王府小，御河之外已是民居。从端礼门外直到红照壁，清末时为一片大广场，称为“皇城坝”；平时市人搭竹棚子做买卖，科考时就必须拆光。

同治元年（1862），贡院多处倒塌，官府“通省筹款，彻底重修”，次年七月才完工，共建成楼堂院所如明远楼、致公堂、清白堂、衡文堂、文昌殿，以及主考、监临、提调、监试、内外帘官住院等。贡院西北处有唐时摩诃池残迹，再北有文昌宫，其后即界墙，墙上有狐仙洞……极其庄严弘敞[⑦]。

乡试每三年一考（有时增开“恩科”），共考三场，每隔三天举行一场，每场考一天。考试这天，黎明入场，对号入座，给三支蜡烛。历届乡试考题不同，有时皇帝还亲自检查乡试题目。

乡试考中者称举人，中头名者称解元。电影《三笑》中唐伯虎乡试考中第一名，人称唐解元，凭此身份风流无限，才有“点秋香”千古佳话。

朱必谦老先生回忆：遵老辈子指教，“考试前不要过于用功”，于是有的秀才以闲书消遣，有的成群结队出游望江楼、草堂寺、武侯祠等名胜。朱必谦购得旧小说《儿女英雄传》一部，书中写有秀才安学海去应试时入场备买杂物甚详。朱必谦依样画葫芦，从衣、食至竹钉、钉锤、钉鞋……鸡零狗碎地买了许多，放在网篮中备用。

光绪二十九年（1903）八月初四日，京城来的正、副主考官已到，总督以下各官，均往北门驷马桥外接官厅迎接。省外调集前来监考的州县官也各赶到，住燕鲁公所。

至初六日，按规矩考官们当“入闱”（进入考场）了：学使在前、两主考跟在屁股后，都穿光彩耀眼的朝服，乘坐八人大轿。再随后“帘官”们坐蓝呢大轿，上帘敞露，下帘贴有总督部堂封条……随从如云、威风八面、万人空巷，路旁百姓欣羡不已③。

为啥叫“帘官”？原来，清代各省乡试时由该省督抚择调各知县官文才高者充“内帘官”，分阅试卷（相当如今高考阅卷老师）；县官中之精干者则充“外帘官”，纠察试场（相当如今监考人员）……帘官们的住处称为“帘官公所”（成都此街名至今犹存，但已少有人知晓其义了）。为防舞弊，不准帘官们出堂帘之外接触外人，所以统称“帘官”。

当四川总督锡良在“皇城”致公堂上威严地宣布内外帘官衔名、职责后，内帘官们立即进入专用房内，并封锁帘门不准再出入。

初七黎明一大早，朱必谦等秀才们急急忙忙雇车轿，去贡院听候点名取卷。取卷后自己肩负行李杂物经过收捡处，领得“照入”木签后，有专人代为搬运行李到所住号舍。号舍东西排列，分别前后。考生们进入气象森严的贡院正门（这就是明蜀府的“端礼门”），门额上写有金灿灿的“天开文运”四字。

清末四川每次乡试，常在万人以上，历年都得添设号舍。清末这些仅三尺高、照《千字文》编号的一串又一串用木板钉成的考棚子，共13935间[7]。

这些号舍3年才打扫一次，狐鼠藏匿，颇有阴森之气。秀才们入住号舍后，差役就敲锣乱吼：“善有善报，恶有恶报！”主考大人接着焚香祭拜，差役高呼：“恭迎城隍老爷进场！”紧跟着差役长声悠悠群吼：“关闭贡院大门！”

百年前“老皇城”内鳞次栉比的考棚（出自：成都市规划设计院编《成都城市规划与建设》）

1900 年后的皇城内考棚，是迄今最早、最清晰的成都贡院照片（［英］陶维新摄）

在不到两平方米的“鸽笼”里待上几天，无异于坐牢。朱老先生昼则抽出号舍木板为桌案写文，夜则归还原处作卧席。他是中等身材，脚还能伸直，高大汉子晚上就只有“卧如蟠龙”了……

考试几天，茶水饭食由官家供给：早晨稀粥馒头，午间白米干饭，并有一大块二三两的猪肉，其他蔬菜点心则均需自备。入场后有半天先休息，第二天天未明时，颁发题目。考卷为木刻大字一纸，盖有监临关防印，上面印有各种禁令。

朱必谦老先生这届“癸卯”乡试，第一场作“四书”文章一篇，五言八韵“试帖诗”一首；第二场试“五经”文各一；第三场试以“策问”五道[3]。根据“四书”“五经”写的“制艺”文章，每篇规定七百字内。

自 1900 年“庚子事变”后，乡试内容略有改变，有了“策问”（即议论时事）。考生们在书肆中事前买过《经策通纂策问大全》等参考书，但这次出的题目书上却没有。在八股文“酸菜坛子”中泡了大半辈子的考生们，有几人懂得“法兰西”“英吉利”“强国维新”之类？只有抓耳挠腮牛头不对马嘴乱写一气。好在当时乡试谚语，就有“画就依样葫芦，只要头场中式，其余都可模糊！”这就是第三场应考秘诀。因为科举时代总以八股文第一，其他装点门面而已。

至初九日，开试院大门放牌。考生持卷到致公堂前两旁所设的收卷所，收卷官认为不犯场规合格，即可完事。不合格就要填蓝榜，次日不准进场。随后取得“照出”木签，归号收拾篮中什物，交号夫运出。

初十日黎明时进二场，十一日交卷出场，十三日考第三场。

三场考完，贡院内号夫们高喊：“解元公，讨赏哟！”叫声沸沸扬扬[③]。筋疲力尽的考生们却叫着“天王老子，谢天谢地！”匆匆逃出皇城贡院……恰似蒲松龄《聊斋志异》中说：读书人科考时“入场似丐，唱名似囚，出试场似出笼病鸟”！

四川这次“癸卯”年乡试大典，除朝廷派出正副两主考外，全场还以总督锡良监临总管试事，布政使（藩台）为监试司（盐茶道辅之），按察使为提调司（成绵道辅之），又调省内不少州县官来当“帘官”……可说是全省“总动员”，闹得轰轰烈烈。应考的生员也自认为是人中龙凤，其实大多不过是不农、不工、不商之书虫而已。大清朝廷以此选拔人才，哪有不垮台的道理？

放榜已是九月重阳前后。乡试录取名额都有定数，大致按各省文风之优劣、人口之多寡、丁赋轻重而定。一般大省百数十名、小省四五十名。四川各州县每次来成都乡试者，有一万四五千人。而录取的举人名额，道光以前定为六十名，此后最多增至一百五十名左右。历次增加的原因，是由于清朝旧例，各省可有“报效”（即用银子买举人功名）。

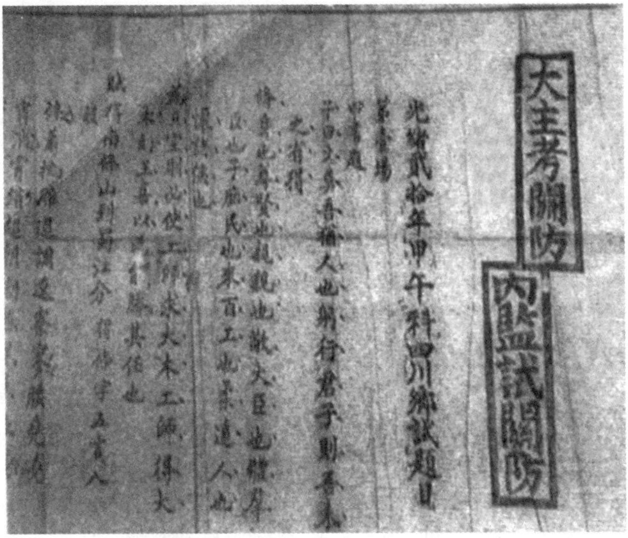

光绪二十年（1894）甲午科四川乡试题目

光绪年间成都府华阳县童生考秀才的“院试卷结票”

中举人数不过百分之一。有的士子终身苦读、苦考，从青少年熬到老年。如乾隆五十四年（1789）己酉恩科乡试，全国七八十岁以上的应试者即有一百多人。四川考生中八十岁以上者即有六人。皇帝也觉可怜，这年乾隆颁谕“恩赏”举人以嘉慰：“四川省八十以上之潘履谦、戴文壁、刘洪文、王体亨、王升平、李维岱等六名，俱著加恩赏给举人，准其一体会试。”[⑧]乾隆六十年（1795），己卯恩科，乾隆又降谕让四川省八十岁以上的陈任、马胜道、苟占鳌、钟丕漠等四人“俱著加恩赏给举人，准其一体会试”[⑨]。

朱必谦老先生从光绪戊子（1888）“开笔”后，乡试三次始终不能中举。“癸卯”年乡试后他又垂头丧气回家乡了……

1903年，农历癸卯年——四川最后一次乡试，就这样结束了。新科举人，就有资格做着“状元梦”，上北京参加会试和殿试了。而大清王朝267年中，四川也只在行将灭亡的光绪二十一年（1895）乙未科，出了唯一的一个状元骆成骧！[⑩]

北较场的武举考试

说起科举，除文试外，还必须谈到“武试”。武举各级考试，同文试相同，也分四个等级进行：先在县、府进考武童生、武秀才，再到省城乡试考“武举”，最后上京“会试”及“殿试”（由皇帝主考）。

农历二三月，许多骑着骏马、身背弓箭、腰佩刀剑，年龄从十七八岁到四十来岁的健儿，雄赳赳气昂昂从四乡八土来到各州县城考武童生来了……

各州县的“较场坝”里，设有三个木桩箭靶。考生们头戴藏红帽子，手戴扳指，跑马开弓射箭。府、县大人等监考官员坐在演武厅内，品头论足观看。考生们接着在演武厅外依次舞刀、举重……

考试分三场，一、二场称为“外场”；三场试策论武经，称“内场”。一场试马上箭法，驰马三趟，发箭九支，两箭中靶为合格（否则不准参加二场）。二场考步射、技勇。步射九发三中为合格。所谓“技勇”，主要是测膂力。一共三项：头项拉硬弓（弓分十二力、十力、八力三号，另备有十二力以上的出号弓。应试者弓号自选，限拉三次，每次以拉满为准）。二项舞大刀（刀分120斤、100斤、80斤三号，要高举并表演舞花等动作。刀号自选，一次完成为准）。第三项是拿石墩子（专为考试而备，长方形，两边各有可用手指头抠住的地方，但并不深。头号 300 斤，二号 250 斤，三号 200 斤。要求将石墩提至胸腹，再将石墩底部左右各翻露一次，叫作“献印”，一次完成为合格）。

凡应试者，弓、刀、石三项必有两项为头号和二号成绩，三号成绩超过两项者为不合格，取消三场考试资格[11]。

清代，四川考武举之地在成都北较场（现五大战区），临文殊院一侧。平时冷清，而乡试时设“武棚子”，市民到此游乐观看、人头攒动，十分热闹。《锦城竹枝词》中说：“北较场考武举人，文殊院侧武棚邻。闲时芳草行刑处，秋夜萤飞讶鬼磷。”诗作者自注云：“武生每到科场年进省，操演处各武棚子，自文殊院到北较场，比邻而居……”[12]

中了武举可上京参加武会试。清代自顺治三年（丙戌）开科，到光绪二十四年（戊戌）截止，一共进行了 112 次武会试。道光二十七年丁未科（1847），四川越嶲姜国仲中武榜眼。道光三十年庚戌科（1850），四川华阳彭阳春中了武状元（他是清代四川唯一的武状元）。光绪十六年（1890），四川通江县人李承恩中了武榜眼……武举人会试即使落第，按规定也可到兵部注册，依据个人成绩分三等授予武职[11]。

刀马弓箭玩得再好，难敌洋枪洋炮。光绪二十一年（1895），荣禄首先提出废止武举考试，他说：“自火器盛行，弓矢已失其利，习非所用，与八比试帖之弊略同。积弱之端，未始不由于此！”他主张各省创设武备学堂，以西洋军事课程培养新式军人[13]。

陋制难改，光绪二十四年（1898）照例举行武举会试——但这已是中国历史上最后一次武会试了。而朝廷上下要求改革的呼声甚高：“内外臣恭请变更武科旧制，废弓、矢、刀、石，试枪炮。”[14]光绪二十七年（1901），在八国联军打进北京的枪炮声中，武举制度终于被宣布废止，仅十年后，大清帝国便宣告灭亡[11]。

于是四川“癸卯”年（1903）便只有朱必谦老先生参加过的最后的文乡试。成都北较场的武乡试，已成为残梦，只留下哀婉竹枝词让人凭吊：“茶瓜买向平芜坐，演武厅前话夕阳……”[12]

科举僵尸的短暂复活

清光绪三十年（1904），北京最后一次会试。1905年旧历八月，一些有政治影响的官僚，如张之洞、袁世凯等人奏请停废科举，在中国延续近1300年的科举制度终于寿终正寝[2]。

时隔20年后，四川军阀刘成勋，字禹九，绰号刘水旋，大邑唐场人，1922年8月至1924年5月曾任四川省长，川军总司令。1926年任四川陆军第三军军长驻防雅安期间，重演“开科取士”闹剧。他礼聘前清状元骆成骧为典试官，仿前清督抚接乡试主考鼓乐齐鸣的排场，亲率大小官员齐往清漪桥隆重迎接。

这次“开科取士”于1926年2月15日开始，连考两天。第一天考“经艺”，题目为“用夏变夷”；次日考策论，题目为“汉置河西四郡，明设西番诸卫”。考生半夜子时入场，午时出场，进出场时均鸣炮九响以示隆重。参加考试的共478人，来自成都、广汉、西昌、康定等三十余县，共录取72名，暗寓孔子门下七十二贤之意。考中者录入“仕学馆”，讲

习期 3 月后任命为参事、科长、县长……[⑮]

这次发生在四川的最后科举余波虽少为人知（包括专门书籍也无记载），但它却是中国科举史上不能缺少的尾页！

注释：

① 参见《1300 年科举制度兴衰》，《北京娱乐信报》2003 年 4 月 23 日。

② 参见林白、朱梅苏：《中国科举史话》，江西人民出版社，2002 年。

③ 参见朱必谦：《清末考试制度琐记》，中国人民政治协商会议四川省委员会文史资料研究委员会编：《四川文史资料选辑》第 33 辑，四川人民出版社，1984 年。

④ 参见（清）周询：《芙蓉话旧录》，四川人民出版社，1987 年。

⑤ 见王纲：《清代四川史》，成都科技大学出版社，1991 年。

⑥ 参见：《成都县志 · 街坊》，民国版。

⑦ 参见四川省文史馆：《成都城坊古迹考》，四川人民出版社，1987 年。

⑧ 参见《高宗纯皇帝实录》卷 1334，转引自⑤。

⑨ 参见《高宗纯皇帝实录》卷 1490，转引自⑤。

⑩ 参见任一民主编：《四川近现代人名录》骆成骧条目，四川辞书出版社，1992 年，第 238 页。

⑪ 参见马明达：《中国武举制度述略》。

⑫ 参见杨燮等著，林孔翼辑录：《成都竹枝词》，四川人民出版社，1982 年。

⑬ 参见：《清史列传》卷 57《荣禄传》。

⑭ 参见《清史稿》卷 108《选举三》。

⑮ 参见李学东：《刘成勋开科取士》，《龙门阵》1984 年第 20 期。

近代四川的“射德会”

“射德会”从1925年后开展“定期较射”，是充满传统文化性、竞技性、趣味性的射箭比赛。

武氏传人纵然苦心珍藏宝弓，
但“雕弓较射”
和古意盎然的“射德会”，
如今确早已
“事如春梦了无痕”了！

民国时期的四川“射德会”和青羊宫“打擂”，不仅延续了华夏传统体育文明，为中国少有，而且极具巴蜀地方文化特色。

四川“末代状元”骆成骧创办“射德会”

光绪二十一年（1895），一位四川人夹杂在乙未会试的进士中，肃然走进北京紫禁城中参加殿试。他叫骆成骧（1865—1926），字公辅，四川资中县舒家桥人。他自幼熟读诗书，对兵书韬略也十分精熟。1894 年中日甲午战争，清政府丧权辱国，光绪皇帝痛感清室旦夕危亡，殿试时亲撰策题：“兵者所以威天下，亦所以安天下。昔日兵少何其强？今日兵多何其弱？……其各直言毋隐，朕将亲览焉！”

骆成骧长篇对策中针砭时弊，提出整军练兵、惩治贪官、厉行节俭、尚武强民……对策中还有“主忧臣劳，主辱臣死”之句。把个倒霉透顶的光绪皇帝看得几乎垂泪，当下钦点为头名状元。

骆成骧是清朝四川唯一状元，被川人视为莫大光荣。中华民国后他历任四川省临时省议会议长、国史馆纂修，1912 年至 1916 年任四川高等学校（今四川大学前身）校长。四川军政人物如尹昌衡、刘存厚、刘文辉、刘湘、杨森等对他都很恭敬，有的还自称“门生”。骆成骧不求高官厚禄，后辞去省议会议长、四川筹赈局督办等职，一心兴办教育。他

清末军士射箭照

一生清廉，有“穷状元”之称，蛰居成都文庙西街侧骆状元巷，日久因音讹被说成“落酱园巷”①。

令世人难解的是这位文状元居然酷好“讲武”。他常对人振振有词地说：“孔夫子曰：‘有文事者必有武备’，安能以小道末技视武艺者乎？孔夫子为儒家师祖，而精‘礼、乐、射、御、书、数’六艺，其勇力能‘以一手捉城门关、显而举之’。今国贫民弱，倘不思尚武自强以求‘强国强种’，则华夏危殆甚也！”

在中国历史上，士大夫视武术为江湖末技，以彬彬弱质为高雅、筋骨强壮为粗俗。骆状元一代名儒，能认识到武术这一民族体育运动的健身、国防价值，实非迂腐文人可比拟。

光绪年间的四川状元骆成骧

状元公身体力行，花很多气力苦练南、北两派武术，虽说不上是“武林高手”，也足以傲视手无缚鸡之力的酸秀才了。袁世凯恢复帝制，劝骆成骧出仕。骆拍案痛骂，拟讨袁电稿三篇。袁一命呜呼后，骆成骧题《咏剑诗》“聊凭掣电飞三剑，斩取长鲸海不波”[②]，很有宋代辛弃疾“醉里挑灯看剑”的武豪之风。

他尤喜射箭，在自家后院房廊下设置了一段箭道，竖起红心箭靶。他每天清晨活动拳脚后，操起雕弓全神贯注“嗖嗖嗖”地练射。他曾慨然说：“孔夫子云‘射以观德’。射之道，岂止于御敌强身哉！”骆状元提倡“武德”，将家中箭道房廊题名为“德华馆”。后来任省长的邓锡侯曾书“射以观德”匾额相赠。

1925年，骆成骧为推动四川武术活动出面奔走，凭借自己的声望筹集资金，得到四川军政要人赞助，在少城公园半边桥旁修建了“四川省武士馆”，成立四川武士总会。武术界公推骆状元为馆长，刘崇俊为副馆长。蜀中文魁成了武林领袖，一时传为佳话。

这年，他又亲自筹建全川“射德会”，为第一任会长。1925年初“雕弓较射”这一天，较场热闹非凡。鼓乐齐鸣中，赛手们列队入场；各色人士观者如堵，如同庙会……长衫马褂的骆状元喜滋滋地先射出一箭，此谓“开靶”（以后每年“较射”，也先由邓锡侯等会长或往届高手“开靶”）。

骆状元在“射德会”集会时宣称：“国术乃中华文化之组成部分，绝非野蛮打斗之术，应使之符合礼、义，如古圣贤所云‘以此观德行’。”骆状元提倡良好体育竞技道德是有积极意义的。因为在当时武术打擂比赛中，擂台上必欲置对方于死地，擂台下门派之争互相诋毁的现象比比皆是。

骆状元倡导“强国强种”，为发展传统武术而奔走。连他为别人撰写碑文得到的“润金”，他也都捐给“武士会”。1926年夏，骆成骧在成都文庙西街住所病逝，灵柩送回资中县故乡骆姓祖茔安葬。出殡当天，成都百姓自发赶来沿街护送，连道路都堵塞了。灵柩清晨从文庙西街出发，傍晚才到牛市口……当时著名文人陈能芬曾写挽联颂道：“望帝魂飞关塞黑，竟相传，雕弓较射，竹杖寻幽，说与旁人浑不解；伤时泪洒杏花红，再休想，玉尺量才，金銮载笔，事如春梦了无痕。”联中赞扬骆状元以一介文士而提倡“尚武”，同时赞美他文才绝伦、伤时爱国，广受川人爱戴[②]。

“雕弓较射”雅趣

骆死后，射箭这一民族体育活动在成都、四川日益开展。1928年在成都少城公园（今人民公园）成立“四川射德总会”。此后四川军阀要人邓锡侯、刘文辉、田颂尧、刘湘、孙震等都先后任会长或副会长，邓锡侯在骆成骧死后对“射德会”颇有建树。

早期入会者多为各界名流。凡交纳一元会费后，可领到一枚铜质菱形证章，上有“四川射德总会”字样和三位会长大名。据说加入“射德会”还有两项“特权”：第一可不被拉伕，第二是打官司时，可以免跪。于是后来很快吸引大批小市民、店员、学生、农民等普通民众参加[③]。

笔者还见过“射德会”圆形纪念章，上面写有“四川省督办骠威将军陆军上将、射德会会长邓（作者注：即邓锡侯）赠”。

“射德会”从1925年后开展“定期较射”，是充满传统文化性、竞技性、趣味性的射箭比赛。靶子是长约6尺、宽2.4尺的条形靶；靶上绘有三个红色圆心，谓之三元：即天元、地元、人元。

赛手先较射蓝章，这相当于三等奖章。每位射手须射五箭，其名称为“生、老、病、死、苦”，这大概有佛家“苦谛”的意思，也含有射箭

“射德会”会员徽章（供图：王子玉）

能驱病强身长寿之意……三支中靶就可得奖章。中蓝章后方有资格参加银章较射。银章射十箭，六箭中靶可得奖。最后射金章，共射十五箭，中十二箭以上得奖。每次比赛大致奖蓝章三十名，银章二十名，金章三名[③]。

身穿长旗袍的女子张弓待发的英姿

这种比赛同闻名全国全省的“青羊宫打擂”一样，一般每年农历二月“花会”后举行。“较射”地点在少城公园保路纪念碑旁边的“箭道”。选手来自川中各地，通常有百人以上。

据安维胜先生说，在第四届比赛时，又添了“特章”，即特别金章。第五届后有了女子参赛。金章最初是用银子打成外面包金，在第三届时改用名副其实的金章，重量为三钱。特别金章重三钱三，银章用银子铸成。比赛还设有银盾、银杯、马褂、衣料、帽子、奖旗等奖品……[③]

“射德会”会长、民国四川要人邓锡侯

比赛时既有白发苍苍的耄耋老翁，也有风华正茂的中学生少年，还有巾帼英雄，真是“群贤皆至，少长咸集”。还屡有父子、母女、姐妹、兄弟同场较射场面。

参加射箭运动对强身健体很见效，据说有个绵阳杨姓的女子多年不孕，入会后竟结珠胎，令许多妇女也踊跃入会。不少人入会后，原有病的也病况大减。于是入会者汉、满、蒙、藏、回等各族人士均有，至1937年后在川中已建分会三十多处，成员数千人，影响甚大。

民国中后期，“射德会”每年在少城公园的较射比赛也日益正规，设有“总裁”。外号“水晶猴子”的邓锡侯是个射箭高手，加之位尊权重，多次任“射德会”会长和总裁。“射德会”中还有副总裁、裁判、主考、监察等人，以示“射以观德”的公正性。比赛时，邓锡侯叫来军乐队助威，凡中一箭，就当当、咚咚地敲锣击鼓；颁奖时，军乐阵阵、热闹非凡……

又据安维胜先生介绍，“射德会”除正式比赛外，有时还有月课比赛，初一在望江公园内进行，十五则在少城公园。平时训练多在少城公园，教弓师爷们在茶园内悠然品茶，徒弟们在草坪中练射。“射德会”教弓老师有吴振州、刘步高、张炳筵、张汝舟、肖元章等人，都是前清的秀才、举人。他们都得过金章，其中肖元章是91岁得金章③。

射箭运动不温不火、形神俱备、内外兼练。他们传授的口诀，据说是陈仕高总结出的:“脚踏浮泥头顶天，口吐莲花耳听弦。前手稳如泰山，如钉钉木；后手如抽丝之状。认定留稳，久留不中，不留不中，十留九中。一松二紧三不管，放箭犹如写一字。”这口诀很有点专业性，强调动作要周正、不急不躁，要配合气功天人合一……很耐人寻味。

四川“射德会”和弓箭业的衰亡

弓箭是冷兵器时代最具威力的武器，也是武举考试中最重要的内容。四川首府成都，历朝历代射技高超、弓箭制造业发达，至今还遗留有与之有关的街名。如提督街，清朝时街面宽阔，设有马道、箭道，是专为清军练习骑马射箭的场所。当时成都东门、北门、南门外都各有马道两条，以后相继形成街道叫马道街。乡试时各县武生到省城赶考，在这里骑马、射箭、习武，平时则为兵卒及四城民间武人练功之地……

除北京外，成都是中国最著名的制弓地。其中以西大街武氏“长新弓铺”最有名，与北京“聚元号”齐名，创始人是清朝道光年间的武正福④。弓箭作坊在光绪末年因武举停考而骤然衰落。1925年成立“射德会”后，“长新弓铺”在成都西大街复业，年造弓百张，每张弓大洋十元。此外，还有老皇城西边金家坝街的“旷复兴弓铺”。

1986年，时已九十余岁的武树森老人回忆：他爷爷、父亲都是造弓能手，他本人还参加了“射德会”的比赛，并获得两枚金章及一枚特章。当年还常与骆状元等人在周日到邓锡侯的庆云庵公馆去射箭。其女武泳华也参加过比赛。

20世纪30年代，“中研院”和中央博物院的学者，曾对东北、西南、台湾等地的民间艺术、手工业进行调查研究。学者谭旦冏1942年调查成都后，在论文中写道：“近年来，全中国制造弓箭的地方，是仅有北平和成都，然而也只是奄奄一息地很难维持下去。有的有人才而无工作，有的有工作而无销路。全消灭或失传是在不久的将来。成都是一个较为古

20 世纪 40 年代成都华西坝上金陵女子文理学院的射箭比赛

民国时期传统工艺的制弓作坊

老的城市，那里聚集了不少的手艺人，这是一个对新旧技术都能吸引仿效，而且是一个相当能保守的地方……”⑤

谭旦冏先生这里说的“保守”，是赞扬成都能保留传统。但谭旦冏离开不久，成都最后的弓箭铺即告倒闭。1942 年后，日本飞机对成都疯狂空袭，久享盛誉的武氏“长新弓铺”歇业……⑥“射德会”因资金缺乏，又遭乱世，临解放前几年即停止每年比赛，仅月课照常。少城公园内仍有射箭摊，供游人玩射。

新中国成立后，“射德会”活动渐少，但会中高手曾加入四川射箭队。如武树森曾任教练，其女武泳华在 1957 年全国锦标赛中获女子第三名。1957 年反右运动起，很有“旧色彩”的“射德会”从此解散③。

岁月如水，1990 年后，日本等国人士，多次专程来成都寻觅中华射箭、制箭根源。1999 年，“亚洲传统弓箭射艺研究网络”的主持人、时任香港知识产权署署长的英国人 Stephenselby（中文名谢素方）慕名到成都寻访“长新弓铺”武氏后人，在武家参观了一张珍藏已 140 年的宝弓。此弓长约一米，弓身用牛骨、桦树皮、竹皮、蛇皮等好几种材料黏合而成……外国友人深为成都曾有如此精湛的制弓工艺而叹服，希望出价两万元将这张老弓买下带回英国收藏。“长新弓铺”的第四代传人武泳华说：“再高的价我也不卖。它不仅是武家的传家宝，更是中国南弓的盖世宝，我们要把它留在中国！”④

武氏传人纵然苦心珍藏宝弓，但“雕弓较射”和古意盎然的“射德会”，如今确早已“事如春梦了无痕”了！

（注：本文曾作为专业论文发表于《体育文化导刊》2004 年第 3 期和《文史博览》2006 年第 2 期。）

注释：

① 参见四川省政协文史资料研究委员会、四川省文史馆编：《四川近现代文化人物》，四川人民出版社，1989 年。

② 参见《资中文史资料选辑》第 12 辑。

③ 参见《四川体育史料》（内部刊物）1989 年第 2 期安维胜文。

④ 见《我是武佳齐的侄女，我知道那张武家弓》，《成都日报》2005 年 1 月 7 日。

⑤ 见谭旦冏：《成都制弓箭调查报告》，台湾《“中研院”历史语言研究所集刊》第 23 本，1951 年。

⑥ 参见仪德刚、张柏春：《北京“聚元号”弓箭制作方法的调查》，《中国科技史料》2003 年第 4 期。

1936 年的四川大饥荒

“天府之国”为何满目疮痍，几成人间地狱？民国后四川军阀间470多场混战和横征暴敛，是根本原因。“果无军阀防区制之毒害，则虽有天灾，亦能预为应付，而无吞泥粉、嚼草根、啮树皮、人食人之惨象。是故今日四川之一切灾象，统谓之不良政治之总暴露，亦无不可！”

这场大饥荒
从 1936 年熬到 1937 年，
几场雨后
才逐步缓解。

大灾震惊国内外

1936年到1937年上半年。久旱不雨，灾情已蔓延全四川。

一队黄发碧眼的“国际社”记者，正行进在巴蜀大地上采访灾情。田野龟裂千里荒凉、饿殍遍野令人心惊……外国记者们坐在颠簸的车上，看着国民党《中央日报》对剑门关内饥荒的现场报道：

> 梓潼一宿，路愈曲折险峻，土色赤红，重山裸露，草木稀疏，益觉不胜荒凉辽阔。沿途诸山高峰耸处，必有一二碉堡雄踞其上……一片凄凉，至此始知已入重灾区矣……计全县无一处不受旱灾，以树皮草根白泥作食者约十八万人，饿死者约一千人……民食恐慌，已达极点……倘非亲历灾区者，将不信四川夙称天府之国，人民生活竟一降至于如此，恐直与阎罗鬼国相似矣！

旷野里，幼小儿童提着大竹篓，不顾危险爬上枯树摘叶充饥，而树叶几乎早已被捋光了；一群孩子饿死荒野、无人殓尸……在川北重镇遂宁县，成千上万灾民流落到县城觅食。饥民多半是老弱妇孺，衣衫褴褛，孩子们则多赤裸全身、骨瘦如柴，手上拿着赖以吊命的树叶……①

这是当时外国记者采访留下来的几张照片所表现的场景。

笔者查阅大量地方志、旧报刊资料，非常吃惊地发现：那场大饥荒

1936年四川大饥荒，大量灾民四外流浪（供图：徐宗懋）

之惨烈程度，远非那几张老照片所能反映！

从1930年后到1937年，是四川近代历史上最民不聊生的年代。旱灾、水灾、雹灾、虫灾、匪灾、兵灾……连年不断。加上军阀割据连年混战，苛捐杂税多如牛毛，百姓水深火热。

更为恐慌的1936年春夏到了，各路告急文书雪片般飞到省政府：久旱不雨、田土龟裂，十室九空、饿殍载道，粮尽食绝、盗食死尸……省民政厅长甘绩镛和“赈委会”官员，慌慌张张把灾情公报向省主席刘湘报告：“川省共有148县、3屯、1设治局，现受灾者即有125县、3屯、1局。除成都盆地各县外，都是灾区，受灾3700余万人！”②

刘湘愁眉苦脸地问："大灾中究竟饿死了多少人？"

甘绩镛小心翼翼地回答："很难精确统计，但国民政府参政员黄炎培先生来川视察灾情，路过简阳县，他惊讶之余说：简阳为行'新生活'的地方，何以街间倒毙之饥民，至于无人收尸！"

他又拿出几张报纸，对刘湘说："这是1936年4月23日重庆《新蜀报》，上面《宣汉通讯》中说：'本县饿殍遍野。据前20日中统计，每场饥饿死者，日在十人以上，近复渐次增加，每场日达二十人左右。'同日《绥定通讯》上说：'现在万源人口骤减三分之一……万源城中，亦仅稀稀千余人而已。如旅行长途，整日难见炊烟，沿途倒毙饥民几无地无之。'该报5月2日《南江通讯》中又说：'总计城乡饿死者，每日达千余人……2月1日迄今（5月2日），该县饿死的饥民不下八万余人……'"②

饥民走投无路被迫卖掉基本生产、生活工具以苟延残喘

儿童为吊命爬上高树摘树叶充饥（供图：徐宗懋）

刘湘惊骇地问："饿死了这么多人嗦？"

甘绩镛叹了口气："那还不算凶的。川北南江县（今旺苍县）是重灾区，据报：仅黄洋乡160户587人，就饿死71人。那里田地龟裂，沟渠干涸，所种玉米，远望一片枯黄，可点火烧！溪边、道旁、桥下，举目都可见饿殍死尸！"③

刘湘瞪大眼睛，有些发呆了……他沉默良久，两手捧头轻声问道："那、那现在灾民吃啥子吊命吗？"

甘绩镛回答："据各州县急报：饥民最初以草根树皮、野菜野果野草等填肚。榆树、枇杷树、棕榈树等，凡吞得下喉咙的树皮，早被剥得一干二净……还有苎麻根、黄花根、菟丝子、野百合、老虎姜、黄姜子、毛洋芋、土茯苓、兰草根、猪鼻孔……凡能吃的都挖，田埂山坡到处挖得像烂蜂窝，光秃秃的几乎都挖断种！灾民随挖随吃，活像饿慌的野猴子……有天南江县青龙乡王子珍锅厂的灾民区饿死48个人，当时本街熊大湖运回两缸烧酒，缸底破裂，酒流满地。栖息王家锅厂的饥民大吼一声：'酒倒地了啊！'蜂拥而来抢吃，躺在地下连泥带酒喝得一干二净……气息奄奄的饥民喝后，醉死在地，横着竖着摆了一大坝！"④

刘湘闭着眼，听甘绩镛继续汇报："草根树皮都没有了，饥民只好吞食俗名叫观音土的白泥巴。涪陵县第三区因挖取白泥致将北岩华厂坡山脚挖空，山石崩坍压死饥民五十余人……荣昌、岳池等县或因抢挖白泥而发生械斗事件。各地均报：灾民把白泥巴吃到肚里，又常因屙不出来，腹胀而死！"②

甘绩镛又翻出一张公文，继续说："饿死路旁的饥民到处可见，有个叫石懋修的乡人对县长哭诉：'这年三月初，父亲和我去赶后坝场，二十多华里的大路上，来往看到的死人有十二个。我们去的时候，看到路上偏偏倒倒的饥民还在走，转来时有的已倒在地上了。那些尸体的大腿、臀部上被割得血淋淋的。还在路上走的饥民，衣衫褴褛、骨瘦如柴，脸带黑浸色，两颧骨高耸，两眼深凹，两颊皮肉下垂，看一眼都令人胆战心惊……"④

省府秘书长邓汉祥站在刘湘身旁，此时忍不住长叹一声："这、这简直是一幅活生生的饿殍盈野的《饥民图》，难怪《中央日报》等报纸上，形容川省灾区是'阎罗国'了！"

人吃人真况实录

1936年春夏到1937年夏一年多时间，四川各地频频传来饥民吃人肉充饥的可怕消息。

1936年5月4日《天津日报》载《成都通讯》说：“今年树皮吃尽，草根也吃完，就吃到死人的身上，听说死尸的肉每斤卖五百文，活人肉每斤卖一千二百文……‘省赈会’特派员王匡础到六口场视察，在一肖姓的屋里发现女饥民张彭氏、何张氏等围食死尸……通江麻柳坪有一妇女杨张氏因生活艰难，携其六七岁及九岁的两个女儿向他处逃荒。不料刚走不远，该妇遂倒毙道旁，二女饥极，就在她娘身上啮面部及身上的肉充饥……”

万源县（今万源市）出现更可怕的杀活人及小孩充饥的事！1936年4月10日《重庆快报》上《邻水通讯》说：“近有桐木洞贫妇邱氏因迫于饥饿，将其三岁小女杀而食之，以延旦夕之命……”

同一天的《赈务旬刊》载：“涪陵饥民、丰都饥民，烹子充饥，杀食胞弟。苍溪饥民、阆中饥民惨食子女，烧食小孩……”②

大饥荒已使人性泯灭、变态。南江县木门文昌宫有个叫孟利生的，全家三人，他母亲和妹妹都被饿死，他饿得没法，母亲刚死，即将她的一对奶奶（四川人称乳房之俗语）割下煮在铁罐里，被人发现，当即被群众打骂了一顿。有人说：“他也不行了，饶他罢……”

普济鱼池湾（今中江村）杨传兴全家五人，妻子和儿媳都被饿死，只剩下一个几岁的孙女。一天晚上，杨传兴饥饿难熬，用刀把孙女砍死

1936年四川饥民拖吃死尸（供图：徐宗懋）

吃了肉，在砍的时候被邻居听到那女子直叫："莫砍我，我长大给你拣柴呀！"

一些人在大饥荒中丧失人性，已成野兽。鹿停溪有个康三春，他家女子饿死后，康把她身上的肉割下来吃，认为比野菜味道好，从此便到处找死人吃，后来竟发展到吃活人！他家在岔路口上，有人路过时，他寻机将人打倒在地，然后勒死，把死人肉割下装在缸里，将骨头埋在窖中。有人听他说："小娃儿肉好吃不出门，小伙子肉好吃打不赢，老婆婆的肉吃起绵得很！"联保处去抓他，他逃往外地……

南江县木门场下街大桥巷还有个趁乱世卖死人肉挣昧心钱的孙光，先在本地名为卖牛肉，实际是卖人肉……有人在联保处告发，派团丁孙骞、谭正明去检查，也装着买肉吃，先问："是啥肉？"孙答："牛肉加野猪肉……”在查出事实后，将他绑在石门枋上审问，孙供认不讳[④]。

张孝忠先生 20 世纪 80 年代末编修金川县志收集资料时，在百岁老人口述和尘封多年的民国档案里，还接触到 1937 年四川靖化县（今金川县）几十例令人触目惊心的案件：

马奈联保的农民罗老四绑送王大妹姐弟俩到县政府。县长于竹君审问，王大妹供认：“我骗二妹说：‘二妹，我们来学咋个套獐子。你当獐子，我和弟娃套你……’二妹信以为真，于是我和弟娃用麻绳将二妹颈项套住，一人一头扯住，用脚蹬紧，把她勒死后，我俩就把她的肉煮来吃了……隔了几天，我和弟娃两人又把隔壁罗四爸家的四个娃娃哄到我家里来睡觉，夜深时，我俩用青冈棒把他们打死后，又煮来吃了……过了几天，罗四爸回来后到我家里找娃娃，发现了人脑壳骨头和衣服，就把我俩绑起送来了……”

还有一例更令人心惊肉跳：观音岩农民刘文元到县里向于县长哭诉：“我妻去年病故，遗下两男一女。四天前因家中断炊，我走了二十里路来县里买粮，耽搁三天……回家后却不见娃娃，到周家询问，周云发说：‘三个娃娃在房后玩耍，我去叫他们来！’转身到房后去了。我突然看见周家屋内有几个箩筐里堆满了人骨头，我心想大势不好，娃娃肯定叫他杀来吃了！正惊疑间，见周云发手提斧头直奔我而来……我见势不妙，转身就跑。”于县长当即派县保安队长申时全带三名士兵去抓周云发。周早已逃得不知去向，屋内箩筐里共有孩童头骨 41 具，大人头骨 22 具！[⑤]

可怜的政府赈灾

小小一个靖化县，人吃人案接连不断。1937年4月8日，靖化县长于竹君写信给四川省主席刘湘："此间食人之风日盛，急盼赈灾！"刘湘看了，连吞几口冷气！他吩咐甘绩镛："赶快赈灾！再不赈灾，恐怕饥民要跑到成都把我都嚼了！"

但赈灾粮迟迟不到。本来对人吃人深恶痛绝的县长于竹君，被一桩桩人吃人的案子弄得近于精神失常了。学法律出身的他后来竟然写了一篇为吃人者辩护的文章，说食人者不犯杀人罪，而应正名为人身正当防卫。理由是："食人者不食人，则时刻有被人食之危险！"这篇引经据典的奇文还登在某学术文集之中。

1937年9月5日，抗战已全面爆发。四川省政府委派的查照员黄正中向省府报告："十室九空，饿殍载道，尸骸满谷……则虽有回天之力，亦不能赈靖化县灾民于水火！"⑤

身为四川省主席的刘湘，对大灾荒无计可施。他多次向国民政府请求赈灾，毫无结果。

1936年6月15日《西南评论》载："蒋介石来川招待绅耆时，省赈委会主席尹仲锡将灾区拍摄的人吃人的照片交蒋，蒋阅后放在袋内。"此后更无下文……原来，此时被内忧外患弄得焦头烂额的蒋介石在牯岭公开说过："水旱都要中央拿钱赈济，试问中央以有限之财力，何能补助你们川人？"⑥

1937年4月，甘绩镛又捏着厚厚的文书、报纸，向刘湘汇报说：

四川大饥荒中，奄奄一息的灾民等待成都慈善组织的拯救

“1936年夏季到今年的旱灾，已持续近一年之久。近百分之九十的县受到影响，以川北、川东灾情最重。据《新民报》等报纸说：不甘坐以待毙的饥民，到处抢米夺食、成群结队‘吃大户’……潼南、铜梁、广安等县饥民，计有81万之多，沿乡挨户乞讨。无数饥民被逼迫为匪为盗。稍有钱粮的人户日夜不安，常备刀枪棍棒防抢，猪、牛不敢出户，人不敢夜走……有的人家只因几碗粮或几斗粮，就遭抢劫杀害。如旺苍县何家垭有户人家中只有三斗苞谷，结果粮食被抢走，三婆孙被杀死……”④

刘湘瞪大眼呆呆听着。甘绩镛接着说：“《西南评论》上这篇《饥饿压迫下的四川》，还登得有绵阳、剑阁等地出现‘教匪’……其实咧，都是逼慌了的饥民，他们拖儿带女，喝了碗啥子草纸灰灰的‘符水’，高吼

‘刀枪不入’，冲击县城、砸烂政府，同军队拼死拼活要抢粮，被开枪打死不少！”

刘湘大惊失色，忙问：“是饥民造反，还是驻军处理失宜？”

甘绩镛苦笑一下说：“仓促急变，说得清楚啥子？遂宁县蒋系人员要强调中央政府的合法性，县政府在城内竖立了一根旗杆，说‘悬挂国旗可在老百姓中培养爱国感情’。结果谣言纷起，当地老百姓说：‘旗杆’就是‘齐干’，才引起了大旱灾……他们要求拔掉旗杆，王县长拒绝了。老百姓就冲进县府，捣毁了办公室。警察开枪，许多人被捕或打死……你说这是饥民造反还是百姓愚昧？警察开枪又是不是处理失宜？”⑦

甘绩镛又说：“还有大批难民涌入重庆，成千上万的人饿死街头。警察仅在今年2月和3月两个月中，就在城内埋葬了近四千名灾民尸体。重庆专门修建了一个火葬场来烧死人……连外国人都在关注川省的大灾情！”⑧

刘湘很少向下属发火，这时也大为恼怒了：“妈的，你们搞的啥子赈灾？死那么多人，叫我这个省主席，挨国内国外的人臭骂！既对不起川中父老，又叫老子脸面往哪里搁啊？”

甘绩镛犹豫一阵，说道：“我们也没办法呀，无数次报中央求助，拖到今年，才拨下一点点……省政府为赈灾，好不容易向银行借入131万元，又由民政厅筹款10万元，共140余万元。赈灾人员出发前，省赈会主席尹仲老涕泪满面，大哭着向发赈人员下跪，叮嘱务将赈款发在灾民手中……”

刘湘急忙问：“赈灾可有效果？”

甘绩镛叹了口气：“区区赈款，如按灾区120余县平均分配，每县仅1万元；如按受灾人口3000余万人平均分配，每人仅能得4分钱！能起啥子作用嘛！”②

刘湘一愣，大骂起来：“妈哟，蒋介石要统一四川，四川遇到麻烦他又不管……统一他妈个铲铲！”

不重苍生重鬼神

病急乱投医，各地纷纷“拜神祈雨”。重庆《商务日报》1937年5月1日报道：“成都绅耆善士联合组织办祈雨法筵，于北门石马巷玉参慈善会内，由二仙庵退隐老方丈王伏阳法师主坛，并由省赈会主席尹仲锡手撰祈雨疏文……”

该报5月3日又登出省政府官员亲临祈雨的新闻：“4月30日晨间，省政府民政厅长嵇祖佑氏，乘车赴石马巷玉参慈善会祈雨法筵拈香……嵇厅长恭向诸皇坛行礼，并有疏文一道，略谓：‘具疏下民嵇祖佑等，为吁恳天恩早沛甘霖，以恤民命，而宏救济事……谨疏！’”省赈委会内还挂着成都“五老七贤”之一刘咸荥的祈雨对联：“掩将金色日中乌，为万民书满纸泪痕，绿章迳奏；卷起银河天上水，望九霄沛如膏雨露，碧汉横流。”这位前清拔贡的刘老先生家乡是素来富饶的双流县，竟也遭灾害。他恨不得将太阳覆盖、让银河化为倾盆大雨！

刘湘也寄救灾希望于神仙、异人。他和国民政府特派代表朱庆澜等，亲率省城官员到佛教名寺文殊院内礼佛祈雨。青羊宫的道教、四圣祠的天主教、老皇城西侧的伊斯兰教……祈祷声声连日不绝。用心良苦，可惜于事无补。

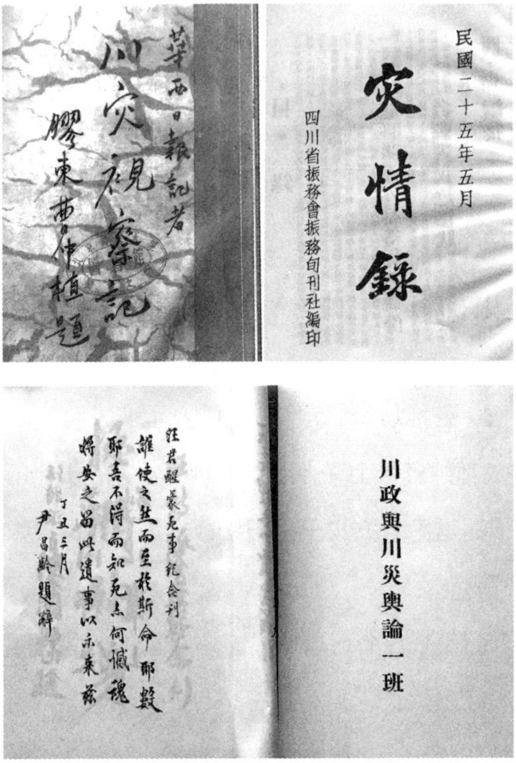

本书作者收藏的1936年四川大灾荒的第一手史料

刘湘还到重庆，对江湖术士“刘神仙”（刘从云）躬身作礼：“蜀中大旱，恳我师广施大法以求甘露，以救百姓！”“刘神仙”说：“请将军于朝天门内搭二丈高台，再派生肖属龙蛇之兵丁，我自有法……”“刘神仙”选定时日，身着道袍、披发仗剑装神弄鬼。按“刘神仙”之令，36兵丁按地煞之数、取北方壬癸水之义，手执画戟、幡旗……香烟缭绕中，“刘神仙”踏罡步斗，口中呢喃有词[⑨]。

宜宾专员冷寅东，认为吃白泥巴（观音土）可疗饥救荒，请某大学鉴定。上海某科学家竟回信称：白泥含有人体所需要的矿物质，吃百斤可获热能三百卡云云。冷兴奋地上报刘湘。刘湘批示省政府转发到全省各市县……但灾民吃了这种神仙米（白泥巴），排不出大便，腹胀如鼓，匍匐呻吟，痛得喊爹喊娘，死亡者难计其数。当时人编顺口溜："吃了神仙米，胀得光叫唤。屙又屙不出，只有上西天！"

四川大学教授朱青长搜寻典籍，从汉代董仲舒《春秋繁露》书中发现一个"解旱古方"，献策于刘湘。刘湘明令各地对民间祈雨活动一律保护。各县政府抗旱救灾，大搞拜神祭鬼和断屠（不准杀猪宰羊）求雨，设坛"赶旱魃"，大唱《目莲救母》等24本连台川戏。如南充县长捧香，率领大群和尚、道士去龙王井（上渡口）迎水……

各路神仙妖人也纷纷出头，怪闻不绝。

1937年5月4日，重庆《国民公报》有奇文载："余道成某县人，精通奇门遁甲，法术高妙，去年夏季三台久旱不雨，县中曾请其设坛祈雨，果如其言，大降甘霖。又如去年夏，大水几上河街，后经其用板凳数条拦住水边，施以法术，水头即至此退去……祈雨时，用水缸盛树叶变为金鱼，即可下雨。因言多奇验，均目为神，一般人尊称为余老师……遂宁苦旱，该县商会、红十字会、平粜会、救济院特联合敦请至遂宁设坛祈雨，以救人民……"

"天府之国"为何满目疮痍，几成人间地狱？

当时有识者就评论说：民国后四川军阀间470多场混战和横征暴敛，是根本原因。"果无军阀防区制之毒害，则虽有天灾，亦能预为应付，而无吞泥粉、嚼草根、啮树皮、人食人之惨象。是故今日四川之一切灾象，统谓之不良政治之总暴露，亦无不可！"[⑩]

这场大饥荒从1936年熬到1937年，几场雨后才逐步缓解。

四川人民，就是在这种极严峻悲惨的形势下共赴国难的。而且仅在半年后，就为抗战提供了在全国居第一位的大量人力、财力和粮食，使四川成为中国抗战大后方和民族复兴的可靠基地！

注释：

① 参见徐宗懋：《抗战前夕的四川饥荒》，《老照片》第六辑，山东画报出版社，1998年。

② 参见甘典夔：《1934年和1936年四川灾情述要》，四川省政协文史资料委员会编：《四川文史资料集粹》第6卷，四川人民出版社，1996年。

③ 据旺苍《百丈乡志》。

④ 参见石懋修：《丙子年旺苍饥荒纪实》，四川省政协文史资料委员会编：《四川文史资料集粹》第6卷，四川人民出版社，1996年。

⑤ 参见张孝忠：《靖化县灾荒年人吃人资料》，《商务早报》2001年3月17日。

⑥ 原载《国民公报》，转引自②。

⑦ 此处史料据［美］罗伯特·A.柯白著《四川军阀与国民政府》第160页中转引的《月报》1937年5月等资料。

⑧ 此处史料据［美］罗伯特·A.柯白著《四川军阀与国民政府》第155页中转引的《月报》1937年5月等资料。

⑨ 参见刘秉荣：《军阀·迷信·人生》，中国文联出版公司，1992年。

⑩ 转引吕平登《四川农村经济》及《赈务月刊》等资料，见匡珊吉、杨光彦主编：《四川军阀史》，四川人民出版社，1991年，第433页。

足球运动在四川的早期传播

哨笛响后，广中校队“呀呀”呐喊，如初生牛犊。结果踢成二平，算出师不差。此后每月比赛二三次，互有胜负，连天下大雨也照样进行……这大约是四川最早的中外体育竞赛了。

风靡全球的现代体育项目——足球，
就这样以成都和重庆为中心，
在古老的巴山蜀水传播开来。

MS
MS
MS

MS

陶维义和广益中学球队

1901年，汽笛长鸣，轮船正准备靠岸停泊。一个长相英俊的25岁英国青年受英国教会组织派遣，从伦敦来到重庆。他从箱子里拿出只足球，心情复杂……

他就是陶维义（Davidoson Algnid），1876年出生于英国伦敦，曾在皇家空军足球队当前锋。他大哥陶维新是英国“公谊会”著名传教士，清光绪十六年（1890）进入四川重庆，后在成都青龙街创建福音堂，建立四川“公谊会”年会[①]。陶维新要陶维义到重庆办广益中学。陶维义只好依依不舍地放弃了参加国家队（英国当时是世界冠军）的梦想。

陶维义不曾想到自己由此成了在四川传播足球运动的开山鼻祖。他手中捧的那只球，是出现在四川的第一个正规足球。

陶维义在黄桷垭创建了“广益中学”（前身名广益书院，1949年以后更名为五中）。1903年，长江南岸文峰塔下，中国西南地区第一个正规足球场建成了。巴蜀大地首次响起龙腾虎跃踢足球的哨笛声……

陶校长从英国带来不少足球、球鞋、球衫，兼英文教师并任足球教练。原广中学生熊正贵、文复阳老先生1985年回忆：那时全校四个班，陶校长在每班组织两个足球队，每个学生必须参加一个队，训练很严格。陶维义单枪匹马地示范各种动作，精湛的技术令学生们大开眼界。

初建的广中校队经过苦练，陶维义认为“可战”了。1909年的一天，

青年陶维义（左）和大哥陶维新清末在四川（供图：陈永和）

决定与在长江停泊的英国舰船体尔队和威京队比赛。赛前，陶维义着重讲了比赛纪律、运动道德等要求。首次与高鼻子“强敌”对抗，学生娃难免紧张。哨笛响后，广中校队“呀呀”呐喊，如初生牛犊。结果踢成二平，算出师不羞。此后每月比赛二三次，互有胜负，连天下大雨也照样进行……[②]这大约是四川最早的中外体育竞赛了。

1924年，留学英国归来的杨芳龄任校长。他配合陶维义，更重视足球运动，将其从中学普及到该校附属小学：小学生踢小皮球，初中生开始踢小足球，高中生踢十八瓣的英制标准足球。班有班队、级有级队、校

1903年中国西南地区第一个正规足球场修建（供图：陈永和）

有校队；有的起名“和声”、有的起名“强毅”……1931年以广益中学为主组建的足球队，代表华西区（云、贵、川、青）参加在武汉举行的全国足球分区赛，荣获亚军（华东区获冠军）。

广益中学足球队在民国期间多次打败英国、法国和美国的军舰水兵足球队，被视为中国体育佳话。

1933年的一天，英舰“塘鹅”号足球队高大魁梧的水兵们来到广益球场，激烈比赛开始。“塘鹅队”职业球员多、身强力壮；广益球队拼搏激烈。开战几分钟，广益队就首先进一球。英方出师不利，比分从1∶0升到4∶0，越输越慌，好容易打了几个险球，不是被球门李平西抱住，就是被托出界外，或是被广益球员一脚解围……气得英兵球员唉声叹气。广益中学一群十几岁的娃娃，竟以7∶0的悬殊比分大胜！

英兵球员并不甘心，连续六个周末同广益足球队赛球，各有胜负，双方越打越亲密了。“塘鹅”号舰长为表示友谊，特地从伦敦买了一只高尺许铸有英文的压力式铜钟赠送广益中学留念。据重庆南岸区体委的王万国、李福祥回忆：这只钟一直保存到“文化大革命”前还在。

1937 年，陶维义 61 岁，离开重庆退休回国。登船离别时他依依不舍，潸然泪下……这位足球传播者回到英国定居，1956 年逝世，享年 80 岁③。

此后杨芳龄主持广益中学校务二十余年，培养了上百名运动员。不少运动员入主四川足球队，参加过 1933 年后多届中国全运会。新中国成立后，广益中学足球健儿有的担任了省、市足球教练，有的担任了大学老师②。

1937 年的广益中学足球队（出自:《四川体育史料》1984 年第 4 期）

杨森和“九五”足球赛

四川旧军阀杨森，广安县龙台寺人，一生酷好体育，喜好太极拳、舞剑、骑马、射箭、球类。1924 年后，他驻防万县，统辖川东一带，广泛开展体育活动，军队、学校、社会上都成立有足球队。当时列强商轮、军舰在长江内河任意横行。1926 年 9 月 3 日，英国商轮“嘉禾”号在四川忠县（今重庆忠县）江面，浪沉杨森部军需木船一艘，淹死官兵数人，损失饷洋一万余元……杨森大怒，派宪兵将英轮扣留于万县陈家坝码头。9 月 5 日，英方由宜昌调来军舰一艘炮轰万县城，烧毁房屋五千余间，死伤军民一千余人，损失达五千万元以上……这就是四川近代历史上有名的“万县九五惨案”。

1928 年秋，杨森为纪念“万县九五惨案”，约集万县各界足球健儿成立“九五足球队”，与第一次停靠万县码头的英国“白雀”号军舰水兵赛球。“白雀”号扬言：“我们白雀队球艺高超，打完了中国长江沿岸城市，从未遇见过对手！”

杨森本欲雪耻扬威，谁知出师不利，足球队以 0 ∶ 1 输了。杨森气得吹胡子瞪眼睛，说：“我们万县几十万人，打不赢小小英舰？”

当时就读万县省立第四师范学校、任校足球队长的何健康战败回校，愤懑不平。于是约集同学向学校申请，以省立第四师范足球队名义，要再与英兵决一雌雄，学校大力支持。英文老师夏时长写下邀战信，亲自送到英军舰“白雀”号。酷好足球的英国水兵也愿应战，高吼“OK！”

两周后，万县西较场笛声再度响起，双方拼搏激烈。战至 13 分钟，中方前锋5号在禁区举足劲射，球应声落网。中方军心大振，终场前五分钟前锋7号又砰地射进一球，终以2 ：0大败英兵，夺得银盾一座、英国足球一个……全场中国人掌声雷动、鞭炮齐鸣，“省万师足球队”从此名震川东。

赛后双方合影留念。从照片上可看到双方运动员相互混杂，友好地或蹲或站。由于都穿一模一样的宽条格球衣，需仔细分辨才能认出是中国人还是英国人……小小足球把两国运动员的敌对距离缩短了。不久省四师足球队再与“白雀队”比赛，又以2 ：0获胜[④]。

1925年杨森任四川“督理”，常以“杨森说……”式样的木牌立于各处。如“杨森说，打牌壮人会打死，打拳、打球弱人会打壮！”足球等现代体育运动在四川开展，杨森曾起推波助澜的作用。1928年杨森率部进驻他的家乡广安县，在广安北门外让工兵修建了一座大体育场，体育

1928年万县省立四师足球队与英国水兵“白雀”队摄影留念（出自:《四川体育史料》1983年第2期）

场进口，杨森亲笔书“体育救国”四个大字。杨森在广安开了两届“川北运动会”，邀请成都华西大学足球队、重庆足球队等参加，对川北体育运动开展起了不小作用⑤。

1932年8月初，杨森20军的37名运动员组成足球队、篮球队、排球队，由张理焱率领远征武汉、南京、上海等城市，进行了大小三十余场比赛。在宜昌、汉口等大获全胜。在上海，代表国家队水平的上海队先是不愿同区区20军球队比赛。比赛结果却互有胜负，他们这才对20军球队刮目相看。

这次20军足球队远征，扩大了四川足球运动的影响。1933年，20军足球队代表华西（中国西南）地区参加在武昌举行的全国足球分区赛，获亚军。

1938年，杨森率部在湖南平江参加抗日战争。他在平江城边汨罗江畔修建体育场，举办了一次运动会。比赛项目有足球、田径、国术、负重赛、武装赛、骑马渡河等。比赛正热火朝天进行时，日本飞机前来袭扰。杨森布置机枪射击，说：“这就是体育配合军事！”

杨森到台湾后任“中华体育协进会”理事长，70岁还能开飞机，96岁老死台北。

民国早期的成都足球运动

成都市最早的足球场，要算文庙西街中华基督教青年会修的那一个。

清宣统二年（1910），美国人谢安道（美国春田大学毕业生、牧师、体育家）来成都，在文庙西街挂起成都基督教青年会的招牌，宣称："青年会为教会之枢纽"，并以发展"德、智、体三育为宗旨"。谢安道等人购下文庙街附近数十亩土地，修建了成都近代第一个正规足球场，还有网球场、羽毛球场、克罗克球场。1911年前后，谢安道派教徒到附近的铁道学堂、成都联合中学（现石室中学）等大力宣传，要青年学生到该会踢足球、看体育杂志及宣传"西洋体育"的幻灯片，参观洋人每周两次的球类比赛……

1913年，谢安道与四川督军胡文澜协商，将旧臬台衙门后面百余亩地皮（即现在春熙路北段及南段的地方）占下，除修建基督教青年会会所，还修建足球场、篮球场、网球场、排球场、乒乓台、弹子房、浴

1910年美国人谢安道（中排右1）、霍德进（中排右2）和杨国屏（中排左1）、杨少荃等在文庙西街，发起组织了成都基督教青年会

民国早期的华西足球队（供图：杨光曦）

室……以后又建修了一座体育馆（后改为大华电影院）。市民去运动或洗澡，要出钱购票（会员打折优待）。同时这里还卖美英制造的足球、篮球、排球、运动服装、跑鞋及运动书刊。青年会还开办体育“可奇”班（即体育指导员训练班），由华西大学洋人任教，传授足球等体育运动的知识……这些，客观上促进了现代体育在四川的传播[⑥]。

少城公园（现人民公园）也修起有足球场的体育场。当时有“竹枝词”写道：“丝管东墙聒耳嘈，打球人集笑声高。横生一种郊原趣，短短篱边夹竹桃。”（《成都少城公园竹枝词》）“公园啜茗任勾留，男女双方讲自由。体育场中添色彩，网球打罢又皮球。”（《社会怪现象竹枝词》）[⑦]陈毅元帅和曾任国家主席的杨尚昆，青少年时代在成都上学，课余都爱到少城公园大操场“踢坝坝足球”。杨尚昆踢球前先去“鹤鸣”茶铺买一碗“报到茶”，给“堂倌”打个招呼就离开，赛罢返回“鹤鸣”，买一盆热水洗脸，再端起凉冷了的酽茶一边细品，一边“侃”球经……[⑧]

1924年后，成都高等学堂不少，足球活动已很普及。几乎每天，少城公园公共体育场等地都有足球赛，周末周日更多。只要有两三人说一声：“分开比赛，愿意来的站出来！”不管相识与否，凑足人数就开踢。两队比赛结束，场外又组织两队上来。1925年4月在成都西较场举行的四川省运动会中，足球比赛已是重头戏。

1925年后，足球规则由上海中华全国体育协进会译成中文，流传进四川，成都足球比赛逐渐正规化，阵式一般是用五三二。1926年至1927年间，成都高等院校的足球师生约四十人组成了“西川足球队”，准备同华东、华南足球队一争雌雄……“绿茵场上好汉多、成都足球誉巴蜀”，

少城公园的足球场最受学生们喜爱

成都已成足球高手云集之地。

华西坝上的华西协合大学，是由毕启、启尔德和陶维新等西方传教士筹建，1910 年正式开办的。“华大”足球开展得很早，有五个草坪球场，以华英足球场最大。典雅的钟楼旁、小桥流水边、青幽幽的绿茵场上，生龙活虎踢球的中国学生、高叫“OK”的碧眼高鼻子洋人……组成一幅优美图画，给古老封闭的成都带来不少生气。

华西坝足球场虽然正规，但早期也是一味乱踢。比赛中犯规动作满天飞，挤撞冲抢凶狠，“拼命三郎”甚多。

20 世纪二三十年代，成都地区著名足球代表队是“华西大学校队”和四川大学代表队，其次是“工业专门学校足球队”。成都高等学堂、岷江大学、储才中学组成的“联合足球队”也名声较大。

“少城足球队联队”则由上述球队的优秀队员组成，与“华西大学校队”旗鼓相当，经常胜负难分。

1941 年，四川大学体育主任宋君复教授，邀请华西坝上几所大学的体育主任开座谈会，建议学校间开展球类比赛……于是各大学足球等球类比赛频频开展。1940 年成都市体育会和四川省体育会相继成立，在少城公园办公。公园内则经常举办市运动会和足球赛、篮球赛。

1942 年，四川足球运动欣逢盛事。以生产“万金油”发财的华东资本家胡文虎两兄弟，组织“东方足球队”来重庆、成都。该队除拥有大名鼎鼎的“亚洲球王”李惠堂外，还有代灵经、孙思锦、侯云生等全国足球名将……该队在重庆与“广益学堂”校队等作表演比赛。到成都，与四川大学、金陵大学、华西大学等组成的联队举行了五场比赛。

球迷蜂拥而至，热闹空前。华西坝华英球场，三层看台都挤满了

中国优秀足球运动员和领导者李惠堂

人……“东方足球队”不留情面，以12 ∶ 0大获全胜，李惠堂一人射进9球[9]。正式比赛后，双方还在少城公园足球场作表演赛。成都队虽输了个“大光头”，但通过这次比赛，成都地区足球运动掀起了一次高潮。

风靡全球的现代体育项目——足球，就这样以成都和重庆为中心，在古老的巴山蜀水传播开来。

注释：

① 参见《成都市志·宗教志》。

② 参见熊正贵、文复阳:《陶维义先生与广益中学的足球运动》,《四川体育史

料》(内部刊物)1985年第4期。

③ 参见王万国、李福祥:《重庆广益中学足球运动》,《四川体育史料》(内部刊物)1984年第4期。

④ 参见何健康:《大败英水兵“白雀队”记》,《四川体育史料》(内部刊物)1983年第2期;原杨森20军将校队学员高风在先生1984年1月的回忆。

⑤ 参见何健康:《杨森与川北运动会》,《四川体育史料》(内部刊物)1983年第4期。

⑥ 参见孙仲达:《成都基督教青年会的体育活动》,《四川体育史料》(内部刊物)1983年第2期。

⑦ 参见杨燮等著,林孔翼辑录:《成都竹枝词》,四川人民出版社,1982年。

⑧ 参见汤明辉:《“鹤鸣”生意经》,《龙门阵》1994年第6期。

⑨ 根据张增源先生1983年4月的回忆。

四川刑场的历史变迁

从清末、民国血腥杂乱的刑场，到2004年“刑车”的出现……四川刑场和死刑执行方法的变迁，可看到近代中国法制建设的文明进程。

从刑场上的“砍脑壳”“敲砂罐”，

到流动刑车人性化“注射”，

体现了中国法制建设的文明进程。

从清末、民国血腥杂乱的刑场，到2004年“刑车”的出现……四川刑场和死刑执行方法的变迁，可看到近代中国法制建设的文明进程。

清末的“砍脑壳”

笔者儿时常听到街邻间吵架时常骂人的一句话是：“你这砍脑壳的！敲砂罐的！”常常纳闷：“脑壳都砍得嗦？敲砂罐又是啥意思？”

这是句诅咒人上刑场的话。

要谈刑场，就得先说几句中国古时的死刑制度。中国从夏朝开始就有死刑。商朝的刑罚已比较完备了，所以有“刑名从商”的说法。先秦史籍中更有“昏墨贼杀”的话。“昏”“墨”指官员贪赃枉法，“贼”指盗贼。近五千年来，刑罚制度已成为中国历史长河中的一项重要内容。

人命关天，脑壳一砍下就镶不拢，所以秦汉以后中国稳定的朝代大都有“付奏”制度：死刑必须向中央上报。唐代《唐律》还规定死刑必须“三付奏”、京城更要“五付奏”，以免一不小心砍错脑壳。《唐律》规定女犯怀孕期间不得执行死刑，应生产后再重审。清朝死刑分“立决”和“缓决”，相当于现在“立即执行”和“缓期执行”……这些都是中国刑罚史中的先进内容。

但细看典籍，历史上的死刑并非仅是“砍脑壳”。清朝有本《历代刑法考》，统计出秦朝以前就有三十多种残酷死刑，如把犯人剁成肉酱的“醢”，把犯人做成肉干的“脯”，及火刑、炮烙，等等。到三国魏晋后，五花八门的死刑被基本规范为“绞刑”和“斩刑”两种，这在当时世界上也算是最文明的。

但此后不依章法的历代皇帝仍乱来，为提高死刑的“震慑性”，北宋在“绞”“斩”两刑外又增加“凌迟”（就是“千刀万剐”），南宋把“凌迟”正式纳入法典。这是最残忍的一种死刑，主要用于“十恶不赦”的大罪，如谋反、叛逆、杀父母等。方式很残忍，将身上的肉一块块割，有 24 刀、36 刀、72 刀和 120 刀的几类，据史载明朝作恶多端的太监刘瑾被割了 3 天，共 4700 刀！此外，还有“腰斩”。清朝雍正时主考官俞鸿图江南科场作弊，令雍正皇帝龙颜大怒，派人在无锡将俞鸿图腰斩正法。俞鸿图被腰斩成两段没立刻死，在血泊中乱滚，还用指头蘸血在地上连写了七个“惨”字……雍正皇帝闻报，也恻然不忍，下令自此废除腰斩酷刑[①]。

直到光绪三十一年（1905），经沈家本奏请，颁布《大清现行律例》后才下令将凌迟、戮尸等法“永远删除，具改斩决”，死刑仍分绞、斩两种。死刑执行后还要“弃市”（刑场暴尸）或悬头示众……

为杀鸡吓猴，古时大多在繁华闹市行刑，所以才有《水浒传》中李逵怒吼一声从闹市酒楼上跳下来劫法场，救宋江、救卢俊义等精彩场面……

明朝以前成都的刑场在何处？翻遍史书无记录。对“大西皇帝”张献忠在成都的一处刑场却有明确记载：他曾杀过上万来应试的读书人，尸积如山；刑场就在成都西门青羊宫内空坝子[②]。

清朝以来，四川各府、县大都有固定的刑场，如重庆巴县在巴县衙门口（旧街名为鱼市口）及东水门江边……[③]

成都为四川刑名总汇之地，一般都是在农历霜降后“秋决”行刑，由“按察司”（这是全省司法机关）下达“钉封文书”（即判决书），验绑勾决执行。刑场监刑者多为成都、华阳两县的县令。最初刑场在东较场（现书院街后至府河猛追湾附近），后因附近居民渐密，到清朝中叶后，改在北较场（现五大战区至文殊院一带）[④]。

清末《锦城竹枝词》中说：“北较场考武举人，文殊院侧武棚邻。闲时芳草行刑处，秋夜萤飞讶鬼磷。”[⑤]……显然刑场阴森荒凉，很有些吓人。东、北两较场口都有一桥，因人犯至此已吓得尿湿裤裆、丧魂失魄，故都叫“落魂桥”[④]。因其名不雅，现早改成“落虹桥”了。

光绪末年编练新军，在北较场建修武备学堂，将刑场改在北门外砖棚子前一空坝内。“凌迟”人犯，四川俗称“剐人”，则历来都在北门外荷花池。“剐人”时的“刀法”是：“先以刀划人犯之额，再以铁抓扯下额皮一大片，垂至眼际。续以刀划两乳上，各作一斜十字形，始剁其手足，手由腕际，足由膝际剁下。然后戳心剖腹，取出五脏，最终方刎头……其状至为残酷，皆杀父母及谋杀亲夫之重罪犯也！”[④]这段文字比较血腥，却是我们了解封建社会残酷刑律的极珍贵的史料。

到 1905 年，清政府才从法律上废止了凌迟、戮尸、枭首等残酷刑罚，但实际上各地仍有实施。在一个美国学者的书中，就有四川军阀杨森于 1925 年，对一个谋杀亲夫的女人在春熙路闹市用了“剐刑”，被中外人士斥责为“在 20 世纪的四川闻所未闻”的记载[⑥]。

刽子手，四川俗称“砍爷”“宰把手”“吃红粮的”。《水浒》中的

“病关索”杨雄和“铁臂膊”蔡福都是刽子手，砍脑壳的手艺高超，蔡福且有“拐子刀”（反手握刀）绝技，所以这两个“砍爷”才有资格在梁山“一百单八条”好汉中坐上一把“交椅”。

历代官府，总不可能天天行刑，故刽子手无正式编制，都是些“兼职”砍爷。执刑杀人时另赏给“花红彩礼”，据说领赏前还要象征性挨几板子“退煞”。

行刑前要吹鬼哭狼嚎般的“断头号”，“砍爷”红布缠头、短衣敞胸，满脸杀气。人犯则背插“斩标”，多半吓得如垂头蔫鸡。当然也有不怕死的好汉沿街乱吼乱骂甚至吼唱起戏文以示蔑视的……如官府觉得犯人“吼街”有煽动性，往往给犯人上“咬牙棒”（戏称“锁口符”），即往口里塞物或用绳系竹棍勒口……③

死囚的家属，有的会贿通“砍爷”动作麻利点，让人犯速死以减少痛苦；或“留绊”（即留点皮肉连在颈项上）以保“全尸”。“砍爷”刑后还可像鲁迅《药》中描写的刽子手那样，卖点“人血馒头”给人“治病”。此外，还有买“蘸血钱”（刑后铜钱蘸血）、“解血绳”（即绑犯人的绳子）的，迷信者说这些东西可以“驱邪除灾”……所以“砍爷”虽一年仅开张一两回，油水想来也不少。

刑场杀人多，成为阴森可怕之地，人怕夜行。各州县都有这类传说：“昨晚有死鬼半夜到街上找脑壳，把摆摊子的 ××× 吓惨了……”

同治、光绪时，成都清兵城守营有个领旗马兵范某，是四川刽子手中的龙头老大。范某从年轻时干这一行直到七十多岁，砍脑壳及剐人不可数计。每砍一人，他得钱一千文，剐人则得三千文。后来省城的刽子手，无一不是范之弟子④。

清末成都又出了个有名的刽子手冉海青，是范“砍爷”之徒。冉海青其貌不扬、神态猥琐。重庆评书艺人卫秉诚有一段很著名的四川评书《无影儿》，讲的是清代巴县有个张裁缝到成都谋生，不晓得啥子原因被官府判斩。临刑前张裁缝见冉海清原来是他表兄，哀恳放他。冉海青骗他说：“刑场上，我一拍你背吼‘快跑！’你就跑……”

至刑场，冉拍其背喝：“快跑！”实则已挥刀砍下来。事隔数年，冉返渝，见已斩决的张裁缝在街边喊他。冉虽是“砍爷”，也惊骇不已。张裁缝说：“承表哥刑场拍背喊我‘快跑’，弟力奔获免，逃回重庆仍当裁缝，已娶妻生子啦！”他引冉入店介绍妻儿，置酒酬恩。

冉惶惑入席，几杯酒后探问：“当年你确死于我刀下，为啥子又活转来啰？”张裁缝闻之色变，立即软瘫桌下化为几缕黑烟，只存衣鞋……张裁缝的婆娘大哭，扭冉控官指为谋杀。省城官府审得张裁缝确早已被冉行刑杀死，事太荒诞不能结案。有个师爷出主意：令张裁缝的婆娘抱娃娃在太阳下验之，母有影、子无影，断为鬼种，故名“无影儿”……③

这故事在成渝等地至今仍流传甚广。笔者小时就听老辈子瞪大眼睛一本正经说“确有其事”！吓得我脊梁上冷汗直冒……如今当然晓得这只是《聊斋》式的传说，其实质是抨击旧中国草菅人命的冤案很多，许多枉死者死不瞑目！

传说归传说，冉海青这个“砍爷”却实有其人，他还传艺给重庆的冯占奎。冯占奎在成都“出师”后，清末民初成为重庆有名的“砍爷”。

民国刑场

民国时期四川军阀割据，这些土皇帝杀人如麻，处处可做刑场。

重庆（巴县）仍多在鱼市口或长江、嘉陵江岸沙滩上斩决犯人，把人头高悬示众……北洋军阀占领重庆时赵文华任卫戍司令，杀人连一张“罪状”也没有，北洋兵把人拖到后伺坡（现重庆人民公园）一带砍头、枪决，甚至用刺刀捅死。

许多人犯获判死刑罪有应得，但行刑方法却显残忍。有次处决谋财害命的刘悦南、丰子清二犯。赵文华先命将其“点天灯”（天灵盖上开骨点烛火），在众士绅劝说下改判为“肢解”刑。刽子手在后伺坡像砍猪肉一样，先把犯人剁手剁脚，然后大卸八块。

又如磁器口有个大恶霸袍哥舵爷项福兴，作恶多端，老百姓恨不得生啖其肉。后被川军一个师长枪决于磁器口，许多受害者去剖其腹取肝炒食……又有一年，强奸幼女犯蒋某，伏法时被行刑人先把其睾丸割了才枪毙。

此外，重庆的打铁街、嘉陵码头、通远门外、朝天门沙嘴、较场口、菜园坝河边、闹市街口……许多地方都做过刑场③。

民国时期成都的刑场，报章野史中有文字记载的也很有几处。第一处开张的是老皇城内。

1911 年 11 月 27 日“大汉四川军政府”在皇城内成立。1911 年 12 月 22 日，尹昌衡命他手下干将陶泽昆将赵尔丰抓入皇城。在致公堂东廊檐下，陶泽昆拿出雪亮的鬼头大刀，呼地手起刀落砍下“赵屠户”的脑壳……

杨亚芬老人说：“民国后皇城里头成了经常砍头的刑场，还成为尸首满坝的战场……好吓人哟！”⑦

民国后行刑的鬼头刀已换成洋枪，“砍脑壳”变成“敲砂罐”。四川人挺会幽默，脑袋打烂了，确实像砂罐敲烂、汤水乱流。

20 世纪 20 年代后，紧靠老城墙的下莲池成了重要刑场。这里杂草丛生，泡桐树、构树密密麻麻，连白天都阴森可怕。附近老百姓常传说，幽幽深夜会听到哭声呜咽，似在喊冤……爹妈都告诫娃娃：“不要乱爬城墙，不准去下莲池边耍，那里有冤鬼‘麻脸子’背娃娃！”

清朝时的提督衙门，1922 年改为“中城公园”，后又改“中山公园”，1949 年以后改为文化宫。民国时这里是三教九流、兵勇烟娼会聚之所，也是枪毙人犯的一处刑场。

民国时成都另一处著名刑场，在九眼桥附近的莲花池。清末民初，这里荷塘方圆数里，荷塘四周野坟荒冢也不少。据王天寿先生回忆：莲花池刑场右侧有“地藏庵”，专门停放灵榇，距刑场左面约一里叫“黄天荡”（现宏济路一带），是著名的“官山”，任人乱葬乱埋。被“敲砂罐”后无人收尸的，地方人士叫俗称“干鸡子”的讨口子把死尸拖到“黄天荡”，破席裹尸“软埋”……于是常有野狗十数只在“黄天荡”乱窜狂吠，行人白天也须手捏打狗棒结伴而行，独行则非得有武松上景阳冈之勇不可了！

当时市警备司令部和川康绥靖公署处决人犯，多以黄包车代替刑车。犯人五花大绑背插标子、上身赤裸（女犯除外）瘫倒在黄包车上……走在“刑车”前的是八个号兵，轮番吹撕心裂肺的“反音号”。“监斩官”

是斜背值星带、骑在马上的尉级军官。“刑车”前后，都有一些看热闹的人跟着跑。人犯一般都要挨二至三弹甚至多达五弹，被打得脑花四溅才毙命。

川康绥靖公署有天上午枪毙了一个造伪钞的罪犯。过了一个多小时，“死尸”动了起来，血污满头爬起来坐在地上，吓得看稀奇的人“妈呀娘呀”惊叫四散奔逃。这样一直折腾到下午 4 点钟都还未死，“绥署”闻讯才派一名军官乘黄包车赶来，用手枪又连击三弹……[⑧]

旧中国法制混乱，有时秘密杀人，则处处都可当刑场。1949 年 12 月，胡宗南部盛文兵团溃退成都，颁布 12 条《违反治安禁令》。此令颁布第 3 日，盛文以春熙路等闹市大街为刑场，枪杀 16 人，暴尸示众 3 天……[⑨]

“注射死”和“刑车”

1949 年以后，废止了一切酷刑，对死刑犯一律执行枪决。成都的东较场、凤凰山、五桂桥、昭觉寺外……都曾枪毙过犯人。

岁月如水，半个世纪过去……死刑的执行也开始走向文明。

枪决要专门刑场，兴师动众且行刑过程较为血腥，给罪犯和行刑的人心理都造成极大压力。

世纪之初的 2000 年，中国最高法院指定北京、成都等几个中院为注射死刑试点法院。

注射死刑无疑有诸多优点：受刑人痛苦极少，而且四支注射剂（其中只有一支为致死性药）由不同行刑法警注入人犯，行刑人不见血腥且无法确认致死药物由谁注入，产生的厌恶感较小。

李玉书，四川乐山市副市长兼成乐高速公路建设指挥部副指挥长，巧取豪夺人民币893万元。此外，检察机关还扣押、冻结李玉书的人民币共计1185万元，美元9.1万元……2003年10月14日10时20分，贪官李玉书在成都塔子山刑场死刑注射室被执行死刑。

此案引起海内外广泛关注，李玉书不仅是新中国成立以来四川省执行死刑的最高级别官员，而且是四川首次公开报道的“注射死刑”。此前成都中院已对多名死刑犯成功采用注射行刑[⑩]。

到现在为止，全世界仍存在着死刑的国家有126个。执行死刑的方法五花八门：绞刑、石刑（用石头砸死）、电刑、斩首、毒气、枪决、注射死刑……其中枪决和绞刑是最主要的行刑方式，采用枪决的国家有86个，采用绞刑的有77个。

注射死刑是最为文明的死刑方式。据称全世界采用此方式的只有两个国家，一个是中国，另一个是美国[⑪]。

中国最高法院于2002年8月30日下发了《关于推进采用注射方法执行死刑工作的通知》后，更先进的“刑场”——刑车开始出现在成都。

成都市中院在2003年2月提出购买死刑车的申请，获得批准。死刑车耗资40万元，由丰田“柯斯特”中巴车改装而成。

近7米的车体被推拉门分隔成两个区域，观察指挥区和驾驶区在前部，执行死刑区位于车体后部。执行区不到5平方米，设计小巧玲珑，有洗手池、电子消毒灭菌器。中央摆着一张高0.8米、长1.8米的执行床，行刑过程不超过2分钟，犯人躺在软垫上听着轻音乐终结生命……[⑫]

2003年3月，有个叫高华的女人为了150万元的高额人身保险，杀死一名“替身”保姆，精心“导演”了一场让“自己”死亡的“车祸奇案”。随后，“死人”高华遥控指挥她的妹妹高凤到保险公司索赔……

2004年5月19日上午9时15分，成都首例使用死刑执行车对高华执行死刑。刑车与普通警车极相同，只在车身两侧写有“刑车”字样。执行场地在一条普通公路上，从封锁执行现场到死刑完毕不过十来分钟……这成为国内各报的热点新闻。

死刑执行车既不耗时又不占地，方便安全。成都中院使用的刑车全国一流，是集流动性、保密性、封闭性于一体的流动刑场，更具人性化……⑬

中国的死刑文化，历来与恐怖、晦气、厌恶等词语相连。北京大学刑法教授陈兴良说：“古代社会想尽办法制造刑场血淋淋的场面，想以此达到震慑犯罪的效果，其实很大程度上是在给人树立恶的榜样，让人的心态变得很冷酷，并不利于防止犯罪。”

从刑场上的“砍脑壳”“敲砂罐”，到流动刑车人性化“注射”，体现了中国法制建设的文明进程。

注释：

① 参见包振远、马季凡编著：《中国历代酷刑实录》，中国社会出版社，1998年。

② 参见何锐等校点：《张献忠剿四川实录》，巴蜀书社，2002年。

③ 参见欧阳平：《旧重庆的酷吏、刑场、刽子手》，《红岩春秋》杂志1995年第1期。

④ 参见（清）周询:《芙蓉话旧录》，四川人民出版社，1987年。

⑤ 见杨燮等著，林孔翼辑录:《成都竹枝词》，四川人民出版社，1982年。

⑥ 见［美］罗伯特·A.柯白著:《四川军阀与国民政府》，四川人民出版社，1985年，第32页。

⑦《九旬老奶奶与七旬儿子历数皇城劫难》，见四川在线2003年8月26日。

⑧ 参见王天寿:《旧成都刑场见闻》,《龙门阵》1991年第2期。

⑨ 参见冷寅东:《我是怎样度过最后一任成都市长的》，四川省政协文史资料委员会编:《四川文史资料集粹》第2卷，四川人民出版社，1996年。

⑩ 见云源、赵倩、马奕:《乐山贪官李玉书被执行注射死刑》,《天府早报》2003年10月15日。

⑪ 见《首次揭示中国注射死刑神秘细节》，新华网2003年11月21日。

⑫ 见《死刑车揭密：犯人躺上软垫听着音乐终结生命》,《天府早报》2004年2月26日。

⑬ 见《成都使用死刑执行车将骗保女犯处死》,《成都商报》2004年5月20日。

四川电影的起源和发展

电影传入中国后，上海一直是其“大本营”。1937年7月7日，烽火连天的全面抗日战争开始。“陪都”所在的四川，成为中华民族复兴的根据地，也成了中国抗战电影的大后方。

经费紧张、胶片短缺、空袭频繁、生活困难。
但影人们喊出的口号是
“一寸胶片、一发炮弹！”
他们把拍电影也看成是
抗击日寇的武器。

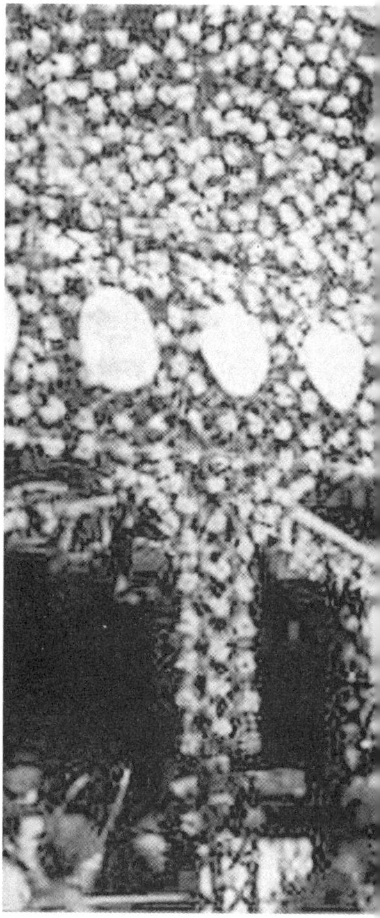

电影传入中国后，上海一直是其“大本营”。1937 年 7 月 7 日，烽火连天的全面抗日战争开始。“陪都”所在的四川，成为中华民族复兴的根据地，也成了中国抗战电影的大后方。

四川最早的电影

1896 年电影传入中国。1904 年 12 月 9 日，脑壳上还拖着“猪尾巴”辫子的成都人，首次看到来自大洋彼岸的美国的“布单洋戏”，感觉比老祖宗的“皮灯影”活灵活现得多，所以称为“活动电戏”，又叫“电光戏”。

1904 年（清光绪三十年）12 月 9 日，《成都日报》上一则广告称：“美国活动电戏：本月初三日开演，售女客票、男客票……愿观者速来买票，每位五角，仆童减半，住所新街后巷子二十五号门道。华昌公司白。”新街后巷子即现在春熙路三益公背面，“电戏”即电影，华昌公司应是有据可考的成都第一家电影院，票价五角（半个大洋），在当时应属昂贵。这是洋电影最早打入成都和四川的记载。

1909 年出版的《成都通览》，作者傅崇榘（樵村、牧村）在书中自称：“电光戏，图书局傅牧村现在东洋习演一年，方购回川，立电光馆。公馆衙署约演者价二十元至三十元。若赴图书局（本书作者注：清末时在桂王桥北街33号）观者，每人价二角。”①

1909年5月，四川还有个在日本留学的陈果，归国时买回放映机器和短片百多部，在玉带桥街开了一家电戏放映馆，放映《日俄对马岛海面大战》《西洋鸡蛋之变化》等。20年代后，电影在四川渐渐多了。最早放映未经译制的“哑片”，银幕旁边大多配中文字幕对白的幻灯。男主角搂抱洋妹妹打情骂俏，观众也齐声朗读：“小乖乖，我太爱你啦！”“约翰哥，我恨死你啰！”

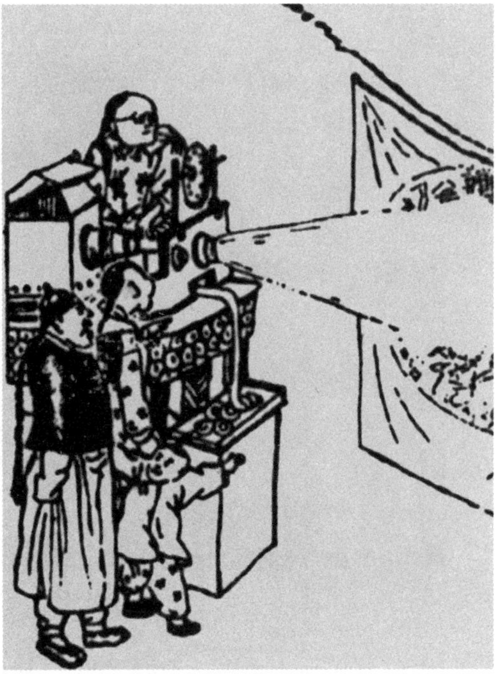

电影传入四川，川人称之为“活动电戏”“电光戏”（出自：傅崇矩《成都通览》）

幻灯上的情节说明好多也是用的俏皮方言：“啥子名堂？”“他要干啥子？”“乔治惹毛了！”观众边看边读，哄堂大笑。这种搞笑的快乐远超出电影本身。

1921年季叔平、杨吉甫等人在城守街（成都春熙路东侧锦华馆）建起新明电影院（1949年以后叫青年宫电影院）。其后陆续增建的有春熙北段基督教青年会院内的大华电影院（1949年以后改名为新闻电影院，后迁街对面原三益公剧院），总府街的智育电影院（今王府井商场），福

民国时期总府街的智育电影院非常热闹

广馆街的蜀一电影院，提督街的国民电影院（今解放军影剧院），盐市口的蓉光电影院（今西南影都），西御街的中央电影院（后叫新声剧场）……这些影院大都在繁华市区。1930 年，“有声片”进入成都、重庆[②]。

《峨眉山下》里的四川妹子黄今、黄候、黄美三姐妹

1934 年成都大同影片公司（附属大同电影戏剧学校）成立。蜚声影坛的万籁天任特聘导演。他写了剧本《峨眉山下》，描写退役军人不愿参加军阀混战，在乡村搞“生产救国”后来梦想破灭的故事……剧本由名作家田汉修改加工。1935 年，四川黄今、黄候、黄美三姐妹集资、监制并担任主角，约请“南国社”名演员金焰助演，拍摄了可称四川有史以来第一部“土产”的故事片。当时有人说：“这恐怕在中外电影史上都找不出第二例。一是有钱，二是有胆，三是有趣，这就够了！”

这部电影很有特色，夹杂四川方言峨眉山歌，一度轰动国内。当年“上海百代公司唱片厂”还专门出了一张黑色的胶木唱片，上面印有“峨眉山山歌——四川方言”。在唱片的一面印有歌名《种高粱》，另外一面印着第二首歌曲《牡丹歌》。两首歌曲的曲作者都是沙梅，词作者都是孙瑜，由“百代国乐队伴奏”，演唱者是黄今、黄候、黄美三姐妹[③]。

四川“土产电影”《峨眉山下》场景

可惜，《峨眉山下》是成都大同影片公司第一部也是最后一部产品，公司很快就无疾而终……

四川成了中国电影的“大后方”

当战火在蔓延、国土在燃烧、日本“红膏药”标志的飞机投下的炸弹尖厉呼啸着在巴山蜀水炸响时——四川人和电影的距离突然拉近：四川竟成为中国电影业的中枢！

淞沪抗战开始，上海各电影公司宣告停业。战前的明星、联华、艺华、新华等电影公司的许多优秀影人，都在隆隆枪炮声中奔赴内地。

联华影片公司老板夏云瑚住处，汇聚了众多影人。蔡楚生、孟君谋、陈白尘、沈浮等大牌导演、剧作家及白杨、吴茵、谢添、施超、周曼华、王献斋等男女明星，挤满一屋子。

夏云瑚说："不要急，我们组成'影人剧团'，一切经费由我负责，到四川去开垦电影工作吧！四川电影不发达，连话剧都很少演……我们到四川去宣传抗战！"

说走就走，匆匆打起背包出发。全团共36人，有24位男子，12位女影星这时结义为12姐妹，"大姐"吴茵29岁，白杨是"九妹"……由南京至武汉，再溯江进三峡。重庆码头已近。

1937年10月15日，夏云瑚率全团来到重庆昌平街。这时四川还没有条件拍电影，歇息两天后，"影人剧团"开始排练抗战话剧《卢沟桥之战》《流民三千万》《汉奸》《黑地狱》④。

10月19日，他们在国泰大剧院演出《保卫卢沟桥》《沈阳之夜》。当台上演员高吼："我们为民族而战啊！"台下观众流着泪水热烈鼓掌。闭幕了，要求明星签名的观众蜂拥而上。剧作家陈白尘出了个点子：每签一个名，捐法币一元，这笔钱全捐给抗敌后援会！

第二天，重庆市市长派人送请帖来，说："首支川军要出川抗战，市上各方要设宴欢送率部出川的陈万仞师长等将领，请全剧团的人一起去赴宴！"

这场晚宴，成为入川影人和出川将士们共议抗日救亡的集会，气氛极为融洽。

重庆演出一个月，1937年11月，"影人剧团"又风尘仆仆到四川省城成都，在总府路口当时最豪华的智育电影院献演《卢沟桥之战》《流民三千万》等四部抗日话剧。作家沙汀和周文负责接待。

“影人剧团”的演出盛况空前。尤其是白杨，更是红透蓉城半边天。《新新新闻》等报纸天天刊登煽情文字：“白杨那甜润而略带鼻音的标准国语声调如夜莺，她那朴素、端庄的装束，她那温文尔雅的身姿和浅浅笑窝，是男子梦中最钟爱的女神……”“更何况她表演的是抗战女性，是高洁、神圣的化身！”

以前仅能在银幕上见识明星风采，而这时，不少四川人可以一脸得意地说：“×× 电影明星么？老子在街头亲眼看见过嘛！”

影人入川仅是前奏曲。1938 年 1 月 29 日，中华全国电影界抗敌协会在武汉成立，建立中国电影制片厂（“中制”），黄埔军校三期毕业的四川自贡人郑用之任厂长。郑用之礼聘他的四川同乡、老学长阳翰笙任副厂长级的编导委员会主任委员。1938 年 9 月，“中制”厂从汉口搬到重庆近郊纯阳洞山顶。

“中制”刚到不久的 9 月 23 到 27 日，舒绣文、黎莉莉等影星义演话剧《为自由和平而战》，募捐五万银圆，为前方抗战将士购置五万套棉衣。普通票价为一块到十块银圆，最贵的“荣誉券”五十块甚至五百块银圆一张。而五百块银圆价值十两黄金。

川人抗日热情之高，实在令人感动。重庆银行同业公会会长康新如，就发动金融界一气买下两万银圆的“荣誉券”。

“中制”名流荟萃，拍摄了许多抗战电影。仅 1938 年 1 月至 10 月，就拍摄了三部故事片：《保卫我们的土地》（史东山编导，吴蔚云摄影）、《热血忠魂》（袁丛美编导，吴蔚云摄影）、《八百壮士》（阳翰笙编剧，应云卫导演，王士珍摄影）。还有约五十部《抗战特辑》《抗战标语卡通》

抗战电影《八百壮士》剧照

《抗战歌辑》等纪录片、新闻片……

阳翰笙根据淞沪抗战中的真实事件写的《八百壮士》，在最短时间内创作摄成，影响极大。电影镜头再现战斗最激烈的1937年11月28日午夜，十六岁的女童子军杨慧敏（陈波儿饰）把一面国旗裹在身上，冒着生命危险，冲过火线渡过苏州河来到四行仓库，八百壮士激动得热泪盈眶。第二天凌晨，国旗高高升起在大楼顶上……日军惊慌失措，机枪向国旗狂扫。谢晋元（袁牧之饰）高喊："兄弟们，和国旗共存亡啊，誓死不降！"

当全国观众看到这里，无不热泪盈眶，"打倒日本帝国主义"的口号震天动地……电影气势磅礴，受到国内外热烈好评。

"中制"先后拍摄了《保卫家乡》《好丈夫》《东亚之光》《胜利进行曲》《火的洗礼》《青年中国》《塞上风云》《日本间谍》《气壮山河》《血

溅樱花》《还我故乡》《警魂歌》等抗战故事片……还有《电影新闻》《抗战标语卡通》《抗战歌辑》和记录蒙、藏、回、苗少数民族支援抗战的大型纪录片《民族万岁》等。

1938年初，另一家中央电影摄影厂（“中电”）也迁川，在重庆南岸玄坛庙租赁三才生煤矿黄老板的避暑别墅做厂址。

“中电”拥有赵丹、白杨、魏鹤龄、王人美、胡蝶、吴茵、顾而已、金焰、高占非、沈西苓、孙瑜、吴永刚、徐苏灵、潘孑农、施超、黄宗江、万师承等大明星和剧作家。他们拍摄了《孤城喋血》《中华儿女》《长空万里》《建国之路》等故事片和《光复台儿庄》《抗战建国一周年》《重庆的防空》等纪录影片。

1935年在山西太原成立的西北影业公司，也在1938年迁到成都，在灯笼街一家公馆内挂牌开业。先后完成了《华北是我们的》等抗战纪录片。还有故事片《风雪太行山》，冼星海谱写的歌曲《在太行山上》随着影片风靡全国，成为风靡海内外的著名抗日歌曲，极大地鼓舞了国内外民众的抗战热情。

在四川的这三大电影厂拍的这些抗战电影，曾令无数中国人热血沸腾、同仇敌忾。

影人生活很艰苦。大明星白杨抗战前在上海有别墅、小车，月薪300银圆，拍片则另算，全家生活舒适；而在重庆月薪仅120银圆，买不到一双皮鞋。后来成为“四大花旦”的秦怡月薪仅60银圆，靠这样的收入只能吃稗子、沙子混在一起的平价米。大剧作家阳翰笙住重庆赖家桥，他父亲病重寄来药单，阳翰笙穷得只能去买“半剂”药；父亲亡故，丧葬靠借债……

抗战时期（1944年前后）成都一家电影院前的广告和商场

经费紧张、胶片短缺、空袭频繁、生活困难。但影人们喊出的口号是“一寸胶片、一发炮弹！”他们把拍电影也看成是抗击日寇的武器。

抗战时期，四川新建了许多电影院。单在成都，就有智育、大光明、昌宜、蓉光、中央、大华、蜀一、国民等电影院。四川还先后出版了《中国电影》《今日电影》《电影与戏剧》等杂志……当时国民政府军委会政治部有“电影放映总队”，“中电”“中制”厂也有流动放映队，几乎跑遍了前线各战区和后方城镇。据统计，“电影放映总队”第5队仅在偏僻的西昌、西康地区就放映了85场，观众达21435人次！

除了中国电影，好莱坞等英美电影，也伴随援华“飞虎队”的美国飞行员们，在四川大受欢迎。当年客居成都的学者何满子说：“昆明、桂林、重庆进口的影片，都不及成都先到先放。战争时期，英美影片还未到上海，成都人便先睹为快了！”

注释：

① 参见傅崇榘：《成都通览》下册，巴蜀书社，1987 年，第 33 页。

② 电影传入四川的史实极少完整记载（包括专业电影志），以上史料参见《电影传入四川的人和事》（《四川日报》2004 年 11 月 12 日）、《成都电影志》及其他多种零散资料。

③ 参见《70 岁老唱片“收藏”峨眉山歌》，《乐山日报》2004 年 11 月 29 日。

④ 以上参见朱剑、汪朝光编著：《民国影坛》，江苏古籍出版社，1997 年。

全民围剿麻雀的旷古奇闻

1958年“大跃进”运动中的“围剿麻雀”大战，在中国和世界历史上都称得上是空前绝后。但许多人并不晓得，“围剿麻雀”中“大兵团作战”的“人民战争”的经验，居然也是四川“首创”的……

今天看来，
1958年“围剿麻雀”的“人民战争”
是多么荒唐愚昧！
作为除“四害”运动倡导者的初衷，
也许未尝不是出于好意。

一日战果

1958年“大跃进”运动中的“围剿麻雀”大战，在中国和世界历史上都称得上是空前绝后。但许多人并不晓得，“围剿麻雀”中“大兵团作战”的“人民战争”的经验，居然也是四川“首创”的……

除“四害”运动的兴起

“咚咚咚！”“嚓嚓嚓！”锣鼓喧天、红旗招展……大街小巷扯开圈子搞宣传，人们吼的口号不只是“超英国赶美国，一天等于二十年！”还呐喊：“全民运动除‘四害’，鼠、蝇、蚊、雀消灭完！”

男女宣传队员声如洪钟地演讲：“人人‘大跃进’，天天‘大跃进’！我们不但要除鼠、蝇、蚊、雀‘四害’，还要除‘七害’！”①

这是发生在1958年“大跃进”运动中四川城镇乡村、街头巷尾的一幕幕场景。

打麻雀是政府的号召。有位中央领导人在1955年12月《征询对农业十七条的意见》一文第十三条批示：“除四害，即在七年内基本上消灭老鼠（及其他害兽），麻雀（及其他害鸟，但乌鸦是否宜于消灭，尚待研究），苍蝇，蚊子。”

1956年元月经中共中央政治局讨论、最高国务会议正式通过的《1956年到1967年全国农业发展纲要草案》第二十七条规定：从1956年起分别在五年、七年或十二年内基本上消灭包括麻雀在内的“四害”[②]。

这期间，许多科学家顶着巨大压力，反对消灭麻雀。指出麻雀吃稻谷有限，吃害虫更多，不应被消灭。中国科学院实验生物研究所的朱洗上书，并举历史事实为例：普鲁士国王腓特烈大帝非常讨厌麻雀，于1744年悬赏在全国消灭麻雀，一时间麻雀几乎绝迹。但不久就发生大规模虫害，腓特烈大帝不得不收回成命，并从外国运来麻雀……生物学家郑作新、张孟闻、辛树帜、丁汉波等人也都公开反对消灭麻雀[③]。

但是，这些不同声音被同当时正轰轰烈烈开展的反右派斗争联系起来。在1957年9、10月间中央召开的八届三中全会上，中央领导同志说：“右派，形式上还在人民内部，但实际上是敌人……”“消灭老鼠、麻雀、苍蝇、蚊子这四样东西，我是很注意的。只有十年了，可不可以就在今年准备一下，动员一下，明年春季就来搞？……中国要变成四无国：一无老鼠，二无麻雀，三无苍蝇，四无蚊子。”

1958年2月12日，中共中央、国务院发出除“四害”的指示，公布了计划提前实现“四无”的省市：北京定为两年，河南定为三年，上海定为三至五年，江苏定为四年，山东、山西、浙江、福建、广东、云南、甘肃、辽宁和黑龙江定为五年，安徽定为五至八年……

1958年，“大跃进”运动风起云涌，除“四害”运动也就像一场“人民战争”，轰轰烈烈开展起来。

1958年3月4日，毛泽东到成都，主持召开大张旗鼓开展“大跃进”运动的“成都会议”。毛泽东说要到农村走走，四川省委第一书记李井泉陪同毛泽东走进郫县乡下一间农舍。毛泽东问农民温大娘：“你知不知道除‘四害’？”

温大娘回答：“知道，我们是除‘七害’。”毛泽东问：“你们是除哪‘七害’？”

温大娘说：“麻雀、老鼠、苍蝇、蚊子、跳蚤、臭虫、偷油婆。”

毛泽东又问：“为什么要除‘七害’呢？”温大娘一一回答：“麻雀老鼠要偷粮食吃，蚊子吸人的血，苍蝇腿上有细菌。”

毛泽东说：“偷油婆呢？偷油婆有什么害处？”温大娘又回答：“偷油婆到处爬，腿上也有细菌，它爬过的东西还有臭气，吃了要发呕。”

毛泽东满意地夸奖道：“你还懂得科学知识哩！”

四川郫县农村生长有一种叫“打破碗花花”的野草，农民发现它的浆汁腐蚀皮肤，便把它铡碎放到粪坑里，蛆虫会被杀死……经专家们鉴定，也异口同声说用它消灭苍蝇、蚊虫好得很。

少先队员在数死苍蝇

除“四害”运动中川流不息的报喜队伍（出自：《北京日报》1958年2月15日）

毛泽东兴致勃勃看着这不起眼的野草，说：“这是一个重大的发现，是群众的一个创造。好办法，要推广！”省农业厅的一个处长又介绍：“‘打破碗花花’又叫野棉花，有毒，可以杀虫。”

毛泽东说：“你这一说接触了科学道理。你今天动手写稿，明天写成，后天审稿，再后天登报。”[4]

于是，除“四害”运动更轰轰烈烈。全国各地都成立了“除四害指挥部”“除四害办公室”，各省市“领导挂帅”。四川省“除四害指挥部”指挥长为闫秀峰（四川省委书记处书记）、办公室主任为杨朝宗（卫生厅副厅长）[5]。

当时的口号是“全民动员，人人动手，短期突击，全面围剿”。四川各市各街道、基层单位，层层、级级开报告会、誓师会、展览会、座谈会……用大字报、黑板报、广播、演唱、标语、漫画等宣传手段，大讲

1958年成都市排队统计上交死耗子

“四害”的危害。据统计：成都、重庆等市发动了95%以上的群众，连105岁的老寿星和几岁的小娃娃都奋勇上阵，传为佳话。

全国除“四害”中英雄辈出，《人民日报》报道：

安徽巢湖市“一等卫生先进工作者”、工人顾友昌，从1952年开始6年如一日除“四害”，战果惊人，仅1957年他一人消灭耗子2600多只，麻雀4700多只，挖蛹25斤零10两（老秤是每斤16两），蛆31斤……

平均每天消灭 7 只耗子，13 只麻雀，6 两苍蝇和蛆蛹。

武汉市安静街 72 岁的老太太蔡月英，3 年来她一个人就消灭了 330 多只老鼠、240 万只苍蝇……先后五次被评为市、区爱国卫生模范。

贵阳市第三中学的工人于校章更厉害：他先后共买了 110 个打鼠板，效果最好的一天曾打到 48 只。从 1956 年到 1958 年，他打死耗子 10200 多只，被评为贵阳市和贵州省的除“四害”模范，并获得奖章、奖状和奖金……⑥

既然是“全民运动”，免不了大嗡大轰。那时，大街小巷天天都有“报喜队伍”，锣鼓喧天、红旗招展，闹闹嚷嚷穿市游街。报什么喜？报的是：又消灭了多少只老鼠、多少只苍蝇、多少只麻雀……

死耗子、死苍蝇都成了宝贝，要交上级部门统计、评功。有的地方还出钱收购：一只尸身齐全的死耗子 5 分钱，一只耗子尾巴 3 分钱。

四川首创消灭麻雀“大兵团作战”

消灭耗子、苍蝇、蚊子，尽管有些好大喜功，毕竟对人民健康大有好处，可以说是弊端严重的“大跃进”运动中少有的好事之一……但把麻雀当成“右派分子”一样狠打，却造成了严重恶果！

天府之国历来鸟语花香，是鸟类的天堂。自 1956 年列麻雀为“四害”之一后，四川奋勇当先，别出心裁地规定无麻雀标准是：所在地区或单位无麻雀窝、无麻雀飞、无麻雀叫；城镇以居民委员会、农村以合作社为单位，在全天看到麻雀两只以下者，只能算是“基本无雀”，并不合

格……[7]

1956年元月，邛崃县由县长带头领导，各机关、学校、团体、乡镇均成立“领导小组”。小小一个县竟成立除“四害”青年突击队9020个，共有突击队员248336人。规定机关、部队、学校，每人每天必须交1只鼠，5只麻雀！当年全县共捕杀麻雀13583只，还除所谓“害鸟”（猫头鹰等）3160只，取雀蛋38572个……[8]

1958年3月，四川省“除四害指挥部”领导到郫县红光农业社调查除“四害”情况。农民穆青云说：“我们每年为了防止麻雀吃秧田的谷种，就要派人守候，吆喝驱赶麻雀，不让麻雀停下来，麻雀飞累了，就会跌下地来！”

指挥部领导认为这是个消灭麻雀的妙计，就叫组织群众试验。试验了一天，只捡到几只飞累坠落的麻雀，效果不大。指挥部领导又到四川另一个“样板县”新繁县，在新民农业合作社座谈，叫社长罗世发组织打麻雀的群众试验。这次不仅组织了千军万马般的群众吆喝，还让大家一齐敲锣、敲盆、敲尿桶、敲竹筒……果然大见成效：吓得麻雀飞过几个田块就累得坠地，死伤惨重，试验成功了！四川省“除四害指挥部”马上召开电话会议，推广经验。

叙永县领导不甘落后，又创造了“吆麻雀”的新经验，说：只在一个农业社的范围内赶麻雀效果有限，必须在全县范围同时动手！

四川省“除四害指挥部”于是“解放思想”，更上一层楼，决定采取定时“全省统一行动”，并发出正式动员令[5]。

四川的“打麻雀”轰轰烈烈地开展起来了！且看成都附近郊县当时的真实史料，可一览巴蜀大地“灭雀大战”之奇观：

邛崃县，1958年3月13日，由县兵役局领头成立“除七害运动委员会”，明确把麻雀定为“头号敌人”，利用现有枪支，动员一切力量，全面捕杀麻雀，要求每人消灭麻雀30~50只，争取两年后成为无麻雀县！为此隆重制定“作战”计划：3月12日起将全县分为1945个“战区”，成立148个战斗队，合称“消灭麻雀挺进军”。“全军”计有突击队2341个，侦察队1531个，埋伏队1784个，追击队1930个，土枪队893个……由兵役局长任总司令，拥有战斗员218007人！

3月14日，全县机关关门，工厂停工，学校停课，部队停训，军民总动员“全部投入战斗”。清晨7时，战幕拉开，全县沸腾：山、丘、平坝之中，呐喊之声此起彼伏；枪鸣、炮炸、弹轰，山鸣谷应；鼓、锣、盆、缸、钵胡乱敲打，叮咚之声响成一片；竹竿、竹篙、扫帚漫天乱舞；鸟雀天上飞，人群地下跑，男女老少一齐上，房前屋后、街头巷尾、山林河畔，到处是战场，穷追猛打，直撵得鸡飞狗跳，把麻雀驱赶到飞不动了纷纷栽落下来……一直折腾到人人精疲力竭，饥渴难耐，深夜才宣告收兵。这确实是一场“人民战争”，全县数十万人“参战”，仅城关地区就受伤3人，县剧团一职工因鸟枪走火当场“光荣牺牲”！

1958年7月17日，邛崃召开战果总结会：从1月10日到7月17日，歼灭麻雀235303只，老鼠380092只，苍蝇1074斤8两4钱，蚊子500公斤零4两，蟑螂636999只，臭虫51748只……共动员208007人参战。9月评选、表彰除“七害”先进单位、个人标兵，以资再接再厉，乘胜挺进。到1959年3月，总结1958年战果：共出动300多万人次参战；消灭麻雀678122只，鼠45160只，蝇28507公斤，蟑螂2728029只，臭虫74330只，除垃圾920吨[⑧]。

成都附近还有个县，1958年3月的一天，从上午5点钟开始，出动了19万人次，采取掏、毒、套、打、烟熏、疲劳驱赶等综合战术，向麻雀展开了总围攻。4天的“战斗”，全县男女老少个个奋勇当先，满山遍野人人手持竹竿挥舞。还在全县范围内摆下了21万草人的“疑兵阵”，烧起了13万堆冲天烟火。天上地下铺设了各式捕杀工具90多万件，构筑了灭雀的天罗地网。战斗一开始，就采取万箭齐发的办法，吆吼哄闹、喊声震天，响器、锣鼓齐鸣，使得麻雀四处逃窜，终因疲惫而坠地……[⑦]

据《郫县志》记载，郫县出动了10万人以上歼灭麻雀。历时3天，共消灭上百万只麻雀！

仅以郫县花园乡为例：乡党委书记魏锡云组织全乡近40支鸟枪，成立“火枪队”，分成3个小组，学生也专门放假回家打麻雀。以大社为单位，分为31个小组，以院子、田地、河坝为据点，指派专人包干。男女老少，整天轮流看守，不断吆喝，干部分到各处严厉督促。农民上街赶场，都得像发癫疯般一边走一边吆喝，有的摇竹笋壳，有的敲梆梆、铁桶、盆子，否则不准进场街……到处都是“梆梆”“啪啪”“啊嗬”的乱响怪叫之声，加上火枪队砰砰枪声，从早闹到晚。7天打麻雀战役结束，战功显赫，一筐筐死麻雀及其他鸟类被抬到乡上报功。据粗略统计，全乡共歼灭麻雀20多万只，其他益鸟同遭厄运……[⑨]

四川“打麻雀”的“先进经验”迅速被“峨眉电影制片厂”拍摄成新闻纪录片，全国放映。这一大打“人民战争”的经验，立即在全国推广！

四川成了首创以“人民战争”“大兵团作战”消灭麻雀的典范。

全国总动员

中国大地，除“四害”运动声势越搞越大。1958年3月14日至19日，全国“除四害大跃进协议大会”在北京举行。参加会议的全国26个省、自治区、直辖市和38个医学院的代表提出一份倡议：“要全民动员、人人动手，让麻雀上天无路，老鼠入地无门，蚊蝇断子绝孙……”

首都北京市做出“榜样”。“除四害誓师大会”上成立了“首都围剿麻雀总指挥部”，副市长王昆仑任剿雀总指挥，统一指挥三天的剿雀战斗。剿雀战开始前，组织居民观看了四川新繁县禾登乡围剿麻雀的纪录

成车的麻雀被作为“一日战果”送上除“四害”展览会

电影，并用广播宣传车载着死麻雀行驶在街头，如临战祭旗般调动“剿雀大军”积极性。

1958 年 4 月 19 日，北京历史上绝无仅有的奇观出现！清晨 4 时左右，首都数百万“剿雀大军”拿起锣鼓响器、竹竿彩旗，开始走向指定的战斗岗位。830 多个投药区撒上了毒饵，200 多个射击区埋伏了大批神枪手。

5 时整，北京市围剿麻雀总指挥一声令下：“开始！”

全市 8700 多平方公里的广大地区里，立刻锣鼓喧天，鞭炮齐鸣，枪炮轰响，彩旗摇动……房上、树上、院里到处是人，千千万万双眼睛警惕地监视着天空，无数假人、草人随风摇摆。不论白发老人或几岁小孩，不论是工人、农民、干部、学生、战士，人人手持武器，各尽所能。全市形成声势浩大的“麻雀飞过、人人喊打”的大动员局面。麻雀在天罗地网中乱飞，或惊恐坠地，或被轰入施放毒饵的诱捕区和火枪歼灭区；有的吃了毒米中毒丧命；有的在枪林弹雨中中弹死亡……

“围剿麻雀总指挥部”还派出 30 辆摩托车四处侦察。解放军的神枪手也急驰八宝山等处支援歼灭麻雀。市、区总指挥、副总指挥等乘车分别指挥作战。

在天坛“战区”，到处是鞭炮和锣鼓声，30 多个神射手埋伏在歼灭区里。他们一天之中歼灭麻雀 966 只，其中累死的占 40%。在南苑东铁匠营乡承寿寺生产站的毒饵区，两小时内就毒死麻雀 400 只。宣武区（今西城区）陶然亭一带共出动了 2000 居民围剿麻雀，麻雀被轰赶到陶然亭公园的歼灭区和陶然亭游泳池的毒饵区，大半天共消灭麻雀 512 只。在海淀区玉渊潭四周十里范围内，3000 多人从水、旱两路夹攻麻雀。人们从四面八方把麻雀赶到湖心树上，神枪手驾着小船集中射击，被打死和疲惫不堪的麻雀纷纷坠落水中……傍晚以后，青年突击队又到树林、城墙、房檐等处掏窝、堵窝，捕捉麻雀[⑩]。

首都大专院校、中小学校师生们，中国科学院2000多名科学家和工作人员，也都奉命参加“剿雀大战”。鸟类学专家郑作新反对打麻雀，这时也只得“参加战斗”，手敲锣鼓扯起喉咙叫喊。著名数学家华罗庚、火箭专家钱学森也带着响竿前往参战……[⑪]

北京民警与解放军爬上老城墙捣毁雀巢（出自：《人民日报》1958年4月20日）

首都300万人民布下天罗地网，战果极为辉煌！奋战整日，到19日晚上10时止，据不完全统计，全市共累死、毒死、打死麻雀83240只……而“宜将剩勇追穷寇”，全市人民又将迎接新的一天的战斗！[⑩]

这一场人类历史上空前绝后的剿鸟“战争”，如不是1958年4月20日中国最权威的《人民日报》留下真实记载，今日说来定成为天方夜谭！

据“剿雀总指挥部”说：从4月19日至21日，北京市300万人连续突击3天，共歼灭麻雀401160只。报纸上以“鸡生蛋、蛋又孵鸡”的原理计算分析道：以每只麻雀连吃带糟蹋粮食每年按5公斤计算，共可节省粮食200多万斤。又按每年每对麻雀繁殖15只计算，又可节省1500多万斤粮食。真是“不算账不知道，一算账成果真不小啊”！⑪

中国第二大城市上海岂甘落后。新华社上海4月28日又传来“喜讯”:《上海人民大战一天，灭麻雀掏雀蛋共25万只！》……在这场全面围剿麻雀大战中，全市布置起天罗地网，在每个建筑物上都安有草人、假人，平均每10平方米就设有一个驱赶麻雀的岗哨。

早晨5时，夜幕沉沉。全市灭雀总指挥、上海市副市长金仲华向全市人民发布总攻击命令！设在大楼屋顶上、树上、路旁、田野间的无数岗哨立刻金鼓齐鸣，红旗飞舞，对麻雀展开了轰、赶、捕、打。到处有人乒乒乓乓敲盆打锣，可怜的小小麻雀被撵得东窜西逃，真正成了被吓破了胆的惊弓之鸟。

上海市先进生产者、上海钢铁二厂鲁佛祥父子四人，跟着雀粪的痕迹捣毁600多个雀窝，掏到了750只雀蛋和为护蛋宁死不肯离窝的3只麻雀……⑫

天津市，1958年4月6日，190多万人敲锣打鼓、围追堵截，由凌晨到深夜，开展“剿雀大战”。到4月21日，全市消灭麻雀385万只。

广州围剿麻雀的“战役”也大获全胜，仅在5月25日的一次全市“剿雀大战”中，共消灭麻雀31万只，包括雀蛋2.58万个，捣毁雀巢3.9万个。广州驻军也参加了这次战役……⑬

连寺庙僧人们，也破了“杀生”大戒。5月25日凌晨4时25分，天还未破晓，广州六榕寺的一位大师在庙里第一个敲响了大铜锣。和尚们纷纷舞弄着竹竿、扫把，敲打着响锣、铜钹、鼙鼓、木鱼、大钟，和附近干部、职工、居民、少先队员等，一同参加围剿麻雀大战……[14]

还有的地方为扩大战果，更加“解放思想”，纷纷把老鹰、乌鸦、鹭鸶等鸟类，老虎、豹子、熊、黄羊等兽类以及黄鼠狼、蛇、癞蛤蟆……许多野生动物都列为“七害”“八害”“十害”，必欲除尽杀绝而后快。

文化人也迅速以诗词、歌曲、快板等“广大群众喜闻乐见的文艺形式”来参加战斗。消灭麻雀的运动中，最有代表性的作品出自大文豪郭沫若之手，诗曰《咒麻雀》：

麻雀麻雀气太官，天垮下来你不管。麻雀麻雀气太阔，吃起米来如风刮。麻雀麻雀气太暮，光是偷懒没事做。麻雀麻雀气太傲，既怕红来又怕闹。麻雀麻雀气太骄，虽有翅膀飞不高。你真是个混蛋鸟，五气俱全到处跳。犯下罪恶几千年，今天和你总清算。毒打轰掏齐进攻，最后方使烈火烘。连同武器齐烧空，四害俱无天下同[15]。

这篇大作发表后，全国各地报刊纷纷转载，居然一时“洛阳纸贵”。

以漫画《三毛流浪记》饮誉海内外的画家张乐平，也创作了一幅写实性的漫画《天罗地网》：战旗飘扬、全民动员，人们爬在屋上、树上，敲锣打鼓、放鞭炮、呐喊鼓噪，枪打雀、猫咬雀……这倒是当时情景的一幅准确真实而又滑稽可笑的形象写照。

报纸、广播大做舆论宣传。历数麻雀罪状的科普文章、漫画、山歌、快板之类比比皆是。广播里每天都在播一个相声：有人游公园，忽有雀粪

张乐平漫画《天罗地网》

掉到脸上，“你说晦气不晦气？你说该打不该打？”报纸副刊“生活小知识”专栏里，则连篇累牍地介绍干炸、红烧等烹制麻雀的方法，说清炖时加上天麻，具独特疗效……

据统计，1958 年全国捕杀麻雀 19.6 亿只[③]。小小麻雀自由自在几千年，在全民围剿中，弄得几乎断子绝孙了！

“剿雀大战”尴尬落幕

对违反自然规律的惩罚终于出现了。1959 年春，上海等一些大城市发生严重虫灾，有些地方大街行道树的树叶几乎全被害虫吃光。

朱洗、郑作新、冯德培、张香桐等科学家开始为麻雀鸣冤。1959 年 11 月 27 日，中国科学院以党组书记张劲夫名义，措辞委婉地写了《关于麻雀益害问题向主席的报告》[⑯]。

这时的大背景是：“大跃进”肥皂泡破裂，恶果已十分严重。毛主席在 1960 年 3 月指示：“除仓库、秧田外，麻雀不要再打了，代之以臭虫。”毛主席在 1960 年 3 月 18 日起草的《中共中央关于卫生工作的指示》中提出：“再有一事，麻雀不要打了，代之以臭虫，口号是‘除掉老鼠、臭虫、苍蝇、蚊子’。”[③⑯]这年 4 月 10 日全国人大二届二次会议正式通过文件，“四害”中的“麻雀”就被改成“臭虫”了。

当然，这并不是说打麻雀打错了。1960 年 4 月 6 日，谭震林在二届人大二次会议所作关于农业问题的报告中说道：“麻雀已经打得差不多，粮食逐年增产了，麻雀对粮食生产的危害已经大大减轻；同时林木果树的面积大大发展了，麻雀是林木果树害虫的‘天敌’。因此，以后不要再打麻雀了……”[17]

至此，“灭雀大战”总算尴尬落幕。

今天看来，1958年“围剿麻雀”的“人民战争”是多么荒唐愚昧！作为除“四害”运动倡导者的初衷，也许未尝不是出于好意。但将某些常规工作搞成大轰大嗡的“政治运动”，不仅其破坏性往往是灾难性的，而且还会成为贻笑后人的千古奇谈！

注释：

① 参见四川省地方志编纂委员会编纂:《四川省志·医药卫生志》，四川辞书出版社，1995年，第75页。

② 参见《人民日报》1957年10月26日。

③ 参见薛攀皋:《为麻雀翻案的艰难历程》,《炎黄春秋》1998年第12期。

④ 以上参见中共成都市委党史研究室编:《悠悠往事情——记老一辈无产阶级革命家在成都》，成都出版社，1995年，第35、39页。

⑤ 参见岳忠:《麻雀生死沉浮录》,《巴蜀史志》2001年第5期，第29页。

⑥ 以上参见:《除“四害”英雄榜》,《人民日报》1958年2月10日。

⑦ 见四川省地方志编纂委员会编纂:《四川省志·医药卫生志》，四川辞书出版社，1995年，第82页。

⑧ 参见况定根:《“除四害”运动及其反思》，邛崃市政协文史资料研究委员会编:《邛崃文史资料选集》第15辑，2001年，第130—131页。

⑨ 参见周启志:《“吆麻雀”趣闻》，郫县政协文史资料研究委员会编:《郫县文史资料选集》第5辑，1992年，第148页。

⑩ 以上参见:《人民首都不容麻雀生存——三百万人总动员一天歼灭八万三》,《人民日报》1958年4月20日。

⑪ 参见王健介绍张乐平一幅漫画的说明:《从漫画〈天罗地网〉看1958年的“剿雀”战》,《漫画中的历史》,山东画报出版社,2002年,第226页。

⑫ 以上参见:《上海人民大战一天,灭麻雀掏雀蛋共25万只!》,《人民日报》1958年4月29日。

⑬ 参见《羊城晚报》1958年5月28日。

⑭ 参见互联网《增城之窗》。

⑮ 参郭沫若《咒麻雀》,《北京晚报》1958年4月21日。

⑯ 参见程刚、郭瞻予:《为麻雀平反》,《知识的批判》,辽海出版社,2000年。

⑰ 参见《新华半月刊》1960年第8号。

近现代海外文化人与四川

19世纪末20世纪初以来，无数海外文化人来到以成都为中心的巴蜀大地。这是四川历史上中外文化交流浓墨重彩的一页。

许多次我徜徉在这田园牧歌式的精美建筑丛中，
追思巴蜀大地西学东渐的岁月。
我常想：惊破巴山蜀水农耕社会古老幽梦的，
或许就是这坝上悠长的钟声？

19世纪末20世纪初以来，无数海外文化人来到以成都为中心的巴蜀大地。这是四川历史上中外文化交流浓墨重彩的一页。但岁月消磨，其历史细节已不广为人知……

世纪初日本友人独领风骚

雄、奇、险、幽的巴山蜀水，历来强烈吸引着海外人士。早期入川的外国人多为传教士、冒险家，且不说他们的宗教色彩和个人性格因素，这些人又何尝不是文化人！

1883年，英国冒险家立德乐冒着葬身鱼腹之险到川江航线探险。滩急水险之处，这位被清廷钦封从三品官阶的洋人还赤脚涉水与纤夫一起拉纤。他的著作《扁舟过三峡》在海外引起轰动。1898年，立德乐亲自驾驶七吨小轮船“利川号”开辟了川江航线，从此长江才成了外国人入川的主要通道……难怪剑桥大学出版的《大不列颠名人录》，至今仍称赞“很少有人像立德乐一样熟悉中国”，“他的许多著作，是了解中国的标准书”。

法国传教士古洛东1918年撰写出版的《圣教入川记》，记录了意大利传教士利类思、葡萄牙传教士安文思在成都为张献忠传授海外文化及明末四川种种真实情景，现已成为研究宗教史、四川地方史十分重要的典籍。

翰林院的编修们宴请儒雅的英国探险家立德乐（右二）

这些海外人士踏上神秘莫测的巴蜀大地，写出的各种“探险记”“游历录”，除不容低估的文学价值外，大多更具有冷静客观的史学价值。除上述著作外，还有英国人丁格尔写的《丁格尔步行中国游记》、澳大利亚人莫里循的《中国风情》、法国人多隆的《彝藏禁区行》、英国人阿绮波德的《穿蓝色长袍的国度》等。

很多外国人是抱着善良的愿望到中国来的。如美国医学传教士莫尔思乘船经过惊涛骇浪的三峡时，岸畔衣不蔽体的中国少年，光着脚板成群结队地追逐轮船，友好地向他挥手、欢叫、大笑。这让莫尔思深深感动和心情沉重，渴望为落后贫穷的四川百姓做出贡献……[①]

大批海外文化人来川始于1900年。义和团之乱后清政府不得不实行“新政”，各新式学堂礼聘外国专家任教。清末民初，全省聘请外国教师百人左右，其中日本八十人，美国五人，英国两人，丹麦一人，法国一人，其他三人……1904年10月，江津人卞小吾创办四川第一份日报《重庆日报》，由日本文化人竹川藤太郎担任社长，这份报纸为鼓吹宪政功不可没②。

四川高等学堂日文教师山川早水，1905年在巴山蜀水考察4个月，写下20余万字并配有150多幅照片的《巴蜀》，1909年由日本东京成文馆出版，影响甚大。学者蓝勇在中译本前言中说：“这是我国民国以前几千年来部头最大的关于四川的游记。”

莫理循身着中国服装，与四川劳苦脚夫的合影（出自：《莫理循眼里的近代中国》）

这委实让中国文人们惭愧。山川早水对中国文化之熟悉，远胜过普通中国文人。从这本厚厚的书中，我们不但能重睹百年前的巴蜀旧貌，还能领教作者许多很有见地的考证和研究。书中介绍的川中旅店、油灯、饮食、宿费、坟墓和棺木、租船租金、船夫生活细节、长江沿岸小饭店娼窝（这是国内外唯一关于清代三峡沿江暗娼与船工关系的记载）等，无不详尽细致。尤为宝贵的是，山川早水不像有些中国文人那样对真实社会状况加以隐讳或美化，而是不留情面地记录下清朝官吏的颟顸、油

清朝末年来四川高等学堂（今四川大学）执教的美国教师路得·那爱德于1911年冬考察四川甘孜时留影

滑、贪腐，真实地反映了底层社会和民间疾苦。

山川早水也记录下了四川民众同外国人友好交往的历史事实。他在《蜀人的气质》等章节中说：1906年前后，“在成都的外国人的国别为日本、英国、德国、法国、美国五国。除日本人外，男女共计一百多人。其中法国人最多，美、英、德次之。”“沐浴着丰富的自然给予恩惠的人民，其气质一般是平静的。蜀人对待外国人的态度也是平和的……我也见到在物质上表现出的蜀人的风雅。就近的成都而论，青羊宫开办的花市、草堂人日的参拜、四月八日锦江的放生会、祠庙园池的布置、盆景的赠答，等等，要发现他们的雅趣，这些都非看不可。”“四川人不知道惧怕与顾忌外国人……蜀人与外国人可谓处于和谐的状态。”

一些中国学者把山川早水当成可亲近的文友。如夔州知府方旭，清末进士，书法与诗俱精，他成立了夔州府第一所近代官立中学堂，后是成都著名的“五老七贤”之一。方知府不但殷勤接待山川早水，听说他喜爱书法，临别还特赠十分难得的夔府隋龙山公墓志碑刻拓本。

山川早水著的《巴蜀旧影》

《巴蜀》书中仅描述成都就长达五万余字，可谓包罗万象：古城墙、名胜、街市、外国商品销售及外国人居住情况，成都的报刊、书籍、碑帖、古董、古迹……[③]介绍清末民初成都的史籍中，我认为除傅崇榘的《成都通览》外，就要算《巴蜀》既详细、独特又极富参考价值了。

中外文化交流掀高潮

成都华西坝上一所医科大学内的“钟楼映月”“三台点兵”“孤岛天堂”“柳塘压雪”等风景，曾让无数中外学者怀念不已。我做学子时曾有幸在这所高等学府听课、做动物实验……许多次我徜徉在这田园牧歌式的精美建筑丛中，追思巴蜀大地西学东渐的岁月。我常想：惊破巴山蜀水农耕社会古老幽梦的，或许就是这坝上悠长的钟声？

1905 年，英国人陶维新、启尔德，美国人毕启等教会中人，商议在城南野村坟山中创办华西协合大学。1910 年 3 月 11 日举行了开学典礼。由英国著名建筑师弗烈特·荣杜易等人精心设计的建筑，中西合璧、典雅绝伦，是东西方文化和谐统一的典范。从此，华西坝成了巴蜀中外文化交流的中心。如许多学者所言：没有华西坝，成都人、四川人知道的世界一定会更小；没有华西坝，世界上了解四川和成都的外国人也一定会更少。

1915 年以后，外国教会已在川开设学校 361 所。20 世纪 20 年代初，仅基督教即在川开办初小、高小、中学 482 所……此间，大量外籍文化人来川任教，其中著名的有华西协合大学美籍教育家毕启、李哲士、费尔朴，加拿大籍教授文幼章、杨春普，英国籍教授徐维理（他曾根据成都画家俞子丹近两百幅民俗画，在海外出版《龙骨》一书介绍四川）……毕启博士来川工作四十年，1940 年获国民政府彩玉勋章及教育部一等奖状①。

民国时期，还有许多外国学者不定时来川讲学。如日本教授岸上谦吉，德国教育家蒲兰克，瑞典地质学家哈安姆，美国教育家孟禄、航空工程专家卜郎教授、畜牧专家蒋森博士、机械工程专家伊赖教授、电讯工程专家麦弥尔博士和利石教授、法学家庞德教授、国际问题专家裴裴教授、社会学家艾迪，英国教授陶德斯、任义克、罗士培、雷威克和印度教授甘戈利……②

1931 年春，正在广汉的英国牧师董宜笃从农民燕道城手中拿到几件玉石器，送交华西大学博物馆。学识广博、目光敏锐的博物馆馆长、美国人葛维汉立即意识到事非寻常，便与助手林名均组建考古队，于 1934 年 3 月 15 日首次对三星堆进行发掘，由此拉开了对三星堆半个世纪的发掘研究历程，在巴蜀文化史上具里程碑意义的三星堆，才由此震惊世界……[④]

1925 年来成都、1936 年任华西大学文学院院长的美国人费尔朴博士，在中国学者刘豫波、黄方刚、谢静山及高僧虚云法师等人帮助指导下，历时四年将《峨眉山图志》一书译成英文，作为哈佛燕京学社的丛书之一出版。费尔朴在序言中由衷地说，这不仅是首次向世界宣传峨眉山，“扩而充之，且可使余深体中国人之精神；更进，则其将为此精神之天才与真理发扬于西方之一助欤”[⑤⑥]！

通过宣传峨眉山，弘扬中国“天人合一”的人文精神，费尔朴先生真可说已深得中华传统文化之精髓了！

以一部《老人与海》荣获诺贝尔文学奖的美国作家海明威，1941 年 4 月到重庆。4 月 8 日，海明威对记者发表谈话说：“我们回国以后，一定要写一本有关中国的小说，尤其要特别描写中国抵抗日本侵略的英勇行为，把中国这种精神介绍给我们美国人！”[⑦]

海明威在重庆分别会见了蒋介石、周恩来等国共领袖。几天后他在国民政府行政院秘书夏晋熊的陪同下前往成都。在去北较场参观中央军校时，他惊讶地看到古老城墙内的街道上，居然还有骆驼商队慢悠悠地走着……海明威参观了建筑中的新津战时飞机场，看见约八千名民工用手拖，十吨重的石磙子碾压跑道，劳动号子像海浪拍打礁石般浑沉……他似乎回到了法老时代的埃及，看到了修建金字塔的场面[⑧]。

其后，他到华西大学演讲。礼堂挤得水泄不通，连窗台上都坐满了人。

海明威夫妇摄于重庆

英国著名科学家李约瑟

据听过海明威演讲的老人说：这位美国作家完全没有中国文人的斯文，他身体壮实，一脸大胡子，像个杀猪匠。他吼叫一般讲演时长满汗毛的手臂不断挥舞，不时获得暴风雨般的掌声……海明威返美后所写的访华见闻，在海外引起极大反响。

抗战时期来四川的记者、作家还很多。据统计，到成都等地参观采访的计有 8 批 36 人。著名的如美国《时代》周刊、《幸福》杂志总编辑卢斯，他 1941 年 5 月 8 日至 21 日访问重庆、成都，参观并出席五大学欢迎宴会，外交部部长王世杰宴请了他。自由法国作家居里 1942 年 3 月到成都、重庆，采访宋美龄等人，四川省政府主席张群宴请了他[⑨]。美国著名汉学家费正清也曾在成都待过。

英国杰出科学家李约瑟（1900—1995），1942 年秋受英国皇家学会之命，到陪都重庆筹建中英科学合作馆。在华四年中，乐山寺庙的木刻佛经、青城道士的炼丹古术、李庄荒庙中艰苦工作的中国学者……都为他出版轰动世界的《中国科学技术史》提供了绝不可少的内容。他曾写诗盛赞巴山蜀水，如《四川的道路》：“如果你走过那古老的石板石阶 / 高低蜿蜒，绕过水田 / 穿过松林，穿过飘荡的白云 / 在你半睡半醒的朦胧时候 / 就会在你心头涌现 / 引起你的思乡之情……”李约瑟字丹耀，别号十宿道人、胜冗子，可见巴蜀文化对这个英国人的影响。

价廉物美的成都旧书肆，更令李约瑟眼花缭乱、流连忘返。他欣喜若狂地致信友人：“昨天我去成都买书，我们的书单（例如中国数学史、天文史、道教史、炼丹史等）所列的，除一种外，统统买到了。九大本书只花了 477 元……（我们应当记住，两个人好好吃一顿饭要花 100 元以上！）”[10]

长期担任世界和平学会会长的加拿大学者文幼章（詹姆士·艾迪科特），少年时代在成都度过。20 世纪 40 年代他任华西大学英语系主任，创办《上海时事通讯》，向世界宣传中国。他多次参加少城公园万人群众聚会，热情洋溢地作声援中国的讲话……1993 年 11 月 27 日，文幼章逝世。按他临终前嘱咐，他的骨灰飞越重洋，由儿子文忠志带到四川，撒到了他的出生地——乐山大佛前的大江中[11]。

“诺贝尔文学奖”评委马悦然

1948 年，峨眉山报国寺。晨钟暮鼓的众和尚中，出现了一个年轻的“洋鬼子”。

这就是马悦然（N.G.D.Malmqvist），1924 年出生于瑞典，1946 年

进入斯德哥尔摩大学随著名瑞典汉学家高本汉学习。1950 年秋任瑞典驻中国大使馆文化秘书，先后在伦敦大学、澳洲国立大学、瑞典斯德哥尔摩大学教授中文达四十年。1980 年到 1982 年两度当选欧洲中国研究协会主席，1987 年当选瑞典皇家科学院院士。他把大量中国文学作品介绍给了世界。

马悦然还有顶耀眼桂冠：世界“诺贝尔文学奖”评委，而且是其中唯一精通中文的人。

1948 年他大学毕业，跑到峨眉山报国寺拜高僧果玲等人为师，当了八个月小和尚。马悦然回忆：“我在重庆和成都学会了西南官话，接着又到乐山比较深入地研究当地的方言。在峨眉山我认识了报国寺的一位方丈，我在那里从 1949 年的大年初一一直住到当年的 8 月份。老方丈果然很有学问，每天早饭后他到我的房间来，给我讲两个小时的课，首先读的是四书，然后是《唐诗三百首》、汉朝的五言诗和乐府。他什么都教我，还教我用毛笔写字。刚到报国寺的时候，小和尚们有一点怕我：‘你看，洋人的鼻子好大哦！他眼睛是绿的，你看！’”

八个月中，他与和尚们一起做功课，与小和尚们比赛扔铜板；峨眉山月半轮秋的时候，小和尚们为他捉来数百只萤火虫，欢呼着一齐放飞在漆黑夜空……

一个晚上他睡不着觉，坐在庙子大天井内，突然看见“和尚偷尼姑”的奇景：一个尼姑悄悄进庙与壮年和尚睡觉。他替他们着急：两人在床上拥抱并“耳语”，但窗户不隔音！好奇心没有把二十五六岁的“马洋人儿”引向男女色欲。他在“听房”中，却开始了“悄悄话情境下的汉语声调研究”……

“马洋人儿”确实为研究四川方言绞尽脑汁。他平时揣几个咸鸭蛋、一包煮花生，到山乡野村找人摆龙门阵。有一次，他带着磁性钢丝录音机，和几个方言助手一起到成都录音。刚把录音机通上电，这些助手却讷讷不语。马悦然求报国寺方丈果玲逗他们说话，才录制成功。录完后播放，这些乡下人大惊，说：“这洋鬼子难道会耍妖道？”[12]

难怪几十年后，他还能以乐山街头大人找娃娃的吆喝声为例，来对比乐山话和成都话的差别。一听记者说重庆话，他立即用地道的川话回应：“原来你娃儿是重庆崽儿！”[13]

我翻开马悦然写的中文书《另一种乡愁》，封面隐隐印出当年“马洋人儿”和他的中国妻子。高瘦的他西装革履，娇媚动人的妻子短发旗袍。这段异国情缘是书中描写的重点——马悦然居然是成都女婿！

1949年9月，马悦然为实习方言，用五天时间甩脚板一路从峨眉走回成都，寄住华西坝陈可行教授的“可庄”，为其二女儿陈宁祖补习英语。跨国浪漫故事由此开始：刚满十八岁的高中毕业生陈宁祖贪玩，马悦然拿出很难买到的可可粉“贿赂”她。这招非常有效，但可可粉用光，陈宁祖开始逃课，常带着马悦然到玉带桥“新明书屋”淘旧书……

马悦然目睹成都解放，又待到1950年秋。离开成都前的那个夜晚，陈宁祖弹着钢琴，马悦然含泪唱民歌：“在那遥远的地方，有位好姑娘……”两人在屋子里默默坐了一个通宵。

他怅然到香港，急忙给陈可行教授打电报求婚。这年9月20日，穿蓝布旗袍的陈宁祖和马悦然终于相聚在香港。他们生育了三个儿子，有46年的幸福生活。马悦然坦承：“接触中国文学的时候，我的妻子宁祖对我的帮助很大！”

美丽的成都姑娘陈宁祖和年轻的马悦然1950年在香港（出自马悦然：《另一种乡愁》）

1979年春天，马悦然夫妇回成都探亲，在街上吃极辣的甜水面。他形容自己："我像鲁智深吃狗肉一样地把那大碗甜水面一口吞下去，也把那通红的汤全喝完了！"⑫这难道不是为一洗难解的乡愁？

1981年9月，瑞典国王卡尔十六世·古斯塔夫和王后希尔维亚访问成都。国王一家非常喜爱中国历史和文化，原来国王的汉学老师就是马悦然。青城山中，马悦然以"摆龙门阵"的方式，向国王介绍道教、道观……⑭

1996年，宁祖女士去世。马悦然到八十岁时仍每天散步到她墓前，和她单独待一会儿……陈宁祖去世近十年后，他又有了新的爱侣——也是四川人⑫⑬。

像马悦然这样从文化到亲情都与成都血肉交融而又影响较大的海外洋人，确可算绝无仅有了！

注释：

① 张丽萍编著:《相思华西坝——华西协合大学》，河北教育出版社，2004 年。

② 参见四川省地方志编纂委员会编纂:《四川省志·外事志》第二篇《外国领事馆、侨民及驻川机构》，第六篇《专家、留学生、实习培训生》，巴蜀书社，2001 年。

③ [日] 山川早水:《巴蜀旧影——一百年前一个日本人眼中的巴蜀风情》，李密等译，四川人民出版社，2005 年。

④《三星堆文化考古研究》，《光明日报》2001 年 2 月 27 日。

⑤（清）谭晴峰:《峨眉山十景图咏》，[美] 费尔朴译，轻工业出版社，1987 年。

⑥ 雷文景:《钟情峨眉山的费尔朴》，成都日报网。

⑦《海内外人士对重庆抗战的赞誉》，重庆档案信息网。

⑧ 参见《中外名人传记百部》中贝克著《海明威传·第八章·东方和西方》，北京银冠电子出版有限公司，2000 年。

⑨ 见四川省地方志编纂委员会编纂:《四川省志·外事志》第三篇《来访》中的第四章《民间团体、知名人士及新闻记者》，巴蜀书社，2001 年。

⑩ 参见《中外名人传记百部·李约瑟传》，北京银冠电子出版有限公司，2000 年。

⑪ 参见王京川:《乐山之子，魂兮归来》，《乐山日报》2005 年 9 月 4 日。

⑫ 参见 [瑞典] 马悦然:《另一种乡愁》，生活·读书·新知三联书店，2004 年。

⑬ 任敏姗:《名人专访：瑞典汉学家马悦然品评汉语芬芳》，《人民日报》（海外版）2006 年 2 月 8 日。

⑭ 申在望:《外国元首成都行》，《成都日报》2006 年 4 月 8 日。

李劼人和天回镇

李劼人由天回镇再写到成都的街道、灯会，写到婚嫁时迎亲、拜堂、撒帐、揭盖头、老人传授性知识、谢客、婚宴、闹房，等等，再现了种种巴蜀传统风俗。

在人类文明的历史长河中，
李劼人的作品或将不朽，
后人定能从中隐隐听到它
拍打历史堤岸之涛声依旧……

李劼人以成都天回镇为背景创作了小说《死水微澜》，使他和这座小镇都扬名海内外。这是历史、乡土文化和文学三者间水乳交融的典范之作……

作家是“地方志”专家

当历史即将掀开20世纪首页，慈禧太后这个老朽女人还牢牢控制着中国数亿人的命运，华夏腹地的四川，似一泓绝望的死水……

但戊戌变法、义和团、八国联军犯京、洋教渗透……如风如雨，越过秦岭、巴山吹进四川。封闭的成都平原上，确已“死水微澜”。历史风云被录入李劼人的历史长篇小说“三部曲”:《死水微澜》《暴风雨前》《大波》。文学评论家早就指出：在李劼人之前，还没有任何一个中国现代作家以这样的大手笔，写出过如此浩繁的反映历史生活的鸿篇巨制。[①]

在人类文明的历史长河中，李劼人的作品或将不朽，后人定能从中隐隐听到它拍打历史堤岸之涛声依旧……

评论李劼人作品成功的因素很多，如政治性、思想性、艺术性……但我认为：最重要的因素，是他成功地描写了“典型环境中的典型人物”。李劼人笔下的典型人物，不是子虚、乌有先生，而是川妹子邓幺姑等鲜活的四川人。这些人物赖以生存的“典型环境”，不是虚无缥缈的乌托邦、伊甸园，而是极真实极独特的川西坝子。

我坚信“越有地方性就越有世界性”的审美标准在很多情况下对评判文学作品也是非常适用的。李劼人以浓郁地方特色和乡土气息的“独特河床”，去流淌历史烟波，其作品才如五粮液、泸州老窖等川酒，历久越醇越香……

李劼人，自称“成都土著”，原名李家祥，1891 年 6 月 20 日出生。1908 年秋考入四川高等学堂附属中学。同学中群英荟萃，有王光祈、曾琦、郭沫若、周太玄、魏嗣銮、蒙文通、张煦等，后来都成为中国各界之精英[②]。

郭沫若回忆：李劼人不甚高，一脸“烧疮”（青春痘），有一双活敏的眼睛，蓄“拿破仑头”，戴一顶素结子的玄青布京帽，素爱整洁，绰号“精致”，人呼“精公”。中学生“精公”嗜好小说，无论新旧、文白、中外，见书就读，同学们常缠着“精公”摆龙门阵……[③]

1911 年，李劼人与郭沫若等人是“保路运动”的积极参与者。罢课、罢工、罢市、抗议、示威……亲历新旧时代巨变的狂风暴雨，成为李劼人宝贵的人生财富和创作之源泉。

青少年即有深厚文学功底和丰富生活体验固然重要，但我认为李劼人之所以能成为独树一帜的大作家，更得力于他对巴蜀乡土文化的精深把握。

李劼人不仅是小说家，更是名副其实的杰出“方志”专家。20 世纪 40 年代他曾自任社长创办重在传扬巴蜀乡土文化的《风土什志》；他也曾创办《四川时报》副刊《华阳国志》；还与郭沫若、马宗融等发起创办《蜀风》半月刊……[②]这期间，李劼人曾发表《成都历史沿革》《中国人之饮食》《漫谈中国人之衣食住行》等系列文章43篇④。特别是约15万字的《说成都》，在“说大城”“说少城”“说皇城”“说河流”“说街道沟渠”等若干方面集民俗、地方志于一体，系统考证了成都方方面面的历史和乡风民俗⑤。1958年，时任成都副市长的李劼人还写了《成都的一条街》……

如此精熟于巴蜀文化的李劼人，如同手艺高超的川菜大厨师，他的作品才像他笔下的“夫妻肺片”“麻婆豆腐”“宫保鸡丁”一样，充满麻辣烫鲜的活泼川味；他的作品才能以最正宗的“川派”风格，在中国文坛占据独特之地。

为什么将天回镇作为特定历史舞台

从1935年5月始，李劼人用两年的时间潜心写作《死水微澜》《暴风雨前》《大波》三部曲。小说从甲午战争写到辛亥革命前后，时间跨度将近二十年；空间结构则以成都与天回镇为中心，涉及全川并辐射全国。

遍查地方旧资料，成都市郊大小场镇达四百多个。清末傅崇榘的《成都通览》记载，仅成都周大乡场就有“苏坡桥、望仙场、崇义桥、太和场、两路口、青龙场、三河场、洞子口、犀浦场、土桥场、龙场、天回镇”，华阳县则更多⑥。

李劼人为什么要把天回镇作为特定的历史舞台，来反映中国近代重大历史事件呢？

成都市区以北约二十里的天回镇，地处天回山、凤凰山两山对峙的交通要冲，历来为四川首府成都北出秦岭的门户，通常认为始建于唐朝。但我读众多史料后揣度，形成集镇的历史极可能更为久远。

汉代辞赋家扬雄《蜀王本纪》中说：“杜宇自天而降，号曰天隳。”天隳，即今成都北郊天回山，这句话的意思可能是说：古蜀的部落首领杜宇率蜀人从岷江上游迁徙到成都平原，最初落脚点就在天隳山附近。唐朝以前出土的汉碑记载，天回镇这一带叫汤家岭和岳家坝，按理当时不可能没有集镇。

清代江苏常熟人顾祖禹撰述的《读史方舆纪要》，其书言山川险隘，具有浓厚的历史军事地理学特色。书中说：“天回山，在府北二十里。《蜀纪》云：以杜宇自天而降，号曰天隳。及玄宗幸蜀，返跸时经此，土人呼

天回镇上的一条老街，似乎还有百年前的痕迹

曰天回山，下有天回镇。”[7]

这可能是𡇛字太生僻，后人改为通俗的“回”字。另有一说：唐玄宗李隆基避安史之乱逃到天𡇛镇，叛乱已平，銮驾返京。所以大诗人李白说“天旋地转回龙驭”，故曰“天回”。

天回镇，自古乃出川入川要隘重镇，满人入川最先恢复的便是北门外一线驿路。京城任命的官员经川陕栈道赴任必从北门进入，所以清时天回镇和成都北门李家巷都建有“迎恩楼”，北门大桥又叫“迎恩桥”，取“皇恩浩荡”之意[8]。

成都北门外自古草寇猖獗，难怪清人《竹枝词》中说：“南官北匪各争奇，东贫西富事可疑。一座城中同住下，然何分别竟如斯？”意为南门出官，北门出匪，东门多穷人，西门多富人。清朝以前成都北门外就一直是匪乱之地，清末城北闹哥老会（袍哥）更凶……

地处蜀人滋生地之一，又是古今军事、商旅要冲的天回镇，堪称历史大潮的“洄水沱”（漩涡）。李劼人要以史诗般的笔力，描摹历史巨变中的广阔社会、世态人情、新旧冲突，我认为：精熟于乡土文化的他选定天回镇为特定历史舞台，虽可说是慧眼匠心，舍此似乎也难有更佳选择。

生动定格记录的古镇

在缺少影像技术的年代，李劼人要将1894年到1901年间四川农耕社会末期的种种画面浓缩到小小的天回镇上。今天的我们得感谢他将古镇风貌活灵活现地定格保留了下来。

巴金曾盛赞李劼人:“过去的成都活在他的笔下。”[①]郭沫若也说:“这是一支令人羡慕的笔。”[⑨]

《死水微澜》开卷不久,就把读者带上了古老的川北大道:

路是弯弯曲曲画在极平坦的田畴当中,虽然是一条不到五尺宽的泥路,仅在路的右方铺了两行石板……每日每刻,无论晴雨,你都可以看见有成群的驮畜,载着各种货物,掺杂在四人官轿、三人丁拐轿、二人对班轿以及载运行李的扛担挑子之间,一连串的来,一连串的去。在这人流当中,间或一匹瘦马,在项下摇着一串很响的铃铛,载着一个背包袱挎雨伞的急装少年,飞驰而过,你就知道这便是驿站上送文书的了。

民国时期川西农民赶场卖猪

沿着这条古道，古老的天回镇已扑进眼帘：

从大路的尘幕中，远远的便可望见在一些黑魆魆的大树荫下，像岩石一样，伏着一堆灰黑色的瓦屋……高高突出几处雄壮的建筑物，虽然只看得见一些黄琉璃碧琉璃的瓦面，可是你一定猜得准这必是关帝庙火神庙，或是什么宫什么观的大殿与戏台了。镇上的街，自然是石板铺的，自然是着鸡公车的独轮碾出很多的深槽，以显示交通频繁的成绩，更无论乎驮畜的粪，与行人所弃的甘蔗渣子。镇的两头，不能例外没有极脏极陋的穷人草房，没有将土地与石板盖满的秽草猪粪，狗矢人便。而臭气必然扑鼻，而褴褛的孩子们必然在这里嬉戏，而穷人妇女必然设出一些摊子，售卖水果与便宜的糕饼，自家便安坐在摊后，共邻居们谈天做活……镇街上还有一家比较可观的铺子，在火神庙之南，也是一个双开间的铺面……至今被风日剥蚀，黑漆只剩了点痕迹，但门枋、门槛、铺板，连里面一条长柜台，还是好好的并未朽坏。招牌是三个大字：兴顺号……⑩

其后仅写天回镇赶场时的情景，粗略统计就用了约3500字。书中写到天回镇的鸡市、粮市、米市、菜市、肉市，独特的鸦片烟馆、鸡毛栈房、茶馆……天回镇居然有三四家红锅饭店，厨子大多是郫县人，颇能炒几样菜，但都不及云集栈门前的饭馆有名。云集饭馆蒸炒齐备，就中顶出色的是猪肉片生焖豆腐……

李劼人由天回镇再写到成都的街道、灯会，写到婚嫁时迎亲、拜堂、撒帐、揭盖头、老人传授性知识、谢客、婚宴、闹房，等等，再现了种

清末四川乡镇赶场情景，“鸡公车”上猪与人搭配成有趣平衡（［英］莫里循摄）

很有巴蜀农耕社会特色的商贸风情（［美］西德尼·戴维·甘博摄）

种巴蜀传统风俗。

《死水微澜》并不是单纯描摹孤立静止的乡风民俗，而是作为人物和情节的重要舞台背景，与整个作品血肉相连地融合在一起。书中人物具有鲜明的个性，说的是地道的四川方言，如："油大"（荤菜）、"冲壳子"（吹牛）、"清汤寡水""心里有个打米碗"……还有许多袍哥黑话，如："搭手"（帮忙）、"水涨了"（情况危急）、"肥猪"（被绑架的人）、"开红山"（胡乱杀人）……

我们踏着天回镇上鸡公车的独轮碾出深槽的石板街面，从一连串灰黑瓦屋下黑漆剥落了门枋、铺板、长柜台的兴顺号杂货店前喧嚣脏乱的集市中走过……一百多年前的蔡大嫂、罗歪嘴等主人公，就活灵活现地出现在我们眼前。

李劼人把真实描写巴蜀乡土背景，作为自己的创作基调。他曾不客气地批评郭沫若同样表现辛亥革命历史的《反正前后》："把二十年后的思想行动，生生地装在那时人的脑里身上。"他表示他的书绝不能"弄成郭大头的《反正前后》"。他强调："必须尽力写出时代的全貌，别人才能由你的笔，了解到历史的真实。"[11]

他还说："所写的生活距离现在已经五十年了，要写得使自己的心神完全走进那五十年前的古人社会才行，决不能让当时的人讲现代的语言，穿现在的服装，用现在的器物。这类细节必须认真，不能潦草。"[12]

但李劼人并不是如"村学究"那样，短视地记录生活中的鸡毛蒜皮（尽管这也很真实）。李劼人曾留学法国"喝洋墨水"近五年，对福楼拜等西方批判现实主义和自然主义的文学手法心领神会，他以刻画真实历史（包括细节真实）为主旨，以极扎实的乡土文化为血肉，以"中西结合”“土洋并用”的讲故事（摆龙门阵）为叙述手法……

这就形成他最为独特的风格：“以小说形式来写信史、地方史志”；反言之，是“以写信史、地方史志的严谨来写小说”。所以，他写的不仅是文学作品，也堪称地方史、民俗专著，是清末川西乃至巴蜀社会之缩影和《清明上河图》。

与写北京的老舍，写浙江绍兴鲁镇、未庄的鲁迅，写湘西的沈从文等作家相比，李劼人写的是四川，是天回镇。

老舍曾说：“对于中古时代的作品，我读得不多”，“它们历史的、地方的、民俗的价值也许胜过了文艺，可是我的目的是文艺呀。”[13]

而李劼人作品中的文艺价值，却恰恰深深融入“历史的、地方的、民俗的价值”中。所以，李劼人被郭沫若誉为“中国的左拉”“小说的近代史”“小说的《华阳国志》”[9]。法国汉学家温晋仪称李劼人的作品是中国现代文学中“中西影响相融合的一个范例”[14]。刘再复说：“也许以后的时间会证明，《死水微澜》的文学总价值完全超过《子夜》《骆驼祥子》《家》等。”[15]

李劼人激活了古老沧桑的天回镇，但天回镇远远不如沈从文笔下的湖南凤凰古镇出名。不久前我曾去过凤凰古镇，那里中外游客车水马龙，全镇数十上百家书摊、书店，版本众多的《边城》每天热销不衰，那情景真让现今写书难、出书更难、卖书尤其难上加难的文人们羡煞！

不是说“山不在高，有仙则名”吗？搞城镇开发的先生们，啥子时候才能让我们的劼人先生以及他笔下的天回镇，也如此风光？

注释：

① 参见廖全京：《李劼人精选集》序言。

② 参见李劼人《自传》。

③ 参见郭沫若：《反正前后》。

④ 参见《风土什志》1943 年 9 月 2 卷 3 号。

⑤ 参见李劼人著，曾智中、尤德彦编：《李劼人说成都》，四川文艺出版社，2001 年。

⑥ 参见傅崇榘：《成都通览》下册，巴蜀书社，1987 年，第 33 页。

⑦ （清）顾祖禹撰：《读史方舆纪要》，中华书局，2005 年。

⑧ 参见陶亮生：《成都街名琐记》，成都市群众艺术馆编：《成都掌故》第一集，成都出版社，1996 年。

⑨ 郭沫若：《中国左拉之待望》，《李劼人选集》（第一卷），四川人民出版社 1980 年，第 4 页。

⑩ 李劼人：《死水微澜》（汇校本），四川文艺出版社，1987 年。

⑪ 参见李劼人：《“大波”第二部书后》，见《大波》，作家出版社，1962 年。

⑫ 参见韦君宜：《悼念作家李劼人》，《光明日报》1963 年 1 月 12 日。

⑬ 参见老舍：《写与读》，曾广灿、吴怀斌编：《老舍研究资料》，北京十月文艺出版社，1985 年，第 488 页。

⑭ 参见《李劼人简介》，四川文艺网 · 文学 · 名家典藏。

⑮ 参见刘再复：《百年诺贝尔文学奖和中国作家的缺席》，《北京文学》1999 年第 8 期。

四川名将岳锺琪

成都历史上不仅孕育过司马相如、扬雄等著名文人，也产生过许多杰出的军事家。清朝岳锺琪叱咤风云、屡建奇功，却又屡遭坎坷艰险。他一生跨清康熙、雍正、乾隆三个朝代，为保卫中国领土完整、不受分裂做出了重要贡献，成为在中国历史上影响重大的名将。

三朝师武臣，锺琪为巨擘。
车骑伐准夷，实其算之失。
设誓诱张熙，忠诚天鉴赤。
卓有古将风，书勋太常册。

命之射猶忍痛發矢爲兒時好布石作方圓陣進退擧兒頗有法敏肅公器之以同知銜奏請改武授松潘鎮遊擊遷永寧副將康熙五十八年西藏達哇藍占巴等叛　天子命某親王爲大將軍噶爾弼爲副將軍率公征之公領兵四千駐察木多會齊大軍進討途獲落籠宗逃酋探知有準噶爾使者在其地誘各番兵守三巴

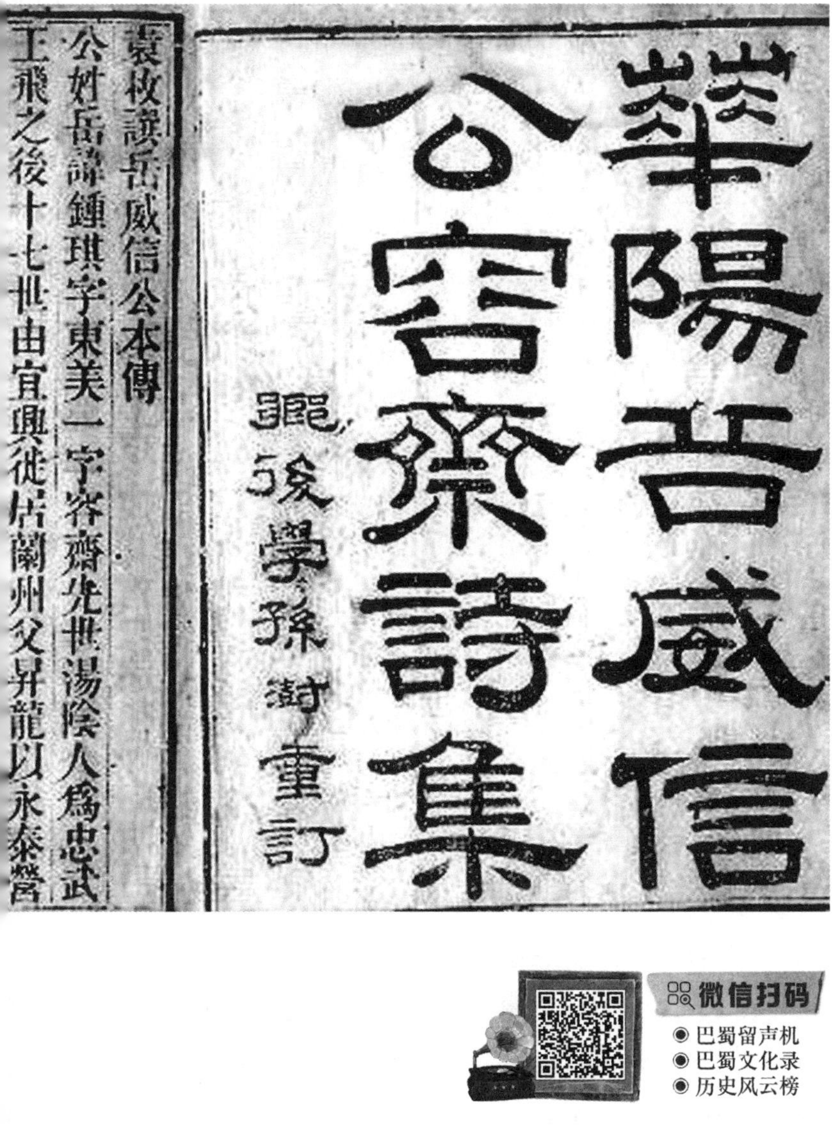
華陽岳威信公容齋詩集
鄉後學孫樹重訂

袁枚譔岳威信公本傳
公姓岳諱鍾琪字東美一字容齋先世湯陰人為忠武
王飛之後十七世由宜興徙居蘭州父昇龍以永泰營

成都历史上不仅孕育过司马相如、扬雄等著名文人，也产生过许多杰出的军事家。清朝岳锺琪叱咤风云、屡建奇功，却又屡遭坎坷艰险。他一生跨清康熙、雍正、乾隆三个朝代，为保卫中国领土完整、不受分裂做出了重要贡献，成为在中国历史上影响重大的名将。

战功赫赫国之栋梁

大清乾隆二年（1737）深秋，成都西郊微雨迷蒙。一泓清波由北而南，另一条碧溪由西而东，两水汇合成一深潭，雨雾中越显碧蓝幽深——这就是有名的百花潭。真如杜甫说的“锦里烟尘外、江村八九家”。近三百年前，这里远非如今车水马龙，而是远避尘世喧嚣的市郊。

一个五十多岁的农夫，蓑衣草鞋，头戴竹笠，正荷锄在潭畔田野中种菜……农夫挥锄片刻，静立细听秋风秋雨，喃喃道：“‘万里桥西一草堂，百花潭水即沧浪。’杜工部这首《狂夫》诗妙绝。杜甫字子美，我字东美，与老杜草堂比邻而居，也算我三生有幸了！”

农夫又吟自己写的《述怀》诗：“豪华往事絮随风，耻向人夸百战功。浊酒未全浇块垒，名花才半绽玲珑。盖棺待论千秋后，大觉迟醒一梦中。读罢《愣亚》空万象，六窗掩映月朦胧……”

河对岸的村人，不时看见这个在百花潭结庐村居的农夫，或潭畔垂钓，或躬耕畴野……人们猜想不到：这个农夫竟是名震华夏的岳锺琪大将军。

清朝内廷南书房所画的岳锺琪全身像

岳锺琪（1686—1754），字东美，号容斋，成都人。他父亲叫岳升龙，甘肃临洮人，后入籍四川。岳升龙行伍出身，以战功直升为四川提督，死后于雍正四年被追谥“敏肃”。

岳锺琪自幼饱读诗书，以文官入仕，当了个“同知”。这时正是清初多事之秋，岳锺琪慨然说：“时事艰危，身为将门之后，怎敢苟安！”他请改武职从军，在四川先后当过“游击”、松潘镇“中军”和永宁协“副将”，开始了戎马生涯。

《清史稿》说岳锺琪“长身赪面……临阵挟二铜锤重百余斤，指麾严肃不可犯”，身材魁梧像个红脸关公，智勇双全。

这时，大西北准噶尔部首领在沙俄扶植下叛乱。康熙五十八年（1719），最先叛乱的噶尔丹死，沙俄又扶植准噶尔部名叫策妄阿拉布坦的汗王入侵西藏。清军入藏平叛，岳锺琪风餐露宿为前锋，遇山开路、逢水搭桥……次年岳锺琪带兵直抵察木多，挑选军中三十人化装成藏民奇袭叛军驻地，斩准噶尔部派到西藏策反的使者，督兵大破叛军收复拉萨。康熙六十年，清军“呜啊！呜啊！”吹起得胜号角，凯旋。

此役岳锺琪战功显赫，升为四川提督。这位年仅35岁的四川提督，

1925年前后的“中城公园”

骑着高头大马威风凛凛从成都提督衙门进进出出，令人不敢仰视……提督衙门所在地为今提督街。提督衙门民国后改为“中城公园”“中山公园”，解放后为文化宫。

不久岳锺琪又升任为四川第一号领导人——四川总督。

雍正元年（1723），厄鲁特蒙古和硕特部头子罗卜藏丹津又在大西北叛乱。这次闹得更凶，把刚坐上金銮殿宝座的雍正皇帝弄得寝食不安。

雍正急急忙忙任命川陕总督年羹尧当远征军总司令（抚远大将军），四川总督岳锺琪当总参谋长兼前敌总指挥（襄赞军务，奋威将军）。次年三月，岳锺琪向年羹尧请战说：“劳师远征，最忌旷日持久。应乘春草未生，捣其不备……我愿率精锐直捣叛军老巢！”

于是他亲率五千铁骑突袭，从青海西宁城向西急行军，每天不分昼夜奔驰三百里。两天后的黎明，罗卜藏丹津的主力正在荒原上呼呼大睡，哪料到岳锺琪精骑杀到！叛军梦中惊醒，战马都没有备鞍，霎时全军崩溃。罗卜藏丹津慌作一团，换上女人的衣服才逃脱，投奔准噶尔汗国去了……

擒获的大批俘虏中，包括罗卜藏丹津的老妈。岳锺琪大军又“呜啊！呜啊！”吹起得胜号角，凯旋……此役岳锺琪出兵仅十五天就大获全胜，把约六十万平方公里的青海土地完全收复。此役和上次他突袭西藏之役一样，都是中国战史上十分著名的战役。

雍正皇帝欢喜得眉开眼笑。雍正三年九月，岳锺琪第一次到北京觐见皇帝。雍正帝在圆明园专门接见他，赐御宴共进午餐；赐四团龙补服一件，御书五百函，双眼孔雀翎。雍正还为其御笔亲题五言律诗二首：

岷峨称雄镇，专阃赖干城。旧著宁边略，新闻奏凯声。风霆严伐步，云日耀麾旌。三捷成功速，欢腾细柳营。（其一）

一扫搀枪尽，师旋蜀道中。锦城休战马，玉塞集飞鸿。智勇原无敌，忠诚实可风。丹书褒伟业，还与锡彤弓。（其二）

雍正皇帝喜气洋洋地对臣下说：“平定青海，实系岳锺琪之功！”当下封岳锺琪为太子太保，三等公爵，授甘肃提督，赐黄带，参赞军机大臣。雍正三年（1725），岳锺琪升任川陕总督，真可谓“圣眷优渥”。据《清史稿》所记，康熙、雍正、乾隆时期，常是川陕合治。岳锺琪节制川、陕、甘各省，任上政绩甚佳。

雍正三年，岳锺琪将川陕两省乱摊乱派的苛捐杂税三十多项，如实

清朝手执兵器的士卒

上报朝廷。雍正拍案大赞岳锺琪不掩己丑，写上谕说：非但川、陕有乱摊乱派，其他各省都一样！让岳锺琪果断替换掉各府州县的不法贪官……

当时“湖广填四川”的外省人得政府安置者甚少。岳锺琪为尽快恢复四川人口，在雍正五年上奏请：“湖广、江西、广东、广西等省之民，逃荒入川，不下数万户。请开招民事例，给穷民牛具籽种，令其开垦荒地，方为有益！”

岳锺琪因赫赫军功，施政又颇多善绩，深得时人赞颂。清朝从开国后两百年内，岳锺琪是仅有的以汉人而手握重兵的封疆大吏（直到太平天国起事后，才又有曾国藩、李鸿章等汉人高官）。名满天下的大将军，怎么会当起种菜农夫来了呢？

清朝历史大案的主角

雍正六年（1728）秋，发生了一件清朝历史上影响十分重大的事件，极具戏剧性。岳锺琪就是这幕大戏的主角。

雍正六年九月二十六日，西安古城。岳锺琪这天外出访客后，正闪悠悠地乘轿回到总督府。突然有个操湖南口音的汉子手捧一封书信拦在轿前，高叫："有密信亲交大人！"跟班接书信递上，岳锺琪吃了一惊：信封上写的是"天吏元帅岳锺琪"亲启！

岳锺琪忙回总督府，见这信署名"南海无主游民夏靓、张倬""无主游民"，就是不承认自己是皇帝老倌治下的百姓。原来拦轿投书的汉子叫张熙（化名张倬），他老师曾静是湖南永兴一个不得志的村学究，特派他前来投递策反书！

信中说"满人"入主中原是夷狄"盗窃王位"，大骂雍正皇帝有谋父、逼母、弑兄、屠弟、贪利、好杀、酗酒、淫色、多疑诛忠、好谀任佞等十大罪状……信中义愤填膺地说：你乃宋朝抗金名将宋武穆王岳飞后裔，今握重兵、居要地，当乘机反清，为宋、明复仇，像岳爷爷《满江红》唱的那样，也来他个"壮志饥餐胡虏肉，笑谈渴饮匈奴血"！

岳大将军看完信，吓得背上直起鸡皮疙瘩，冷汗直冒。

他十分清楚：雍正三年七月，大将军年羹尧因"谋反"事发丢命，他才得以继任川陕总督。川陕地处险要，早在康熙十九年就定例，此乃满族八旗要员专缺，汉人不得染指……岳锺琪任此职实属"破例"，直隶总督蔡立还向雍正奏本，称岳锺琪这个汉官"不可深结"！

饱读史书的岳锺琪，深知“威高震主”的古训，虽升了官却十分惶恐。更让他郁闷的是：张熙投策反书的三个月前，在四川成都还发生了一件事：有个叫卢宗汉的人，在闹市大吼大叫：“岳公爷要带领川陕兵马起事造反！百姓呀，快跟随岳公爷造反吧！西城门外已开有黑店，就要杀人了！”

岳锺琪这时正在成都，忙命令四川提督黄庭桂把卢宗汉当成妖言惑众的疯子抓了。岳锺琪战战兢兢上报朝廷：“卑职不敢擞讯，不敢隐匿”，引咎辞职。

雍正皇帝在上谕中意味深长地抚慰说：“数年以来，谗锺琪者不止谤书一箧，甚且谓锺琪为岳飞裔，欲报宋、金之仇。锺琪懋着勋劳，朕故任以要地，付之重兵……今此造言之人，不但谤大臣，并诬川、陕军民以大逆！”雍正下旨：立即将卢宗汉砍头。

此事虽过，但岳锺琪与皇帝老倌关系微妙的流言却在全国传播：岳将军爱民如子，皇上屡召他进京要加害他，岳将军非常害怕，连召几次都不敢进京……这些流言在四川、湖南传说得尤其活灵活现。

现在来看，出现这种情况，一方面是朝廷对这个手握重兵的汉人重臣，骨子里无疑深加忌防；另一方面老百姓又错将岳锺琪当成岳武穆化身。岳锺琪本是清王朝大忠臣，这时却“哑巴吃黄连”“黄泥巴落在裤裆头”，夹在中间自然十分难受。所以他见什么“南海无主游民夏靓遣徒张倬上书‘天吏元帅’”的策反信后，气得七窍冒烟，对张倬施以重刑逼供。张倬被打得皮开肉绽，几次昏迷，却咬紧牙巴不招供，说什么“舍身可以取义”！

九月二十七日，岳锺琪亲自设计上演“诱供”闹剧。他又害怕万岁爷猜忌他“假戏真唱”，坚请一位满籍要员陕西巡抚西琳，躲在屏风后当

“舞台监督”。

张倬被绑成缠丝兔一样押进密室。岳锺琪亲为张倬解下绳索，并请坐、吃茶。岳锺琪对张倬说：“我岳某早就图谋反清，只是不知你是真是假，或是有人派你来试探我。对你加刑，实只为掩人耳目。兄弟你受委屈了，请你体谅！”

张倬岂会轻易中套，“嗯嗯”应酬而已。

岳锺琪软诱暂未奏效，为洗刷自己，于九月二十八日以三百里快马奏报雍正皇帝，请“将张倬解送到京”。雍正却回复说：“不宜酷狠用刑，料理急些了，当缓缓设法诱之”……

九月二十九日黄昏，“诱供”好戏进入高潮。

张倬被请进密室，请上座、吃好茶。这次躲在屏风后当“舞台监督”的是另一位满籍要员、陕西按察使硕色。岳锺琪眼流热泪颤声对张倬说：“我要马上接你老师曾静来当军师，共举义旗……你若不相信，我就和你‘跪拜结盟’，共讨清虏！”

当下两人焚香对天跪拜、叩头泣血。岳锺琪慷慨激昂赌了许多“义结金兰、患难与共，如有反悔、天诛地灭”之类血咒……

张倬是个没见过多少世面的乡下“土包子”，见岳大将军鼻涕眼泪的，早深信不疑，当下也哭哭啼啼拉着岳锺琪，将他老师曾静及其他反清者的情况来个竹筒倒豌豆，一五一十说个干干净净……

岳锺琪很害怕自己演戏太“到位”，引起雍正猜疑，事后忙诚惶诚恐上奏详情。雍正此时正值用人之际，也赌咒发誓，朱批上谕道：“览虚实不禁泪流满面，卿此一心，天祖鉴之！朕与卿君臣之情，乃无量劫之善缘同会，自乘愿力而来，协朕为国家养生者，岂泛泛之可比拟，朕实嘉悦之至！”意思是说：“我修了几辈子的福分，才换来个你岳锺琪辅佐自己……”这位万岁爷的话不晓得是真情，还是也在“演戏”，但已使岳锺琪“感泣悚惶，惊喜交迫”了。

后来查明：写策反信的曾静（夏靓是化名）乃湖南郴州永兴人，因科考屡次落第，中年后以教书糊口，自称“蒲谭先生”。他突发奇想要煽动岳锺琪造反，在雍正六年五月派遣爱徒张熙和他堂叔张勘去送策反信。两人风尘仆仆经贵州到四川，听说岳锺琪已回西安，又经剑门古道辛辛苦苦于九月十三日赶到西安。两人打听到，岳锺琪此时正得皇帝宠信……张勘灰心丧气偷偷溜了，化名为张倬的张熙，却破釜沉舟来了个“拦轿投书”。

张熙又供出，其师曾静主要受吕留良反清著述的影响，于雍正五年曾派自己去浙江，吕留良的儿子将其父遗稿交给自己……岳锺琪于雍正六年十月初二日再上奏章，请查抄吕留良家并缉捕其他案犯！

在雍正帝亲自主持下，从雍正六年开始直到雍正十年（1732）方结此案——这就是清朝最有名的一桩大文字狱案。最后的处置更有戏剧性：雍正帝亲自编纂了一本“国书”《大义觉迷录》，务要家喻户晓；又下令免罪释放曾静、张熙等谋反犯，让他们戴罪立功到各地现身说法“巡回演讲”，清除流毒。而对著书反清者则毫不留情：吕留良已死几十年，仍被从坟墓拖出来锉尸枭首。其长子吕葆中、学生严鸿逵也被刨棺戮尸、枭首示众。其他活着受株连的人，则处斩、杖毙、发配……全国牵涉人数甚广。

岳锺琪在此案中如走钢丝，虽立了一大功，却又明显危机四伏。

镇守西北的他，每年都要出兵征战数次。他曾在《出征西宁别高夫人》诗中说：“嗟余五载九征蛮，骨瘁力疲神已殚。泸水瘴迷征士泪，天山雪压使臣鞍。别时儿女牵衣泣，归日宾僚握手欢。愿得太平天下缓，牛衣卧对养衰残！”

此时的岳锺琪已很有但求平安以度残年的愿望。汉朝头号开国大功臣韩信被刘邦擒杀前感叹：“‘狡兔死，良狗烹；高鸟尽，良弓藏；敌国破，谋臣亡’，天下已定，我固当烹！”历朝历代莫不如此……岳锺琪熟读史书，岂不知其中至理？

果然，也就在曾静投书案刚结案的雍正十年，查郎阿等人弹劾岳锺琪“骄蹇不法”，意欲反叛……阴鸷多疑的雍正帝顿时翻脸不认人，大骂岳锺琪“误国负恩、罪难悉数”，处以削职夺爵下狱。雍正本想马上砍岳锺琪脑壳（“拟斩决”），又恐其统率已久的士卒不服，才改判为缓期执行（“斩监候”）。

老将出马建奇功

岳锺琪在狱中引颈待毙。幸好雍正死得早，他坐了整整6年大牢，于乾隆二年（1737）被特赦归故里，在成都百花潭北浣花溪畔结庐村居。草屋名“薑园”（薑即姜），又名“安素园”，堂中悬“世恩堂”匾，门前有竹亭名“爱闲亭”。

我手头藏有本少见的岳锺琪著的《容斋诗集》。其中这样写道：

> 小筑山居旁渌溪，百花潭北少城西。柳堤沙暖朝调马，竹园人闲午饲鸡。麦浪翻风黄半熟，秧针出水绿出雾。持竿携盍临流坐，碧树荫荫布谷啼。

万里桥西课耦耕，花明柳暗少锦城。白头醒却封侯梦，来与田家说太平。

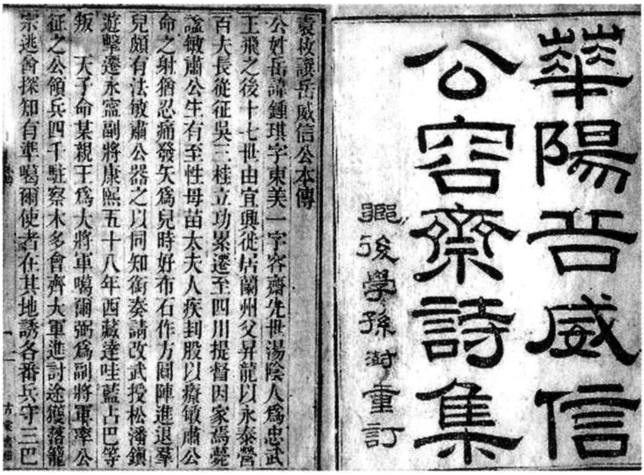
華陽岳威信
公容齋詩集
嗣後學孫澍重訂

袁枚譔岳威信公本傳
公姓岳諱鍾琪字東美一字容齋先世湯陰人爲忠武
王飛之後十七世由宜興徙居蘭州父昇龍以永泰營
百夫長從征吳三桂立功累遷至四川提督因家焉薨
謚敏肅公生有至性母苗太夫人疾刲股以療敏肅公
命之射猶忍痛發矢爲兒時好布石作方圓陣進退羣
兒頗有法敏肅公器之以同知銜奏請改武授松潘鎮
遊擊遷永寧副將康熙五十八年西藏達哇藍占巴等
叛　天子命某親王爲大將軍噶爾弼爲副將軍率公
征之公領兵四千駐察木多會齊大軍進討途獲落籠
宗逃酋探知有準噶爾使者在其地誘各番兵守三巴

岳锺琪《容斋诗集》清刻本（供图：彭雄）

他被贬为平头老百姓后如何度日？史书甚少记载。我遍查野史，读到清人张邦伸编的《锦里新编》，说他隐姓埋名，平时爱穿双黑布鞋、披件长布袍游走乡间，“作林泉之游，与野老话桑麻”……而附近村人竟然不晓得这就是有名的岳大将军。

看来侥幸拣回一个脑壳的岳锺琪韬光养晦，已和乡下人“打成一片”了。他除种菜、垂钓、养马、喂鸡外，则吟诗作画自娱，著有《薑园诗草》《容斋诗集》等。

但他仍怀念为国效劳征战沙场的岁月。他在《自题画像》跏趺图诗中说：“肘后仙方即睡方，双桐高荫日华长。尘根尽断黄粱熟，又作封侯梦一场！”还曾在一首《画马》诗中感叹：“谁写骅骝卧碧茵，曹将军骨

岳锺琪是“儒将”，能诗善画。其《自题画像》跏趺图，意境深远功力深厚。此画题名“薑园”，配画诗与诗集中字句稍有不同。

子昂神。年来未向沙场跨，画里相看也动人！”

诗中欲说还休、欲忘不能的心情，跃然纸上。

鸟影渡波，让他想起大西北高飞的大雁；哞哞耕牛，令他怀念沙场嘶鸣的战马……他心系朝廷、难忘国家安危啊！岳锺琪愁肠百结，转瞬在百花潭畔务农近十二年，已垂垂老矣。

岂料乾隆十二年（1747）春夏间，四川境内金川又起战事：大金川土司莎罗奔勾结党羽作乱反叛，四川巡抚纪山等连战皆败！

被弄得焦躁不安的乾隆皇帝下旨：“奏凯尚需时日，何能慰朕西顾之忧哉！”至乾隆十二年十一月，派去进剿金川的大军无数，又拨湖北、江西、广东等省银120万两以上，张广泗、纪山还在请再拨大量军费。清军张兴、陈礼等将佐又丧师殒命……

事态越发危急。乾隆帝再派大学士纳亲前往督师，也多次失败，总兵任举战死。气得乾隆后来把纳亲、张广泗押解到北京，令纳亲“自裁”（赐死），午门前砍了张广泗的脑袋！

乾隆十三年二月，兵部尚书班第密奏皇帝：“大金川地纵不过二三百里，横不过数十里，蛮口不满万人，现在军营已集汉、土官兵及新调陕、甘、云、贵四省兵丁至五万。乃闻将弁怯懦，兵心涣散，土番因此观望……再四思维，唯有岳锺琪父子世为四川提督，向为番邦所信服……”

乾隆皇帝在乾隆十三年四月降旨：“岳锺琪经朕宽恩放还乡里。今当大金川用兵之际，因思伊久官西蜀，素为番众所服，若任以金川之事，自属人地相宜！”清廷又派大学士傅恒为经略，指挥征剿。

岳锺琪这时的身份仅是布衣老百姓，他上奏：“请恩赏提督衔，以便统领部属！”

乾隆乃任命岳锺琪以四川提督衔前往征剿。岳锺琪与傅恒从党坝和泸水水陆并进，分兵合击。好个岳大将军，以62岁高龄率军出征，直攻金川土司老巢勒乌围、卡撒，前后夹攻噶拉依……连连收复失地。

此时叛首莎罗奔本想归降，又怕被朝廷杀头，只好硬着头皮据险顽抗。岳锺琪对傅恒说：“要除祸患，毕竟攻心为上。我愿亲赴敌巢，示之以诚，说服莎罗奔心悦诚服来降！”傅恒说：“那你就多带些人马去！”岳锺琪摇头笑道：“人去多了，就不显诚信了！”

岳锺琪不穿铠甲不带兵器，仅率十三轻骑，不顾安危前去招降。敌营如临大敌，刀剑土炮密列以迎！岳锺琪笑着对敌群说：“你们不认得我了？想当年你们当中还有许多人跟随我一道去讨伐过西藏叛军呢！”

众人齐呼：“果然是岳大将军来了！”忙导入帐中。岳锺琪对莎罗奔说：“现国家一统、番汉一家，何必自相为仇、杀戮不已？我担保你等率部归降后，朝廷决不加害你们！”

当下他和莎罗奔等人一同“顶佛经立誓”，叩头为盟，帐篷内外欢呼声一片！叛乱很快平定了……乾隆十四年（1749），耗时三年的金川之战终于结束。

这次金川之役影响重大，清廷共调兵约62500名，耗银近765万两。战后乾隆皇帝曾御制“平定金川勒铭勒乌围之碑”，立在金川境内。

岳锺琪的大军又“呜啊！呜啊！”吹起得胜号角，凯旋……乾隆皇帝令岳锺琪入朝觐见。岳锺琪一身戎装、精神矍铄，乾隆龙颜大悦。岳锺琪加太子少保，兵部尚书，复封三等威信公，赏紫禁城骑马，又命南书房画忠臣全身像。乾隆并亲题《七律·岳锺琪入觐诗》赐岳锺琪：剑佩归朝矍铄翁，番巢单骑志何雄！功志淮蔡无惭李，翼奋渑池不独冯。早建奇勋能鼓勇，重颁上爵特褒忠。西南保障资猷略，前席敷陈每日中。

此后岳锺琪的家也从百花潭乡下搬进城内公馆。据史书记载，这时藏汉等民族间和睦相处、气氛融洽。每年新春，西藏和大小金川的头领们都要派300人的使团到成都拜望岳锺琪，双方十分友好……

乾隆十九年（1754），这位69岁的老将军病逝在资州（今四川资中县）军营，其一生为国尽忠，可说是“鞠躬尽瘁、死而后已”了。朝廷赐祭拜，谥“襄勤”。岳锺琪去世24年后的乾隆四十五年（1780），乾隆难忘岳锺琪功绩，写下《怀旧诗》曰：

三朝师武臣，锺琪为巨擘。车骑伐准夷，实其算之失。设誓诱张熙，忠诚天鉴赤。家居十余年，命董金川役。单骑入贼寨，大义示顺逆。勇而且有谋，群番慑辟易。受降遂凯旋，实亦资宣力。所见绿营多，鲜克踵其迹。卓有古将风，书勋太常册。

诗写得蹩脚拗口，但不难明白其“高度评价”之意。清太史杨绪说：“风流类叔子，严饬似亚夫，谨慎可兼将相，几于抗迹武侯，精忠不渝始终，雅足嗣徽忠武。”把他喻为汉周亚夫、蜀诸葛亮等名臣，评价可谓甚高。

岳锺琪墓在金堂县栖贤乡境内。此地曾有岳锺琪之别墅，名绿绕山庄，庄后松秀山（又名岳公山）为其墓园。山中松柏葱郁，景色迷人……可惜墓已毁于“文化大革命”。

岳锺琪成都公馆所在这条街，被名为“岳府街”。光绪末年，岳锺琪的后人将老宅卖给川汉铁路总公司，清宣统三年（1911）六月十七日，在这里成立了四川保路同志会，四川“保路运动”的许多重要集会都在这里举行。

2003年，成都岳府街小游园围墙上，以黑砂石雕刻成百米浮雕、十二幅图画，描绘的就是这位清代爱国名将戎马征战的画面……

参考文献：

《清史稿·列传八十三·岳锺琪》。

（清）张邦伸:《锦里新编·岳锺琪》，巴蜀书社，1984年。

（清）岳锺琪:《容斋诗集》（嘉庆刻本）。

（清）雍正编撰《大义觉迷录》，中国城市出版社，1999年。

（清）李元度:《国朝先正事略·岳锺琪传》，中华书局聚珍仿宋版。

《成都大辞典》，四川辞书出版社，1995年。

四川总督丁宝桢

丁宫保在四川任上整顿吏治，薛福成、张荫桓等“德才兼备之人”，抵抗外国侵略有功的长庚、鲍超等，都是他一手提拔起来的。清史上说丁宝桢“治蜀凡十年……至是诛匪几尽，声为道不拾遗”。这当然有些夸张，但他使四川混乱局面大为改观，无疑是可信的。

丁宝桢死后，
家眷竟然因“家贫不能举火，成都府供食数月”。
“穷官”丁宫保死耗传出，
四川百姓哭喊：“宫保大人，好官啊！清官啊！”

清末“洋务派”重要人物丁宝桢，对近代四川产生过深远的影响。本文以翔实史料和民间口碑传闻，生动地叙述了这位曾任十年四川总督的方方面面……

初到四川“栽筋斗”

光绪二年（1876）梧桐黄叶萧萧飘落的冬天，成都东门城外牛市口，平素冷冷清清的驿道突然热闹异常，新搭建的接官厅富丽堂皇、彩旗飘飘……今天接的是新任川督丁宝桢。

丁宝桢

说起丁宝桢（1820—1886），如今很多人可能耳生，但一提“宫保鸡丁”，连幼儿园小朋友都会连声叫：“好吃得很，我晓得！”这道佳肴就和丁宝桢有关。丁宝桢字稚黄，贵州省平远（今织金）人，他 23 岁中举人，33 岁时（咸丰三年）中进士，1869 年任山东巡抚。《清史稿》上夸他“严刚有威”。光绪二年（1876）调任四川总督[①②]。

成都官员为迎接新川督，个个忙得屁滚尿流。他们议论纷纷：“宫保大人文武双全，他同僧格林沁一道治兵鲁、豫，剿河北宋景诗；还曾率领鲁军飞骑北上，击溃捻军保卫京城！同治皇上曾一连下了七道圣旨，嘉奖他武勇忠诚，赏紫禁城骑马……”“是呀！丁大人蒙皇上赏戴一品花翎，加太子少保衔……宫保大人还擒杀慈禧太后宠监安得海，真是胆识过人啊！”

新总督到达省城之日，全城官员排了近一里路，伸长颈项呆等。一直等到太阳升到正中，众官肚子饿得哗哗啦啦乱响……领头的署理川督文恪苦着脸说：“据报，丁大人昨晚宿龙泉驿，那里距省城不过四十多里。为何还未来啊？”

正焦急间，忽然一骑快马从城内飞驰而来，远远大叫：“新总督宫保大人早到城内，传谕各位大人速回督院！”

文恪惊愕地说：“我等齐集省城要道，并不见官轿通过……丁宫保从天而降不成？”赶忙吩咐：“快抬轿子！”顿时旌旗仪仗乱作一团，道上尘土飞扬。众官员跌跌撞撞奔过“长春桥”（即现在东门大桥）进迎晖门（即东城门），再沿东大街气喘咻咻跑回督院街官衙。

丁宝桢早肃然端坐客厅，文恪率众官员忙行礼拜见。官员们抬头一望，吃惊不小：快近午时，一顶普通小轿子从城外经过牛市口，轿内有个干瘦、黄脸、长胡子老头，身着布衣，轿后有一挑行李。那老头脑壳伸出轿窗外看稀奇，众人都以为是个进城走亲戚的乡巴佬，兵勇呵斥道：“此地迎接新总督大人，还不快走！”那老头不发一言，轿夫也避开大道，绕道牛市口田间小路走了……③

众官员再看丁大人身上穿的旧官袍已褪色。丁宝桢回了礼，淡淡说了句：“今日诸位辛苦啦，我也鞍马劳累，改日再晤吧。”众人肚子里说：“看来这丁大人喜欢装怪，以后可要小心点！”

丁宫保“微服入川”很有点戏剧性，确实有其事。丁宝桢虽“严刚有威”却深知宦海险恶。他砍了安得海脑壳后，也怕“老佛爷”衔恨砍他的脑壳，故力戒张狂。“微服入川”不过是升官后的“低调”表现罢了。

但开张不利。原来，靠有恩于慈禧当了四川总督的吴棠，既昏庸又老病，终日咳咳喘喘，把个四川也弄得“百病缠身”。光绪二年前后，东

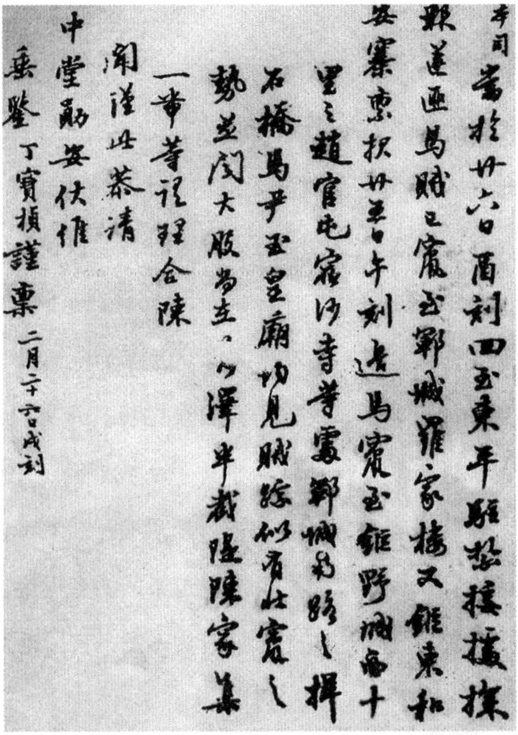

丁宝桢书法。字如其人，儒雅正直，形神兼备

乡（今宣汉县）民众不堪官府暴敛，闹起抗税抗捐。总督吴棠和其后的“护院”（署理川督）文格，派提督李有恒率军数千剿办“反民”。李有恒纵兵剿杀烧掠，百姓伤亡数千人，造成震动全国的“东乡血案”。东乡义士袁廷蛟上北京，向川籍京官哭诉。民愤难平，言官交相参劾，朝廷便调丁宝桢来收拾这个烂摊子。

丁宝桢虽然是清官，却绝非圣人，肚子头小算盘也敲打得滴答响：此次他和文格对调（文格调任山东巡抚），利益关联难免相互维护。加之吴棠于慈禧有恩，文格又是皇胄贵族，岂能乱揭这两位前任的烂疮疤？丁宝桢于是仍将此案认定为“暴民造反”。

但以内阁中书肖宗禹为首的47个川籍京官和原两江总督李经羲、四川学政张之洞等人，都奏劾“丁宝桢轻纵李有恒”。朝廷见事情搁不平了，才由刑部判李有恒、孙定扬（东乡知县）斩决，丁宝桢从一品顶戴降为四品，正印总督也改为署理——只相当于“代省长”，以观后效[①]。

山东和四川近代工业之父

丁宝桢入川就栽了个大筋斗，却不露声色。他对幕僚们说：“君子荣辱不惊。我现虽‘署理’川务，也当尽其职责，以不负朝廷隆恩啊！”

他到东较场阅兵，见兵勇使用的多是古色古香的大刀长矛，也有少数长短不齐的破洋枪。他问下属：“川省兵勇洋枪来自何处？”

一个武营管带说：“川省洋枪，均须购自上海洋行。”丁宝桢拍着案头说：“此中弊病甚多，购来之物价值既昂，多是洋人过时废物，又不知修理之法，稍损即成废物，殊为可惜！更况有事之时，弹药无处购办，枪炮也转为弃物了……若购买洋人枪炮以自强，实自欺欺人！”

丁宝桢捻着长胡子又感叹说：“此既靡耗国家银两又受制于人。中国自强之术，于修明政事外，首在精求武备，才能弃我之短，夺彼之长。我因此才在山东任上建机器局，师夷长技以制夷。你等万不能墨守纲常，也要在四川尽快建立机器局！”

属下望着他，频频点头：“大人所言极是！”

丁宝桢吩咐：“我创办山东机器局时，一再叮嘱该局总办徐建寅：不准雇募外洋工匠一人，以免日后由外人操纵居奇。四川也当如此！”

道员夏时不解，问：“制洋枪洋炮，又不雇洋工匠……这、这行否？”丁宝桢大声说：“中华岂无贤才！去年我在山东时，听说候选通判曾昭吉通晓机器制造，其人口拙不善言辞，最初我问他：‘你见过多少外洋机器？’他回答：‘我没见过多少，但自能冥心独造！’我也不大相信，就把英国人所称极好之枪，名为亨利马梯呢的洋枪给他看，问其能否仿造？曾昭吉略无难色，回称：‘机器亦可意造，何必尽求之外洋？’未及两月，他果然造成120多支枪。对空演放，其效比马梯呢等洋枪似乎还有过之……所以我曾专折奏请皇上，请嘉赏曾昭吉。他现已从候选通判升任为同知了！”④

1877年，丁宝桢在成都东门内下莲池街创办四川机器局。他委派候补道夏时、劳文翔总理局务，成绵道丁士彬会同办理。丁宝桢极重视网罗人才，想法把曾昭吉从山东聘来，总理工务（负责工程技术）。曾昭吉带来湖南、山东、江苏籍技工数十人，又在四川招募能工巧匠数百名当工人⑤。

1906年建的四川机器局新厂（后称四川兵工厂）旧址

机器局仿照西式厂房共建188间，丁宝桢上奏朝廷称：工厂“崇垣大柱、复屋重檐，安设铁炉烟筒、风箱气管，四通八达。取材既富，用工极坚！”他还几分得意地报告光绪皇帝：曾昭吉还成功制造了“水轮机”，利用成都城内的金水河水力发电带动机器，“灵动活泼，视洋人专借火力尤为事省功倍”。只在冬春水枯时，才用锅炉发电。仅此一项，每天可省煤一千数百斤，合计每年可省煤银四千余两④。

当时成功制造水力发电机，在中国工业史上应该是了不起的大事件。

但清廷中的顽固派对丁宝桢这员“洋务派”的“大将”十分嫉恨。光绪五年（1879），给事中（注：官名）吴镇参揭丁宝桢：“不谙机器，私亏库款，纵容私人，徇庇劣员……”其他顽固派也大骂丁宝桢以数万银两，才造了区区数目的洋枪，还不如直接向洋鬼子买。朝廷忙派御史恩承、童华“查办”。不久公布调查结果说：“原参各款，或查无实据，或事出有因。唯所设机器局费用较巨，制造未能精良。著该督即将此局停止，以节靡费！”

四川机器局在顽固守旧派的骂声中遵旨停办了，四川近代工业幼芽面临夭折命运。

洋务派人士愤愤不平。贵州候补道罗应旒上疏打抱不平：“初创之时，开拓地基、修造房屋以及搬运器械，制造器母，种种费用，俱在此六万金之内，非全以六万金造枪炮也”，“若遽行停止，则前功尽弃”，“而中国之人复不能探讨西学神明变化，而思所以胜西人之法”！丁宝桢也据理力争说：“四川较之别省机器局所费仅十分之一，即较之山东省机器局，所费亦省十之四五”，“所造各种轮机器具，已成未成共有万数千件。虽未竣工，其洋枪堪以临敌备用者已有百数十杆”。

清政府这次还算脑袋开窍，四川机器局于1880年5月26日重新恢复生产。光绪七年（1881），丁宝桢在成都南郊古家坝江畔增设火药厂，人称“白药厂”。

至1882年9月，共造成前后膛枪4815支、枪弹2000发、铜帽2万枚、黑火药2.48万公斤……1884年至1885年中法开战，为满足云南前线军火的需要，机器局又从英国购买价值2万余银两的机床、汽锤、锅炉等设备，并购地扩建，加紧军火生产。1884年，造成各种枪3050支，枪弹18万余发，铜帽628万枚，铅弹53万发，黑火药3万余公斤。这是丁宝桢督川时期，四川机器局的最高年产量[⑥⑦⑧]。

丁宝桢曾翘起胡子眉飞色舞地说：“近来制造枪药，堪与外洋争胜！”

丁宝桢为啥急于创办四川机器局？作为清廷忠臣，一是为了“对内”，他在给朝廷的奏折中说：“川省介在边陲数千里，番、猓、苗，蛮环列窥伺。而内地人情浮动……臣居安思危，不敢不深谋远虑！”他认为四川乃西南各省中心，必须靠武力保持稳定。二是“对外”，他在光绪五年（1879）说：“窃唯外洋各国，皆以枪炮雄视一时……近来讲求机器，实属目前之要图！”他把建军工厂视为“自强之要务”，是反对列强侵略的“战胜之术”④。

史料载：丁宝桢督川时，共造枪14900余支；单中法战争时四川调拨给南方边境及清军鲍超部的洋枪就有7000多支⑦。这无疑大大增强了中国的国防力量。

清末傅崇榘著《成都通览》中说：“成都之以机器制造物件者，自丁文诚公督川时创办之机器制造局为始。现在已大加扩充，银圆局、造币厂、劝工局、制革公司、火柴官厂、机器新厂、白药厂、官报书局等继之而起……”

这有力地证明：四川机器局是四川近代工业的开端，产生了四川最早的产业工人和技术人才，其重大意义不容低估。我年少时到风光如画的望江公园随70多岁的陈师爷习武，常听见不远处“砰砰砰”试枪之声。陈师爷对我说：“丁宫保创办的机器局历经变迁，1909年更名为四川兵工厂，厂址在河对岸三官堂，1913年改为陆军部直辖四川兵工厂。抗战后为中国兵工署第20工厂，生产的麻花手榴弹和步枪、机枪是川军主要武器，打日本鬼子时贡献不小啊！”兵工厂解放后改称南光机械厂，是四川有名的军工大厂。

追本溯源，把丁宝桢称为“四川近代工业之父”是一点不为过的。

都江堰和宫保肉丁

1974年后，我曾在灌县（现都江堰市）居住数年。离都江堰宝瓶口不远的内江上，有座古朴典雅的廊桥。游人每到此处，都爱倚栏听滔滔江水响声如雷，那画面真是“乱石穿空，惊涛裂岸，卷起千堆雪”，还会让人生出“无事莫凭栏，无限江山”的惆怅……凡游览都江堰的人，无不被这廊桥倾倒。廊桥是怎么修成的？问人，多不知晓。那时廊桥边的离堆公园就是县图书馆，我费劲去查阅资料，发现廊桥竟和宫保大人有关。

光绪二年（1876）丁宝桢到四川后，都江堰失修已久。他不避怨嫌，第二年就奏请朝廷拨十万两银子大修古堰。这位封疆大吏，“轻骑简从，躬冒霜雪，沿江督率”[①⑨]。他前后亲到工地12次。此次大修以条石筑堤一万二千余丈，同时疏淘内、外江，修建白马槽、平水槽等工程……

古往今来，贪官污吏黑吃“工程款”的太多，这位宫保大人却两袖清风，大修后剩下两万两银子，他吩咐县令陆葆德：“将此款修一座跨越内江的桥，以利两岸百姓！”于是在清光绪四年（1878），陆县令负责施工，建成“普济桥”廊桥，俗称南桥。

这年五月岷江洪水暴涨，堰首工程冲垮一段石堤。这时正想大有作为的光绪皇帝，十分关心四川水患，于9月8日（农历八月十二）发上谕：“前据丁宝桢奏，都江堰频年泛滥，冲毁民田，现设法筹款修理。旋闻该处江流盛涨，民间已被水灾，正以新筑工程，能否可靠，地方被灾是否深重，廑念方殷！”[⑩]

丁宝桢上奏：都江堰大修后沿江无大灾害。但他仍恳切自责："臣之办理堰工，唯有于人字堤一段，泥于经久省费之说，易笼为石。致盛涨时，堰工冲损三十七丈有零，无所辞咎！"

他认真检讨失败原因，察知古人用鹅卵石竹笼很有道理（易于使水"溢泄"）。同年十一月，丁宝桢又自筹经费，恢复古法笼石筑堤……重修都江堰大功告成，川西州县无旱涝之忧，百姓安居乐业。当时人们称颂："公之大修都江堰也，凡七至其地，往复履勘，孜孜不倦，深仁厚泽入人心者深矣！"[11]

丁宝桢殚精竭虑主持完大修工程，登上二王庙。遥望大江东去，他感慨万千，写下《二王庙感怀》："龙门凿后大河通，告锡元圭报德崇。别导江流分内外，全将地力遍西东。蜀人庙祀由来久，秦代山川尚此同。善创何人能善述，兴怀救弊恨无穷！"

此诗寓意深远：既有改革救世之慷慨激昂，又有办事坎坷艰难之叹……诗成，人们争相传诵，名流雅士纷纷唱和。二王庙为他立起顶戴花翎的塑像……

关于丁宝桢和"宫保鸡丁"的故事版本很多，老百姓最熟悉的是下面的"龙门阵"：

丁宝桢生活俭朴，常对属下说："有猪肉鸡肉吃，已是不错，何必吃啥子山珍海味？"他每天吃家常菜，喝两杯土烧老酒。家里请的四川老厨师姓杨，手艺有限，好在宫保大人没啥官架子。有天丁大人亲到厨房说："喂，伙计！咋个炒菜不变点花样啊？"杨厨师惶恐地说："大、大人，就这些家常菜料，小人手艺又潮……"丁宫保说："我来试做一盘，你打下手！"宫保大人挽起袖子拿起刀子，把干辣椒剪成小段，与鸡丁一并下滚

民国初期丁宝桢所修灌县南桥（普济桥）桥头（[美]西德尼·戴维·甘博摄）

烫油锅里爆炒，再加麻辣酸咸甜五味……杨厨师心头直喊黄：“乖乖，没得章法嘛！”菜将起锅，丁大人突发奇想说：“我昨天下酒吃剩的炒花生米，干脆也倒在锅头！”厨师肚皮头已在擂鼓：“我的天王老子，你硬是要乱弄怪味嗦？”

好了，菜出锅。丁官保尝后自鸣得意：“清鲜醇浓，香味沁心——来，你也尝尝！”杨厨师麻起胆子一尝，忍不住放肆地叫起来：“哎哟，大人炒的这个怪菜，味道好巴适！”从此，这道菜就成为丁宝桢招待客人的压轴菜。

四川名菜“宫保鸡丁”就这样发明了。四川老百姓也口口相传，留下上面这段龙门阵……“宫保鸡丁”流传甚广，湖南菜馆、贵州菜馆、河南菜馆、山东菜馆甚至一些广东菜馆均有此菜。连2005年10月12日中国航天员乘“神六”飞船上天，在太空所吃的太空餐，也有“宫保鸡丁”[⑫]。

但很多人不解“宫保”（太子太保、太子少保尊称“宫保”）之意，自作主张易“保”为“爆”，直到现在还有一些饭馆还乱写成“宫爆鸡丁”，看来是不大懂“烹饪文化”了……

一清如水死四川

丁宫保在四川任上整顿吏治，薛福成、张荫桓等“德才兼备之人”，抵抗外国侵略有功的长庚、鲍超等，都是他一手提拔起来的。

丁宝桢另一项大治绩是实行“盐政改革”。他废除沿途关卡苛捐杂税，严惩贪官四川盐茶道蔡逢年等人；又将横行长江盗贩私盐的奸商“江大烟杆”“谭二疯子”等人斩首示众……盐政改革成效显著，“岁增帑金百余万”，四川及西南各省百姓都受益不少。

清史上说丁宝桢“治蜀凡十年……至是诛匪几尽，声为道不拾遗”[①②]。这当然有些夸张，但他使四川混乱局面大为改观，无疑是可信的。

光绪十二年（1886），67岁的丁宝桢病危。令人难以置信的一幕出现了：由于俸金多数用于济困助贫，这位封疆大吏此时竟然债台高筑。他挣扎起身，颤抖着手给朝廷写下最后一道奏折：“所借之银，今生难以奉还，有待来生含环以报！”写毕，笔掉地上，丁宝桢死于任所……

此时正当政的光绪皇帝阅罢奏章，大为动容，立即提笔批上谕：“遽闻溘逝，悼惜殊深！”光绪帝赐丁宝桢太子太保（原为太子少保），谥文诚，并令山东、四川、贵州各省建祠祭祀。礼部尚书李端芬奏请将丁宝桢和曾国藩、左宗棠等同举为中兴名臣[①②]。

丁宝桢死后，家眷竟然因“家贫不能举火，成都府供食数月”[⑬]。“穷官”丁宫保死耗传出，四川百姓哭喊：“宫保大人，好官啊！清官啊！”

数千里之外的山东省，百姓也悲恸惋惜，请求朝廷将丁宝桢的灵柩运回山东历城（今济南）九华山麓，与其先逝的前妻合葬。一个离任已十年的外乡官员，被山东百姓视为“贤良”，恳请归葬本土……丁宝桢看来确实不愧为“好官”“清官”了！“旧僚赠赙始归葬”，丁宝桢的家眷靠众官员捐赠的一点银两，才凄然将丁宫保归葬山东[⑬]。

一乘简陋的马车载着丁宝桢的灵柩，在成都百姓的震天哭声中嘎吱嘎吱地出了东城门，过了长春桥，到了牛市口。驿道旁新搭建的丧亭白旗飘飘、纸钱飞舞，夹道送行的众官员和百姓们默默地目送督川十年的丁宝桢灵车远去。龙泉山上枯藤老树昏鸦，古道西风瘦马……一生为国漂泊的丁宝桢沿着十年前来的蜀道去了。

注释：

① 参见《清史稿·列传二百三十四·丁宝桢传》。

② 参见《清代野史》，巴蜀书社，1998年。

③ 参见廖上柯:《丁宝桢与四川》,《成都掌故》第一集，成都出版社，1996年。

④ 参见《丁文诚公遗集·奏稿》卷20。

⑤ 参见《丁文诚公遗集·奏稿》卷14。

⑥ 参见张学君、张莉红:《四川近代工业史》，四川人民出版社，1990年。

⑦ 参见《清史稿·志一百一十五·兵十一·制造》。

⑧（清）刘东父、（清）周询:《四川兵工厂、造币厂的创立》，中国人民政治协商会议四川省委员会文史资料研究委员会编:《四川文史资料选辑》第20辑，四川人民出版社，1979年。

⑨ 参见《灌县乡土志》卷1。

⑩ 参见《清德宗实录》卷76。

⑪ 参见（清）周盛典:《都江堰灵异记》，四川省水利电力厅编著:《四川历代水利名著汇释》，四川科学技术出版社，1989年。

⑫ 参见《鱼香肉丝宫保鸡丁，航天员太空吃川菜》,《天府早报》2005年10月12日。

⑬ 参见（清）钱茂:《历代都江堰功小传》。

巴金的“家”和《家》

1904年11月25日，巴金在这条老巷中的封建官僚地主家庭呱呱坠地，并在这里度过了人生最堪记忆的19年。巴金的小说《家》成为“不朽名篇”，而正通顺街上的这个“家”，如今却片瓦无存、旧迹全无了。

每当巴金听着“下人”们绝望长叹时，

他眼里总含着泪珠。

他后来说：“我写《家》的时候，

仿佛在跟一些人一同受苦，

一同在魔爪下面挣扎……”

巴金的“老家”

巴金祖籍究竟是何处？尽管这位大文豪名震寰宇，但直到20世纪90年代，这个问题都不十分明确。

且先把镜头转回80多年前，1923年4月下旬的一天。春光明媚，成都望江楼下杨柳依依，19岁的巴金和20岁的三哥李尧林，将乘舟东下。到码头送别的人不少，二叔和大哥对巴金兄弟说：“你们这次离家求学，到上海后抽空去趟浙江嘉兴李家祠堂——那是我们的祖籍老家啊！”

成都正通顺街上，那座坐北朝南、富丽堂皇的“李公馆”不就是自己的家吗？自呱呱坠地后，在这里度过了人生最堪记忆的19年……巴金听长辈们说过：祖父李镛当过知县、知州，宦囊丰厚，所以在那条街上买地皮修建了气派的李公馆。当巴金1904年11月25日出生时，李镛已赋闲在家当“老太爷”了。祖父李镛和父亲李道河为巴金取名“尧棠”，字“芾甘”，出自《诗经》中《召南·甘棠》。李镛能诗画，给后辈取名字，当然要引经据典。老爷子想不到的是，日后名震华夏的，不是李尧棠或李芾甘，而是这个后辈1928年自己取的笔名——“巴金”[①]。

这时的巴金疑团重重：李家祖辈是怎么到成都的？祖籍“老家”又是什么情景？

巴金兄弟一月后才到上海，找到了称为“大叔”的远房堂叔李玉书。1923年6月3日，由李玉书陪同，巴金弟兄俩到浙江嘉兴，来到四伯祖李熙平家。李熙平已 80 岁，是个须发皆白的私塾先生。巴金急切地问：“四伯祖，我们祖辈老家在哪里？”

李熙平拉着两个侄孙的手，泪湿老眼。他告诉巴金：我们李氏祖籍在浙江嘉兴县，世居甪里街。清嘉庆二十三年（1818），李文熙游宦入蜀，后来定居四川，才有你们的曾祖李璠、祖父李镛、父亲李道河……而嘉兴李氏呢，李文熙有个兄长叫李寅熙，别号秋门，晚年一直住在嘉兴，是一位风雅诗人，著有《秋门草堂诗钞》四卷……郊外塘汇还有个李家祠堂，是你们的二伯祖李忠清在同治年间建的[②]。

两天后，由四伯祖李熙平和堂叔李玉书引路，连同巴金和三哥李尧林共四人坐船去嘉兴近郊塘汇镇祭扫李家祠堂。碧波连天，摇橹欸乃声声……

嘉兴塘汇镇李家祠堂旧址

到了李家祠堂，情景苍凉。我找到巴金1925年写的一篇《塘汇李家祠堂》残稿（此文未收入巴金著作），他满含伤感地描述道：

“由四伯祖口中才知祠堂因斐卿二哥管理不善，加以年久失修，实在败坏不堪。并且斐卿又吸鸦片烟，有时没有烟钱，便把祠堂的东西拿去变卖，到了现在简直不成样子了……我一团火热的心听了这话已冷了一半！”“又像破庙的大门一样”，“神龛前放了一张破烂的桌子”，“屋顶是漏的，抬头可见着青天……这就是我们的祠堂！”

四伯祖将蜡烛燃起，他们祭奠后，巴金怏然写信回川告知祠堂的可怜现状。

不久，由二伯父李清城出资，委托嘉兴族人修复祠堂。这时，巴金兄弟俩考入了上海南洋中学。1924年1月13日，巴金兄弟第二次到嘉兴，目的是检验修整好的祠堂。

祠堂中供着李氏始祖及李忠清等牌位。墙壁上新嵌的石碑刻着“蓉州二伯祖”出资建祠堂的缘起。为防止管理祠堂的族兄李斐卿再典当供桌，新供桌用砖砌成。李斐卿取出一张皱巴巴的“当票”，巴金兄弟俩花钱把已被典当出去的祠堂大门赎回来。怕这个吃鸦片烟的老兄烟瘾发了再拿门去当，巴金到隔壁棺材铺叫来一个木匠，用铁钉铁圈把门钉牢。那木匠一面钉钉一面嬉笑着说：“现在总取不下来了！”③

巴金祖辈入川脉络

这次，巴金在四伯祖李熙平家住了十天，经常带堂妹李德妤和李德娴去槐树头玩，买玩具皮球。到 1991 年，80 岁的李德妤回忆起当年的巴金，笑着说：“堂哥人真和善，就是四川话有点难懂。”④

确实，“老家”祠堂虽已修好，但巴金在“老家”人眼中，其实已是地道的四川人了。巴金祖辈入川详情，至今似未见专文。我根据各种零散资料，在此简单归纳李氏入川经过如下：

巴金祖籍是浙江嘉兴县，李氏世居甪里街。高祖李文熙（号介庵），1786 年随长兄李寅熙（号秋门）到北京，后来教过书。李文熙儿子李璠在《醉墨房仅存稿·先府君行略》中说：介庵公李文熙因为课徒有方，被学生家长感恩，代为“捐布政司‘照磨’一官报之，分发四川……”

“照磨”为“从八品”文官。李文熙有了这个“前程”，在 1818 年“宦游”入川。他当过青提渡盐场大使、崇庆州“同知”等职，后定居成都。我遍查地方志，射洪县有个叫青提渡的集镇，是传说中目连和尚修证成地藏王菩萨的故里⑤。李文熙可能先在此当过管理盐场的小官吏，后慢慢升为正五品的“同知”……

李文熙生有儿子李璠，为巴金的曾祖父。据李治墨先生说：“李璠历署四川南溪、筠连、兴文、富顺等多县，并卒于定远县任上。”⑥

此后是巴金祖父李镛，他在成都正通顺街购建了森严堂皇的“李公馆”。

徐开垒先生在《巴金传》中说：“（李镛的原配和续弦）两位夫人为李镛生下了五个儿子和三个女儿，其中一子二女早年夭亡。李镛在前两个夫人谢世后，又讨了两个姨太太，为他带来一个足以做他的孙子的第六个儿子。”巴金曾这样回忆李镛：“祖父是一个能干的人，他在曾祖父死后，做了多年的官，后来‘告归林下’，他买下了不少的田产，修了漂亮的公馆，收藏了好些古玩字画。他结过两次婚，讨了两个姨太太，生了五儿一女，还见到了重孙。”⑦

巴金父亲李道河，当过清朝四川广元最后一任知县。巴金已是李氏一支迁蜀后的第五代人了。

这里有一个可能很少人会想到的有趣的现象：巴金高祖李文熙，熙字与“火”有关（熙下四点通火）；曾祖李璠，璠字与“土”有关（玉通土）；祖父李镛，“镛”字与“金”有关。李镛有李道河等五子一女，名字之中都有“水”；而巴金（李尧棠）及他的兄弟们，名字中都有“木”……

这明显是受中国传统文化五行学说的影响。我早年业医时就常背诵“木生火、火生土、土生金、金生水、水生木”。很可能李文熙自入川后，就定下为后辈取名的“五行相生”的顺序，以祈求在四川能子孙繁衍、生生不息……

高祖的愿望没落空。仅巴金这一代，巴金就有两兄、两姊、两弟、三妹。整个大家庭有长辈近二十人，兄弟姐妹三十余人，男女仆人四五十人。这就是被巴金称之为“二三十个‘上等人’和二三十个‘下等人’”的大家庭……

照理说，像巴金这样名震海内外的文豪，上文叙述的其祖籍情况及前辈入川事略，本该早为世人知晓，奇怪的是并非如此。

我遍查资料，包括专门的《巴金传》之类，对此大都语焉不详。我还查阅了1967年5月10日《人民日报》发表的《彻底批判大毒草〈家〉〈春〉〈秋〉》，那篇长文中除了空洞地骂“封建地主官僚的孝子贤孙”外，也没啥实际内容。

这大概是巴金在“文化大革命”开始时，即1966年8月将保存了四十几年的大哥尧枚的一百多封信件全部烧掉，同时被毁的还有1923年至1931年间的家信及大哥自杀前写的绝命书及其他许多抄本等……[⑧⑨]虽然少了被“批判”的罪证，却损失了许多研究巴金的珍贵史料。

于是，直至20年前，巴金的祖籍在何处？先人是怎样入川的？都还是模糊的谜团。

嘉兴“老家”寻踪

到了20世纪80年代，《嘉兴科技报》总编丁士选先生碰上了一件他大叹是“令人耳目一新的事”。原来，曾任国家水利部副部长的汪胡桢，籍贯是浙江嘉兴。汪胡桢和丁士选常有信件联系。1985年12月14日，汪胡桢寄来一封让丁士选“惊得跌落眼镜的信！”信中说：1955年中国派友好代表团访问印度，郭沫若为团长，巴金和汪胡桢都在代表团内。途中闲谈时，巴金告诉汪胡桢自己也是嘉兴人，是后来定居到四川的。汪胡桢要丁士选查实一下，还说：“如调查属实，真的可算是一条大新闻了！”

丁士选立即带一名记者走访杨柳湾，访问百岁老人。丁士选说：“在我所看过的巴金著作中，也没有丝毫提及过嘉兴是他祖居地之类的话。”直到“文化大革命”结束后，巴金《真话集》中有篇1978年写的《西湖》，才讲到过：“我们家原籍浙江嘉兴。”该书1979年8月在香港三联书店出版，国内看到的人不多。

丁士选先生的访问没有结果，忽然想到巴金还健在，何不请他本人亲自核证呢？于是他通过上海《收获》杂志社给巴金转寄了一封信。没想到就在发信这个月的 26 日，巴金即亲笔回信：“来信读悉，我出生在成都。至于我的‘家世’，我在随想录《真话集》中写着。我们家原籍浙江嘉兴（我的高祖李介庵去四川），在嘉兴，过去（在塘汇）有一所李家祠堂……我有病，写字困难，不多讲了，请原谅。附笔：伯祖父的名字我也早忘记了。”

近八十高龄的巴金抱病写信，《嘉兴科技报》编辑部同人们很感动。丁士选先生感叹：“凡炎黄子孙，对自己祖先生地都有一种浓厚情谊。这位世界文学巨匠，也不例外！”⑩

为考证巴金的祖籍，嘉兴市志办副主任徐云飞和编辑陆明，多次逐村访问，最后在塘汇镇西找到李家祠堂得以证实。巴金得悉后十分高兴，于 1991 年 1 月 9 日向嘉兴市赠送了他 1925 年写的《塘汇李家祠堂》手稿。此文记述了当年他去嘉兴祭扫祖先祠堂的情形，写毕即寄回成都家中，从未发表过。1991 年 2 月 23 日，《嘉兴日报》副刊才首次发表此文。

我于 2002 年秋专门去嘉兴，但很失望，没有找到巴金笔下李家祠堂的一片残瓦！有一位 85 岁的老大爷，他经常带人去看“巴金当年下船的地方”“当年喝茶的茶楼”，但如今其实是什么也没有——祠堂早已被拆毁，不留一点痕迹了！

嘉兴市很看重巴金祖籍这个“文化资源”，2001 年在嘉兴用里街民丰会堂对面大榆树下，修了一座“仰甘亭”，旁边的石碑上写着：“文学家巴金，原名李尧棠，字芾甘，生于四川成都，祖籍浙江嘉兴。据巴金曾祖父李璠撰《醉墨房仅存稿·先府君行略》：李介庵（即巴金高祖李文熙）

‘浙江嘉兴府嘉兴县人，世居角里街’。嘉兴市旧城改造指挥部立。辛巳年夏。”

成都的“家”

成都，才是巴金生于斯长于斯的真正故乡。

走在“李公馆”所在的正通顺街上，这条马路与中国任何一座城市的任何一条马路都没啥区别，车水马龙。故居门前是不能随意进出的军事单位：成都军区战旗歌舞团。

曾任歌舞团副团长的张耀棠老人在巴金旧居工作、生活过三十多年，他对我说：许多国外友人，如水上勉先生为团长的日本作家代表团等，到这里参观时，都为不能在旧址恢复巴金故居深觉不解和惋惜……[11]

我自幼就晓得成都正通顺街很有名。其实那街不足一里长，极为普通。有名的原因，是“山不在高，有仙则名”：街巷里曾有过一座坐北朝南、富丽堂皇的“李公馆”，公馆里诞生了现代文学巨匠巴金。

1904年11月25日，巴金在这条老巷中的封建官僚地主家庭呱呱坠地，并在这里度过了人生最堪记忆的十九年。巴金的小说《家》成为“不朽名篇”，而正通顺街上的这个“家”，如今却片瓦无存、旧迹全无了。

清末正通顺街上的官宦住家不少。“李公馆”的西邻是清末驻藏钦差大臣风荃的公馆，民国时期曾租给英国人作为“领事馆”；东面是赵公馆[11]。

街上曾有个大仙祠，逢年过节香烟缭绕热闹得很。街头街尾还有酱

巴金故居解放后已成为成都军区战旗文工团

园行、茶馆、轿子行等店铺……

当我还是懵懂的初中学生时，就津津有味地读过《家》。巴金在《我的老家》中说，自己“不知不觉地把高公馆写成我们家那个样子”，许多景物“全是如实的描写”：

“几家灯烛辉煌的店铺夹杂在黑漆大门的公馆中间，点缀了这条寂寞的街道……有着黑漆大门的公馆静寂地并排立在寒风里。两个永远沉默的石狮子蹲在门口……每个公馆都经过了相当长的年代，或是更换了几个姓……这所公馆屋檐下也挂着一对大的红纸灯笼，只是门前台阶下多一对长方形大石缸，门墙上挂着一副木对联，红漆底子上现出八个隶书黑字：‘国恩家庆，人寿年丰’。两扇大门开在里面，门上各站了一位手执大刀的顶天立地的彩色门神……”从油亮的黑漆大门进去，是一堵白色

照壁，四个土红色的篆字“长宜子孙”，嵌在照壁中央。公馆四进院落，几十间青瓦小房，还有花园、竹林……⑫

妈妈陈淑芬疼爱和自己生日相同的幼子巴金，大哥尧枚、三哥尧林和两个姐姐都处处照顾这个“四弟”。

巴金儿时，想来曾在公馆前石狮子身上爬上爬下。街上有口双眼井，清澈的井波也一定经常映照他童年的身影，所以巴金晚年曾说：“只要双眼井在，我就可以找到童年的足迹。”

正通顺街上的巴金的“家”如今已荡然无存，好在还有个紧临马路并无清水的双眼井，让人在仰望林立的高楼时，发思古之幽情，产生许多郁闷。

巴金家庭 1907 年合影。左三为外婆怀抱巴金

巴金故居复原图。成都军区战旗歌舞团原副团长张耀棠，曾在巴金故居工作生活了三十多年，他根据考察考证，复原了巴金故居旧貌，并将此图送给巴金

巴金故居旁的“双眼井”

广元的“家”

巴金五岁这年又有个“家”，在广元。因为1909年父亲李道河任广元县知县。

巴金回忆这个“家”时说：“衙门很大一个地方，进去是一大块空地，两旁是监牢，大堂，二堂，三堂，四堂，还有草地，还有稀疏的桑林，算起来总有六七进。我们的住房是在三堂里面。最初我跟着母亲睡，睡在母亲的那间大的架子床上。热天床架上挂着罗纹帐子或麻布帐子……黯淡的灯光，‘哔剥哔剥’地燃着。”

这个“家”，在广元唯我独尊，连猎户进山误杀了老虎，也会把它抬进城献给“父母官”李道河。幼年巴金随哥、姐在二堂书房跟家塾先生读《三字经》《百家姓》《千字文》，在衙内桑林中嬉戏和摘吃桑葚，嘴巴染得通红。晚上，母亲在油灯下教巴金兄弟读《白香词谱》，早上，十二三岁的丫头香儿陪巴金到鸡房给闹喳喳的群鸡点名、喂食……

巴金印象最深的，却是他在衙门角落观看父亲坐堂审案的情景：“父亲猛然把桌子一拍，两三个差役就去把那犯人按翻在地上，给他褪了裤子，露出屁股……‘给我先打一百小板子再说，他这混账东西不肯说实话！’‘青天大老爷，小人冤枉呀！’那人趴在地上杀猪也似的叫起来……”⑫

父亲总爱“大刑伺候”草民，屁股被打得稀烂的“犯人”，挨完打还要提着裤子给大老爷磕头“谢恩”……

李道河是广元历史上最后一个封建王朝县令。1911年辛亥革命爆发，他辞官回成都。做了两年县官，回成都后就买了四十亩田，别人还说他是一个“清官”！虽仅五六岁，巴金已觉得世界怪怪的[12]。

巴金曾家居广元，很令广元人骄傲。有年我去广元，住利州宾馆。经理自豪地说：“这里曾经是巴金住了两年的家——清朝县衙门就在这儿嘛！你不信嗦？院坝里有两棵老榆树，就是巴金一家人住这里时栽的，我们广元人称为‘巴金树’！”

巴金的“家”和小说《家》

当我还是懵懂初中学生时，常和同学跑到正通顺街上寻觅文豪之家。附近老人说：“这个家四进院落，几十间青瓦小房，还有花园、竹林……以前气派得很！”

那时，我们这些十三四岁的初中生，心里又有了新的疑问：“吔，这个家气派得很嘛，他咋个要恨这个家啊？”

那时我们还不知道，要读懂巴金的书，就要读懂巴金的“家”。

百年前的成都，三百多条街巷，三十多万人口，古老而慵懒。但在闲适空气中饱含着危机，用李劼人的话说，那不仅是“死水微澜”，而且已是“暴风雨前”。

从广元回成都，七岁多的巴金已很懂事。巴金爱在阴暗、污秽的门房、马房、厨房里，听轿夫、佣人们讲人生酸甜苦辣的龙门阵。“下人们”把这个“小主人”当作同情他们的小朋友，向他大倒苦水，无所顾忌地评论“老爷”们的好坏……

巴金小说《家》初版封面

巴金眼睁睁地见他们在劳苦生活中屈服、挣扎、死亡：60 岁的老书童赵升病死在门房里；抽大烟的仆人周贵因偷祖父字画被赶出去，沦落为乞丐，最后冻饿死在街头；一个老轿夫，竟用一根裤腰带在公馆大门上吊而死……

每当巴金听着“下人”们绝望长叹时，他眼里总含着泪珠。巴金曾这样回忆：“在富裕的环境里我接触了听差、轿夫们的悲惨生活，在伪善、自私的长辈们的压力下，我听到年轻生命的痛苦呻吟！”[12]所以他后来说：“我写《家》的时候，仿佛在跟一些人一同受苦，一同在魔爪下面挣扎……”[13]

巴金一天天长大，还惊诧地看到一些长辈的丑恶：抽大烟、勾引老妈子、奸丫头、玩小旦、争家产……

家中变故迭起：可爱的小丫头香儿死了；1914 年农历七月，母亲病故，十岁的巴金饱尝了“少年丧母”的人生大悲哀。母亲死后四个多月，二姐尧桢死于肺痨。亲戚中许多姑娘的不幸也不断刺伤着巴金。一位姨表姐在民国以后，还抱着死了的未婚夫的牌位拜堂成亲……

1931 年他的成名之作《家》，就根源于成都这个真实的“家”。但小说中人物虽有“家”的真实影子，结局却有很大不同。

小说中几个女主人公：瑞珏、梅、鸣凤、琴，代表四种不同性格。而真实情况是：巴金的嫂嫂虽然在祖父死后，被逼搬到城外茅舍里生小孩，却并未像“瑞珏”那样悲惨而死。巴金有个像梅那样的表姐，当初跟大哥感情很好。因姑母不愿“亲上加亲”，生生拆散了他们。当巴金 1942 年在成都重见她时，她早已做了活得滋润的富家填房少奶奶，十几年内生了一大群儿女，且变成爱钱如命的胖女人……这和小说中黛玉般哀怨、痛不欲生的“梅”差之天远。

小说《家》中和“觉民”恋爱的琴，以他一个堂姐为原型。巴金把当时“少数新女性的血液注射在她的身上”。书中的琴是个娴雅的“新女性”，而现实中堂姐的情况却让人沮丧：这个曾读过不少新书刊，有着不少新思想的堂姐，被父母关在古庙似的家里，成了性情乖僻的老处女。巴金 1941 年回成都见到她，当年亭亭玉立的堂姐，已成“弱骨支离”的“老太婆”！巴金在小说里借用了她写的两句诗：“往事依稀浑似梦，都随风雨到心头。”这其实也是巴金的真实感受。

李公馆还有个丫头翠凤，李家远房亲戚要讨她做姨太太，她坚决拒绝，但并未被李家强迫。她也并不像小说中的鸣凤爱上了少爷，而是嫁给了一个穷丈夫过平民日子……而《家》中的鸣凤与少爷“自由恋爱”

不成，跳水自尽，是《家》中最精彩的故事高潮，让读者泪飞如雨。

巴金说：“我写梅，写瑞珏，写鸣凤，我心里充满了同情和悲愤，我庆幸我把自己的感情放进了我的小说。”

把“家”中的现实生活升华并赋予太多个人“感情”色彩（即“虚构”），这就是小说《家》。巴金曾说：“许多人以为《家》是自传，我早说过这是一个错误。但这声明是没有用的！”

许多亲戚以为巴金把小说当作个人泄愤的工具，一个叔父甚至写信对他说：“谢谢你笔下超生”！巴金反复声明：“我并不是写我自己家庭的历史，我所要写的应该是一般的封建大家庭的历史。”[14]

客观地讲，小说《家》是巴金年轻时的作品，本身并非完美：为了批判，他激情过于显露夸张，冷静剖析和刻画不足，语言也有些枝蔓冗繁……正因如此，巴金自己始终也不满意，先后对其做了八次修改。

事实上，巴金在其他一些文章中，对在小说《家》中被批判的人物如祖父、伯父等，都有更客观和人性化的回忆。我认为弄懂这点很重要。否则，如生搬硬套，把巴金的真实的“家”当成罪恶之薮，不但对这个“家”不公平，而且极可能从中误读百年前的成都，将这座历史文化名城视为黑狱。

离开成都的“家”

1917 年的春天，川、滇军阀在成都发生巷战。不久，父亲病死。1920 年 2 月 19 日，祖父因最宠爱的儿子、巴金五叔的堕落败家而大受刺激，痛苦归天……大厦已倾，倾轧更剧，封建大家庭温柔敦厚的假面具已被赤裸裸撕开。祖父死后才一个星期，尸骨未寒，巴金叔父们为争夺遗产，在灵前已吵得不可开交！

二十岁的大哥李尧枚中学毕业时就结了婚，新娘是父亲在祖宗牌位前拈纸团决定的。李尧枚这个大家族的长房长孙掌管着全家家务，却性格软弱，饱受攻击、中伤，内心极度压抑苦痛，因此神经有病，常深夜打碎玻璃。（1931 年春天，大哥终于用毒药断送了自己的年轻生命。大哥是小说《家》中主角“觉新”的原型。大哥自杀那一天，巴金小说《家》刚写到第六章，题目就叫:《做大哥的人》。）

1923 年 4 月，春天里一个烟雨蒙蒙的早晨，成都望江楼下码头，江水滔滔。十九岁的巴金和二十岁的三哥李尧林，将乘舟东下，外出求学。

巴金在这座古城整整居住了十九年，他似乎没有丝毫留恋:“我把这个大家庭当作专制的王国，我坐在旧礼教的监牢里！”

1923 年春天，巴金与三哥负笈东下临行前的全家合影。后立者：右一为巴金，右二为三哥尧林，右三为大哥尧枚

从左至右：李尧林、李尧枚、李尧棠（巴金），1923年摄于成都

他在大哥送行的眼泪和惜别声中登上木船。他真的一点不留恋故土，不留恋家吗？事实并非如此。

我再次翻开小说《家》，细读书中的结尾。书中的“觉慧”是独自私逃求解放，而巴金是家庭支持离家求学。但《家》中描写“觉慧”在木船离岸时的情景，无疑是巴金此刻心情的真实写照：

“他们立在岸上，他立在船头。他跟他们对望着，彼此不住地挥手……他觉得眼光有点模糊，便伸手揩了一下眼睛……他再也看不见他们。他的眼睛所触到的，只是一片清莹的水，一些山影和一些树影。三个舟子在那里一面摇橹，一面唱山歌……”这是望江楼下江流送别的风俗图画，也是巴金当年和亲人依依不舍别离的真实画面。

十九岁的李尧棠就这样离开了故乡成都。而中国大地上，却即将走来一位文坛大师——巴金。

1949年以前的两次回“家”

1923年4月下旬，十九岁的巴金离开成都到南京求学。当轮船随着鸣叫声西出夔门，他伸开双臂向着三峡外的新天地欢呼：“啊，我离开旧家庭，就像甩掉一个可怕的黑影！”

岁月流逝，漂泊日久，巴金却日益怀念家乡了。他这时深深感到：离乡时不知留恋，而家乡却无时不在他心中，在他笔下。

抗日战争开始，1940年12月，36岁的巴金辗转到重庆[15]。1941年1月，游子第一次归乡。掐指算来，离开家乡蓉城整18载。

巴金住在蓥华寺街李致家。李致是他大哥李尧枚的儿子。巴金曾说：“大哥是我一生爱得最多的人。”他主动担负起大哥全家的生活费用[16]。

巴金走到那条铺满自己脚板印的正通顺街凭吊。他曾诅咒过的大家庭早已分崩离析。巴金曾说：“我的二叔以正人君子的姿态，把祖父留下的家业勉强维持了几年，终于带着无可奈何的凄凉感离开了世界。以后房子卖掉了，人也散了，死的死，走的走……”

巴金后来回忆凭吊旧址的情景：“我走过我离开了18年的故居。它们在我的眼里仍然十分亲切。我认识它们，就像见到了旧友故知一样。石板道变成了马路，巍峨的门墙赶走了那一对背脊光滑的石狮子，包铁皮、钉铜钉的门槛也给人锯掉了。我再也找不到矮矮的台阶下，门前路旁那两个盛水的大石缸。我们称石缸为‘太平缸’。”

物是人非，李公馆几经易手，门匾曾换为“怡庐”，如今又卖给省城保安处长刘兆藜，门上方赫然写的是“藜阁”，门前还有武装士兵，巴金

1941年，巴金回成都时与妹妹及侄女、侄儿们合影（中为巴金，右一为李致）

连大门也没进……[17]

家族中也变化惊人。巴金回来这个月，他五叔因当“小偷”，又穷又病死在监牢。这位“五老爷”流水般花光了分家所得钱财后，成为无家可归的流浪汉和窃贼。巴金深为面貌清秀、能诗能文的五叔惋惜：“换一个时代，他也许会显出他的才华！”巴金十分伤感，后来写了中篇小说《憩园》，书中杨老三即以五叔为原型[18]。

巴金友人马宗融之妻罗淑，是个漂亮的成都女子。1936年，其处女作《生人妻》在巴金、靳以主编的《文季月刊》第1卷第4期发表。罗淑1938年2月27日生小孩后不幸病死，年仅35岁，葬在成都老西门外沙湾[9]。巴金怀着悲伤心情去罗淑墓前祭奠，默默地点燃香烛。他痛惜这位同乡、难得的女作家早逝，决心为她整理出版遗著《生人妻》《鱼儿坳》和《地上的一角》……

就这样，巴金在重回故乡的欣喜中又饱含哀伤，在久违的家乡爆竹声中过了春节。巴金这次在成都整整住了五十天。

一年后的1942年4月，巴金再次回成都，仍住李致家。这次回来的目的之一，是要到华西坝医院治牙病。李致年小贪玩，放学回来就和邻居娃娃们打仗、捉猫猫……巴金说："你一天到晚不回家，我给你改个名字，叫李国飞！"

李致家招待巴金的饮食很简单，烧木炭渣的土火锅吃菠菜煮豆腐。李致跟巴金合睡一个大床，每晚李致上床，还要翻几个筋斗玩……这时，巴金往往就坐在书桌前爬格子写文章。

很多青年学生拿"纪念册"来请巴金题词。李致在一旁见四爸题："路是人走出来的……"便自己也做了本"纪念册"，请四爸题词。四爸坐在大书桌前，用毛笔写下四句话："读书的时候用功读书，玩耍的时候放心玩耍，说话要说真话，做人得做好人。"

李致说过："随着年龄的增长，对这四句话的理解才逐步加深。这四句话中最主要的是'做人得做好人'！""文化大革命"结束后，李致曾对巴金说："第一句是用功读书，我在学习时没有做到，离开学校以后才有了自觉性。第三句是讲真话，我基本上这样做了，但也讲过某些违心的话。第四句话是做好人，这是奋斗目标，还要不断努力。"[19]

李致曾任中共四川省委宣传部副部长、四川省文联主席等职。我每年参加四川作家协会的春节团拜会，总见李先生祥和端坐，细声细语地同认识或不认识的作协会员们闲聊，毫无"官气"。我和他并不太熟悉，

图为巴金侄儿李致（右）和本书作者郑光路（左）在交谈（雷康摄）

记得有一年我对他说我长期在“文化大革命”史、地方史方面做些努力。李先生热情地说了许多鼓励的话，同我亲热合影……从李致先生“长者之风”上，确实可看到巴金对他的巨大影响。

巴金这次回成都住了三个月，创作小说《猪与鸡》《兄与弟》和散文《在成渝路上》等，7 月由成都至重庆[15]。

“文化大革命”前的两次回“家”

一晃 14 年过去，星移斗转，已是共产党领导的新中国了。1956 年 12 月，52 岁的巴金第三次回成都，是以全国人大代表身份回来考察工作的。

他的老友、成都市市长李宗林热情接待。他参观了都江堰、商业场、草堂寺和省图书馆等地方。10 日，他出席四川省文学创作会议并作有关创作问题的报告。他又去了正通顺街，在旧居窗下徘徊良久。他说：“我又来到这里，‘藜阁’依然，而那个主人已经完蛋了。”

巴金这里所说的那个“藜阁”的主人，指的是刘兆藜，南部县水音乡人，国民党中将师长，抗日爱国将领，1949 年 12 月起义。

巴金这次在成都待得不久，下旬就赴印度新德里参加亚洲作家会议去了。

1960 年 10 月初，巴金第四次回成都。李宗林安排他住在幽雅僻静的学道街省委招待所。巴金在这座小楼上陆续写了以朝鲜战争为题材的小说《回家》《军长的心》……

他虽长居异乡，对家乡剧却有特别的感情，曾说：“我在上海重看川戏就有一种旧友重逢的感情！”[20]巴金在成都住了四个多月，看川剧多达三十多场[21]。巴金多次称赞川剧文学性强，他认为川剧《评雪辨踪》《拉郎配》等，应当列入世界喜剧名作之林……[20]

这次他在成都同亲朋好友共度春节，还见到少年时期教自己学英语的香表哥（濮季云）。

住了四个月，巴金 1961 年 2 月才从成都回上海。

1987 年第五次回“家”

1987 年，巴金 83 岁，他老了。

巴金熬过了“文化大革命”。他在反思，没停下手中的笔。他晚年思乡之情更浓，1983年他在《随想录》中说：“近来我非常怀念家乡，大概是到了落叶归根的时候吧！”“我多么想再见到我童年的足迹！我多么想回到我出生的故乡！”他在给李致的信中，也多次写道：“总之，我闭上眼睛之前要回故乡一次，实现我多年的愿望！”

他对李致等人多次说：“我这次回成都，完全是个人行为，会会老友，叙叙家常，最好是静悄悄地来，静悄悄地去，不要惊动任何人。”直到将行，他又提出：“一不参加宴席，二不参加会议，三不接受采访。”

据说四川省委尊重这位老人的意见，给有关单位打招呼：对巴金故乡行注意“保密”，仅四川电视台跟踪拍摄，但不报道，留作资料。[22]

1987年10月3日6时50分，在后辈们“太爷爷”“四外祖”的欢叫声中，巴金回到成都。啊，梦中思念的故乡，阔别又是27年了！

4日上午9时后，张秀熟、沙汀、艾芜、马识途和省作协副主席陈之光来看望巴金。这年张秀熟93岁，巴金、沙汀、艾芜都83岁，马识途73岁，有人笑称这是“五老聚会”。马识途笑嘻嘻地说：“我是小老弟，再等7年后，张秀老百岁，巴老、沙老、艾老90岁，我们再相会！”

曾任蜀风园经理的张绍宁回忆当时有趣的小花絮：聚会时“五老”正谈文论诗，非常热闹。当时保卫严格，但有个小伙子竟意外地从窗口翻进了会客厅，手里拿着一张首日封想要巴金签名。这一“突发事件”把所有人吓出一身冷汗。警卫立即上前阻止这位“追星族”，但巴金毫不犹豫地满足了这位年轻人的要求，在首日封上认认真真签下“巴金”二字[23]。

晚上，省委书记杨汝岱、省人大常委会主任何郝炬、省委宣传部部长许川来拜望巴金。杨汝岱笑着问：“巴老到成都，身体是否适应？”巴金说："还可以吧，年纪大了，落叶归根，想回家乡看看啊。"

何郝炬说："我上中学，就读过巴老的激流三部曲！"巴老说："写得不好。"

10月5日上午近9时，大家陪巴金参观市景。看了新修不久的蜀都干道，又到总府路的商业场。巴金感叹："我大哥李尧枚就曾在商业场一家公司上班，我十多岁时常到我大哥这里看新潮书报！商业场已非旧貌啰……"

10月7日是中秋节，"五老"去新都，游了宝光寺、桂湖。县里领导都来了，记者密密麻麻。午餐时，众人本想吃豆花，却只有一碗，其他肉肴却多，令"五老"遗憾。下午归蓉，李致和他的三个姐姐、姐夫及小辈共二十人，向巴金拜节。重孙辈的潇潇、齐齐、淳淳和兰兰围着太爷爷乱嚷。淳淳把月饼给巴老送上，潇潇和齐齐忙说："他吃过的！"巴老说："小娃儿吃过的，没关系。"便把月饼吃了。众人哄堂大笑，其乐融融。

成都的中秋少见月光，但这晚却月华似水。李致说："巴老，月亮也为你回乡而出啊。"

10月8日上午9时半，巴金去正通顺街旧居。这里早已成为成都军区战旗歌舞团驻地，时任歌舞团副团长的张耀棠老人曾在巴金旧居工作、生活过三十多年。此时，他全程陪同担当讲解员。

张耀棠热情地对我详细讲述了巴金当年参观旧居的情景：

当巴金女婿祝鸿生推着巴金的轮椅走进大门后，张耀棠介绍说："巴老，自你1923年离开成都后，1924年省督军杨森修马路，李家院墙改成铺面，门口两个石狮子和两个太平缸也搬走了。1927年由李家人卖给

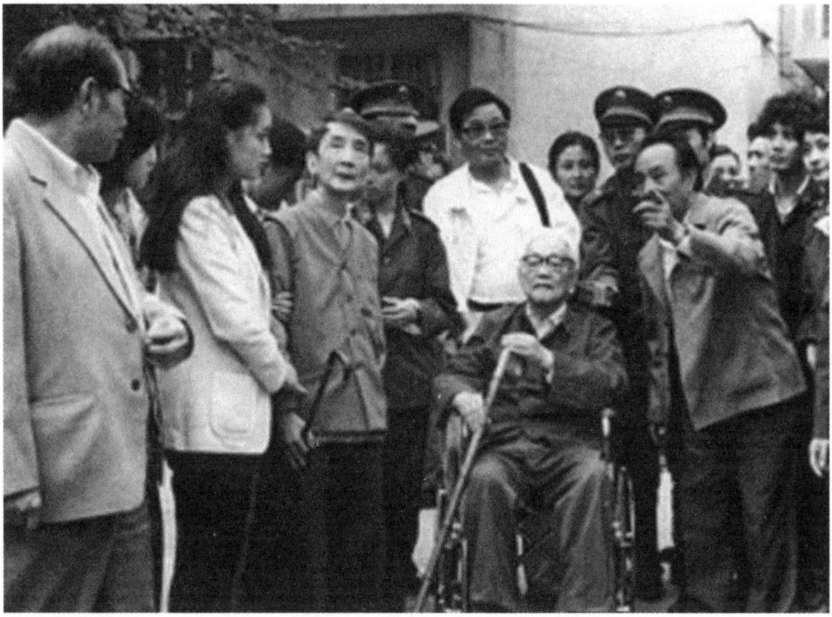

1987年10月7日，巴金在成都访问故居，听取曾任成都军区战旗歌舞团副团长的张耀棠（前右一）解说故居变迁情况。前左一为马识途，前左三为沙汀（供图：张耀棠）

川军29军军需处长罗度能，院里还住过啥李营长和一个姓周的开当铺的……抗战开始，这所院子里办过‘大中’中学，时间不长。约在1939年，罗度能把院子卖给省保安处长刘兆藜……刚解放时这里成为西南军区药材库。1952年，四川军区文工团军乐队、歌舞团等入驻李公馆故居及左右院落。”

巴金听得津津有味，张耀棠又说：“战旗歌舞团驻处，由三座公馆式的民居东院、西院和北院合并而成的。东院就是李公馆故居，西院是张家院子，那是四川广汉首富张尔嘉的公馆，以前曾是英国‘领事馆’。近年来许多中外来访者误把张家院子也当成你家故居，那是不正确的。”

1987年10月7日，巴金访问故居时为故居题字（供图：张耀棠）

巴金笑嘻嘻地说："这方面你是专家了，我家里还有你的图呢。"

原来，1986年5月28日张耀棠到上海专门拜会过巴金，将他多年费尽心血研究巴金旧居的成果《巴金故居复原图》赠送给巴金。

旧居已于1971年"文化大革命"中拆除，歌舞团在此修起了楼房。这时故居仅残余约七十米的东墙，还有株大桂树。巴金对这株桂树有美好记忆，他曾写道："秋天，经过一夜的风雨，金沙和银粒似的盛开的桂花铺满了一地，馥郁的甜香随着微风一股一股地扑进我们的书房……"[18]

张耀棠笑问："你小时一定在这树上爬过吧！"巴金仰望已近枯萎的桂树，怅然无语。

故居已面目全非。离开歌舞团大门，巴金又去了双眼井。巴金由人搀扶着站在井边深情地望了很久，对李致说："只要双眼井在，我就可以找到童年的足迹！"

10月9日，成都西郊金牛宾馆，国防部部长张爱萍去九号楼看望巴金。据李致说：“张老很尊重巴老，多次向我表示支持巴老关于成立‘文革’博物馆的建议。”

虽然第一次见面，却像老朋友。张爱萍说：“我年轻时就喜欢读巴老的小说！”

巴金谦虚地说：“自己当时是乱写的。”张爱萍说：“我50年代初期还参观过巴老旧居，那时还保存完好。后来拆掉了，太遗憾，希望能重新恢复！”

10月13日，巴金和张秀熟、沙汀、马识途去参观了李劼人在东郊的“菱窠”故居。这晚，金牛宾馆小礼堂上演川剧。张爱萍要李致说几句开场白。李致说：“张老是国防部长，巴老是全国作协主席。一文一武均为川人，天府之国人杰地灵啊！”话音刚落，掌声如雷。

10月14日下午4时，巴金同省文联、省作协作家、艺术家见面。巴金说：“一个作家做人和作文都应讲真话。不能说我说的都是真话，但我力求不说假话。在‘文化大革命’中我也被迫说过假话……不能忘记这个历史悲剧啊！”

10月20日，巴金去文殊院，方丈宽霖热情接待。巴金说：“我父亲去世时，在文殊院念过三天经。”宽霖说：“我当年还去李府念过经呢。”

宽霖教巴老一种保健方法，巴金听得很认真……分别时，宽霖送巴金一串佛珠。

归途中，巴金说：“我小时候曾经想出家。”李致问：“为啥子？”巴金笑道：“不满旧社会，又看不见出路。以后看见小和尚烧戒疤太痛，又不愿出家了！”大家哈哈大笑。

10月18日下午5时，在成都住了15天的巴金乘机离蓉。他不断挥手："感谢大家，我还要争取回家乡的！"

此后，巴金几次对李致说过："现在，我哪儿也不想去了，就想再回一次四川！"但这个愿望已难以实现了。2005年10月17日19时06分，一代文学巨匠巴金逝世。

我的儿媳妇李宁作为巴金家族的后裔，参加了成都巴金逝世追悼会。她说："自发前来悼念的各界民众很多、很多……"我说："因为这位文坛世纪老人，他不仅仅属于李姓，也不仅仅属于成都。巴金，应当属于中国，属于世界。"

注释：

① 参见《巴金自传》等多种资料。

② 参见《巴金与嘉兴》，嘉兴文化网。

③ 参见巴金：《塘汇李家祠堂》。

④ 参见王学平：《巴金的祖籍情结》，《嘉兴日报》2003年11月18日。

⑤ 参见《三台民俗趣事录》。

⑥ 李治墨：《巴金家族历史说法正误》，《中华读书报》2006年10月18日。

⑦ 巴金：《家庭的环境》。

⑧ 参见李辉、陈思和、李存光：《巴金生平及文学活动事略》。

⑨ 参见李致：《我和我的四爸》。

⑩ 参见丁士选：《重提一件鲜为人知的事》，《嘉兴日报》。

⑪ 据曾任战旗歌舞团副团长的张耀棠先生给作者提供的史料。

⑫ 参见巴金：《我的老家》。

⑬ 巴金:《谈〈家〉》。

⑭ 巴金:《家》十版序言。

⑮ 参见2005年6月26日《北京娱乐信报》上《巴金的两个哥哥》。

⑯ 巴金:《谈〈憩园〉》,《巴金选集》第十卷,四川人民出版社,1982年,第193页。

⑰ 巴金:《和读者谈“家”》。

⑱ 参见《罗淑选集》,四川人民出版社,1980年。

⑲ 参见巴金:《谈川剧的书信》。

⑳ 参见李致:《巴金偏爱川剧》。

㉑ 参见《巴金说“不”——访巴金侄子李致》,《解放日报》2004年11月24日。

㉒ 参见《一个有趣的小花絮》,《成都日报》2003年10月30日。

㉓ 1987年巴金回乡事,很多处主要根据和参考李致《巴金回乡日记》。

李青云256岁长寿“谜团”

二百五十岁老人李青云，四川开县人，生于康熙十七年，续弦已十六次，其后裔已历十四代。少年勤苦，晚年家计小康，壮健犹如六十余人，喜蓄指甲，可八寸长。

养生之道，贵清心寡欲，适性怡情。
能此即陆地神仙。
岂必炼金丹求灵药，才能长生吗？
延龄之法就是“静心养气，坐当如龟，
行当如鸽，卧当如犬。如是而已。”

二百五十歲老人李青雲長生不老秘訣

老人李青雲傳

孫永魁

老人姓李氏。字青雲。自云黔人。有妻子。以俠犯禁。避難四川開縣跳蹬場。妻子未從來。而李氏鄰人僉云。聞諸先人。李氏初來。貌類六十許人。鰥屋獨居念餘年。繼絃。三十餘年續絃死。乃再續絃。遷陳家場。（距跳蹬場三十里）二十餘年再續絃又死。遂三續絃焉。於今四十又餘年矣。其妻老且死。而李氏之容未嘗少衰。李氏精相法。能判人心術良窳。凡造者必相之。不索資。雅好藥戲。負錢千則不門矣。無恆產。佃地畝許。未嘗躬耕。皆其妻治之。雖豐歲不給一口。然衣食裕如也。蓄丹散頗多。施予貧病。服之者常有奇驗。去春二月。友人劉平諸徐知潮鄭開宇曾良翼辱臨敝舍。約平東下。聞此說殊不謂然。已而由敝舍赴萬。道陳家場。聞楊部稽查股長周鑄九曾迓至萬。同攝影。留十餘日。與送歸云。階等遂徑至其家叩之。自云生康熙朝。為述吳三桂據滇黔及敗亡事甚詳。其左手指甲約尺許長。嚴

1927年军阀杨森邀请李青云传授养生之道

近百年来国内外广泛流传，中国四川省开县有一位李青云活了256岁。中国医学专业书上也记载："世界上最长寿的养生人，李青云（1677—1933年），在世256年。"①

"李青云256岁"长寿一事，到底是真还是假？以严谨态度剖析这个"谜团"，对研究中国养生长寿文化及四川历史文化，很有必要。

中国历史上，最长寿的是谁？很多人说是上古时生于四川彭山的彭祖,《国语》和《史记》都记载他活了800岁。但这只是传说，不可当真。另外有一种说法：中国远古时有一种"小甲子"计年，即60天为一年，800岁也就是如今的130多岁，这是很可能的。②

李青云又名李庆远，是武术家、养生家，精通医学。清朝宣统三年（1911），武术家朱智涵（海灯法师的师傅）还去四川开县，拜会"南宫派"首领李青云并且向他请教。③

1927年，四川军阀杨森驻军四川万县，听副官说邻县开县陈家场有奇人李青云已经250岁。杨森即令副官接李青云来万县传授养生之道，并参加"森威桥"（后改为"万安桥"）落成仪式。当时万人空巷争相观看，李青云身穿蓝布长袍，下面穿了一双厚黑布袜，脚上是草鞋，望之如五六十岁。

最特殊的是李青云左手指甲长达七八寸，卷曲重叠，常用小竹管套在手指上保护指甲，长至六寸左右即剪下置于木匣内保存。他还从怀中掏出小盒子给杨森看，里面存满七八寸乃至一尺长的指甲十余枚。李青云对杨森说，这些都是从他手指上多次掉下来的。[④]

杨森敬若上宾，为李特制全身新衣，请照相馆照相放大陈列在橱窗里，标明“开县二百五十岁老人李青云肖相，民国十六年春三月摄于万州”。

中国历史上最长寿的是上古时生于四川彭山的彭祖（作者收藏）

当时杨森在万县修建了万安桥。20世纪80年代，万县老人何朝俊曾经回忆：

“为了纪念大桥落成，杨森派副官去开县接李青云来‘踩桥’……此人身材高大，面长颜黄，精神健壮，腰背挺直，手指甲有一尺多长……‘踩桥’时两边栏杆扎了红绸，李青云从二马路口桥这头，一步一步走过去，平安地到达了那边桥头，围观的数千群众无不拍手称贺。当时我也是欢呼中的一员。接着，杨森和副军长喻孟群、秘书长童锡祥……相继过桥。李青云回开县时，杨森派轿送走，赠送银币二百元，衣料四套。随同来的玄孙，年约四十岁，杨森也给他有赠品。”[⑤]

当时《万州日报》等相关报纸报道：

“二百五十岁老人李青云，四川开县人，生于康熙十七年，续弦已十六次，其后裔已历十四代。少年勤苦，晚年家计小康，壮健犹如六十余人，喜蓄指甲，可八寸长，昔年吴佩孚失败入川，曾往访之，老人自谓吾以采药谋生，二百余年之久，未曾稍变素志，并列举近二百年史事之变迁，以‘世界自乱，吾心自治’八字结之。吴叩老人以延寿之法，老人曰：‘此极便耳，但枯坐如老僧入定，捷行如怒马奔驰，睡眠如梦入黑甜，如此心乃能静，志不旁惊，不特益寿，而事亦可济。’吴闻大惭，唯唯而退云。”⑥

以后省内外各报刊，竞相作为奇闻报道轰动全国，都说李青云历经

1927 年《万州日报》宣传“250 岁老人李清云”的报纸（作者收藏）

康熙、雍正、乾隆、嘉庆、道光、咸丰、同治、光绪、宣统九代至民国，活了整整256岁。

民国时期书籍介绍李青云的史料

不仅是大众报刊广泛宣传，还出现了以李青云之名的专门养生书籍。

1935年“养鹤轩主人”辑录《二百五十岁老人李青云长生不老秘诀》，由上海大通图书社出版（来源：作者收藏）

1935年，《二百五十岁老人李青云长生不老秘诀》，由上海大通图书社出版了铅印本[7]。此书署名为：“讲述者：李青云老人。辑录者：养鹤轩主人。”

该书共分五编：第一编《长生大道章》，第二编《长命初基章》，第三编《达道章》，第四编《心性章》，第五编《李青云老人语录》。

《养生篇》一开始就说：“青云老人曰：予年二百五十，而动作不衰，人其以我为神仙乎？”李青云自述长寿关键在于“刚柔相济、阴阳调和”，“气功武术、锻炼身体”，“长期素食、内心平静”等。

书中还有一篇《二百五十岁老人李青云传》，用类似古代《搜神记》笔法，详细叙述李青云的生平事迹：

“二百五十岁老人者，一卖药翁也。姓李名青云，四川綦江人。清康熙十七年戊午（按：即 1678 年）生于邑西图之僻壤间。头角峥嵘，颇异常儿。垂髫从外傅读，颖悟过人。既长，不事进取……好出游，遇山水佳胜处，恒留连旬日。数年之间，足迹遍陕西、甘肃、新疆、西藏诸地。芒鞋布衲，无求于人……”

文章接着说，李青云入深山幽壑采药后，背负到市为人治病，大都“应手而愈”。别人给钱他则含笑称谢接受，不给他也不强要……于是众人都称赞他的品德高尚。

李青云性格祥和，见人都含笑为礼；即使有人冒犯他，也从来不发火。他看见有人争斗，都从中排解说：“愤怒足以伤气，非摄生之道，和气致祥，怒气致病。”

他曾经游走在湘、鄂、苏、皖、鲁、豫间，“至崆峒，遇一道士，言年已五百余岁”。李青云叩请长生之术，道士笑着说：“你不是已经得到了吗？参苓芝蕙，长生之药也；山林旷野，长生之地也；清静无为，长生之诀也。若舍此途，即为左道。”

老道士还送了一本养生书给李青云说：“你得到了这本书，更会长寿了。”

李青云自言：“曾娶妻十有四次，今且见十一代孙。孙曾之众，共一百八十余人。”他还说：“少时游闽，曾见郑成功。”

别人说他得到了长生之术，他坚决不承认笑着说：“养生之道，贵清心寡欲，适性怡情。能此即陆地神仙。岂必炼金丹求灵药，才能长生吗？

延龄之法就是‘静心养气，坐当如龟，行当如鸽，卧当如犬。如是而已。’”

文章最后说：“今老人年已二百五十有余，犹童颜健步，日往来于峨眉诸峰间也……”⑧

我还收藏有以下民国重要报刊上的史料：《老人李青云传》，载《金陵周刊》（金陵大学办）1928年第17期；《老人李青云身世谈：二百五十岁之老人李青云近影》，载《良友》，1928年第29期；《开县二百五十岁老人李青云近影》，载《华北画刊》，1929年第27期；《中国唯一老人开县李青云年二百五十三岁，现拟赴印度游历》，载《大亚画报》，1930年第246期……

以上都说明，李青云在民国时期的中国影响之大。

金陵週刊　第十七期　五八

老人李青雲傳

孫永魁

老人姓李氏。字青雲。自云黔人。有妻子。以俠犯禁。避難四川開縣跳蹬場。妻子未從來。而李氏鄰人僉云。聞諸先人。李氏初來。貌類六十許人。就屋獨居念餘年。續絃。三十餘年續絃死。乃再續絃。遷陳家場。（距跳蹬場三十里）二十餘年再續絃又死。遂三續絃焉。於今四十又餘年矣。其妻老且死。而李氏之容未嘗少衰。李氏精相法。能判人心術良窳。凡造者必相之。不索資。雅好藥戲。負錢千則不門矣。無恆產。佃地畝許。未嘗躬耕。皆其妻治之。雖豐藏不給一口。然衣食裕如也。蓄丹散頗多。施予貧病。服之者常有奇驗。去春二月。友人劉平諸徐知潮鄭開宇曾良翼辱臨敝舍。約平東下。聞此說殊不謂然。已而由敝舍赴萬。道陳家場。聞楊部稽查股長周鑄九曾逕至萬。同攝影。留十餘日。與送歸云。陪等遂徑至其家叩之。自云生康熙朝。為述吳三桂據滇黔及敗亡事甚詳。其左手指甲約尺許長。[illegible]

《老人李青云传》，载《金陵周刊》（金陵大学办）1928年第17期（来源：作者收藏）

近几十年来有关李青云的传说五花八门

1933 年李青云病逝，葬于开县长沙镇义学村李家湾。

近几十年来随着“养生长寿”成为热门话题，国内各报刊、书籍竞相把李青云作为奇闻刊登，尤其是互联网上更有许多传闻。

开县老一代人还传说，李青云高寿 250 多岁虽不可确信，但李在开县生活了 113 年是确切的。即以来开县时 50 余岁计算，至辞世时确有 170 多岁无疑。[⑨]

1933 年 5 月 15 日，美国《时代杂志》（TIME）发表了一篇名为《龟雀狗》（Tortoise-Pigeon-Dog）的文章，详细报道了李青云生于 1677 年（清康熙十六年），卒于 1933 年，享年 256 岁，是全世界最长寿的人。[⑩]

1983 年，中国台湾“自由出版社”，出版了《仙术秘库长生不老秘诀〔合刊〕》；作者署名为：（清）玉枢真人纂著，（清）李青云述，民国“养鹤轩主人辑”。

2002 年，美国人斯图尔特・艾尔弗・奥尔森（Stuart Alve Olson）编写过一本书《不朽道士的气功教学方法：李青云大师的八项基本练习》。书中说李青云长寿秘诀是：“保持一种平静的心态，坐如龟，行如雀，睡如狗。”[⑪]

此后，凡是论述长寿话题，大都要提到“李青云 256 岁”长寿纪录。

清代“旌表人瑞”政策和“千叟宴”

1.“旌表人瑞”

中国尊老尚贤文化传统源远流长，清代形成空前高潮。突出表现是“旌表人瑞”和举办“千叟宴”，给予长寿者崇高荣誉。

社会安定、衣食丰足才能长寿，故视为“祥瑞”。清代，“人瑞”指百岁以上。康熙九年（1670），圣祖诏谕：“命妇孀居寿至百岁者，题明给予‘贞寿之门’匾额，建坊银三十两。”[12]这是清廷旌表百岁老人之始，称之为“旌表人瑞”。

康熙四十二年（1703），朝廷规定：“老民”年登百岁者，皆照例给予“建坊银30两，且给‘升平人瑞’匾额。”雍正年间又增加物质奖励，规定逾百岁者加10两，达110岁者给银60两，120岁者90两，更高寿者按年加增。

乾隆元年（1736），湖北省有一老人汤云山已满131岁，除依例赐银120两以外，又特旨赏缎4匹，银40两。乾隆十年（1745）访得此老仍在，乾隆皇帝又赐银50两，并赐匾额御书“两阅古稀”，“并书御制诗一章赐之”[13][14]。

根据清代《汤老人传略》记载：“乾隆乙丑（按：即1745年），老人百四十岁……又越五年，卒。”[15]

湖北汉阳人汤云山活了145岁，应该是清朝各种史料中被官方承认的清代中国最长寿的人。

2.“千叟宴”

清代为庆祝皇帝生日或登基若干周年，共举办过四次“千叟宴”。

第一次，在康熙五十二年（1713）三月，康熙皇帝60岁。康熙布告天下耆老，年65岁以上者不论官民，均可按时赶到京城参加畅春园的聚宴。最值得重视的是，上谕中特别规定：“年岁不可捏报。”[16]

当时各地官府推荐老人，要从人丁户册、邻舍调查、几世同堂等各方面认定。“捏报年岁”就是欺君之罪，官员们绝不会率意而为，自吹是长寿者也很难钻空子。

三月二十五日参加宴会的人，年90岁以上者33人，80岁以上者538人，70岁以上者1823人，65岁以上者1846人。“寿民”贫穷不能承担赴京费用者，由各省州县衙门备车马护送进京。

康熙皇帝玄烨即席赋《千叟宴》诗一首，此为“千叟宴”得名之始。

第二次，在康熙六十一年（1722）农历正月，康熙帝年届69岁，在乾清宫举办“千叟宴”。正月初二日，在紫禁城乾清宫前设宴招待年65岁以上者680人。初五日，再宴请年65以上者340人。

第三次，是在乾隆五十年（1785）正月初六日，乾隆皇帝喜添五世元孙，在乾清宫举行“千叟宴”。从民间士农工商到朝廷王公大臣，年过60岁者约有3000人参加，计800席之多。

第四次，是在嘉庆元年（1796），太上皇乾隆86岁，正月初一在宁寿宫皇极殿举办“千叟宴”。参宴老人的年龄由60岁改为70岁以上，列名参席者3056人……乾隆皇帝在《传位为太上皇》谕旨中说：“年老之人，自古所重”，[17]乾隆给九十岁以上老人亲赐御酒。

乾隆恩赏给百岁“人瑞”熊国沛（106岁）和邱成龙（100岁）六品

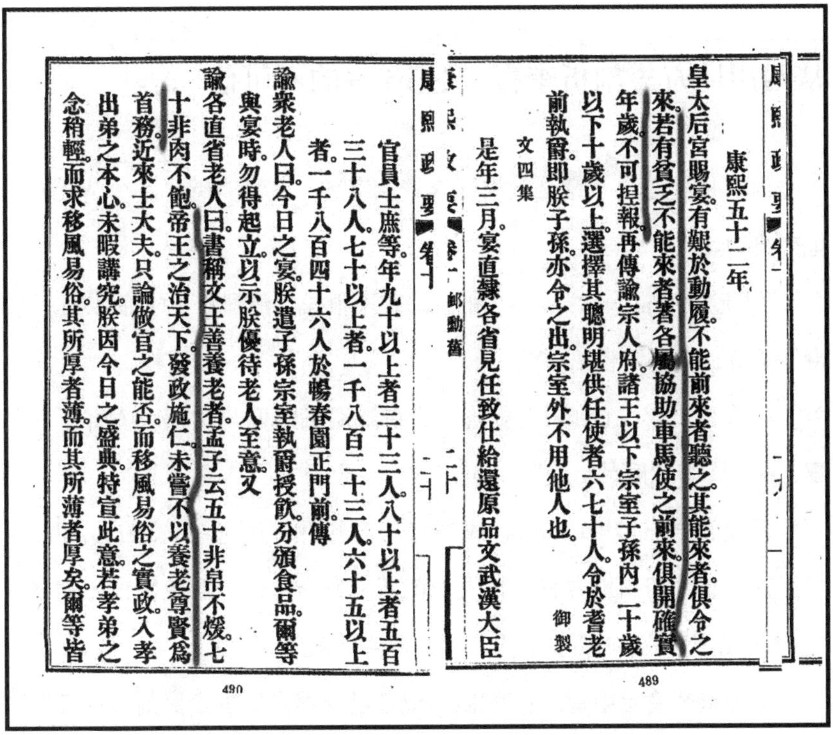

康熙五十二年
皇太后宮賜宴。有艱於動履。不能前來者聽之。其能來者。俱令之來。若有貧乏不能來者。著各屬協助車馬。使之前來。俱開確實年歲。不可揑報。再傳諭宗人府。諸王以下宗室子孫內。二十歲以下十歲以上。選擇其聰明堪供任使者六七十人。令於耆老前執爵。即朕子孫。亦令之出。宗室外不用他人也。

文四集　御製
是年三月。宴直隸各省見任致仕給還原品文武漢大臣官員士庶等。年九十以上者三十三人。八十以上者五百三十八人。七十以上者一千八百二十三人。六十五以上者一千八百四十六人。於暢春園正門前。傳
諭衆老人曰。今日之宴。朕遣子孫宗室執爵授飲。分頒食品。爾等與宴時。勿得起立。以示朕優待老人至意。又
諭各直省老人曰。書稱文王善養老者。孟子云五十非帛不煖。七十非肉不飽。帝王之治天下。發政施仁。未嘗不以養老尊賢爲首務。近來士大夫只論做官之能否。而移風易俗之實政。入孝出弟之本心。未暇講究。朕因今日之盛典。特宜此意。若孝弟之念稍輕。而求移風易俗。其所厚者薄。而其所薄者厚矣。爾等皆

489　490

康熙五十二年（1713），康熙谕旨“以养老尊贤为首务”“年岁不可捏报”。来源：（清）章梫：《康熙政要》（作者收藏）

顶戴；九十岁以上的邓永玘、梁廷裕等八人，赏给七品顶戴……另外，还有五千多名六七十岁的老人，因为宁寿宫宴席容量有限未能入席，但均获颁赐精美食品，并与入席者一样被赏给如意、寿杖、银牌等物以资纪念。[18][19]

李青云如果真的出生于1677年，到嘉庆元年已经119岁，肯定会被当地官员抢着礼送北京，到乾隆皇帝的“千叟宴”坐上席去了。

从四川地方志剖析李青云256岁的不可信

为了从严谨史学意义上求证李青云事迹，我还查阅了不少清代四川地方典籍。

“人过七十古来稀”，古人的寿命并不很长。清同治《成都县志》“耆寿”章节，专门记载：

乾隆五十年（1785），乾隆皇帝御赐匾额给四川达州百岁寿星张子翼，匾额御书“颐龄衍庆”。

乾隆五十三年（1788），成都有一人名叫刘万迎，享101岁高龄而且五世同堂，四川地方官急忙上奏朝廷。乾隆皇帝御赐匾额，御笔亲书“庆衍期颐”（期颐指百岁老人，期是期待、颐是供养）。

乾隆皇帝谕旨中写道：“知四川成都县濯锦乡百岁寿民刘万迎五世同堂，因三叠赐达州寿民张子翼诗韵赐之：‘由来素性不言祥，人瑞疑教秘弗张。却是今春阅两奏，幸他西蜀再同堂。深维滋殖万民乐，虔冀绥丰百物昌。更值俘凶靖海岛，日欣日敬并无遑。’”

成都至今还有一条五世同堂街。

我从清同治《成都县志》中，节录了成都地区从乾隆朝到道光朝的一些长寿人物：

“戴世兴，乾隆六十年，寿一百一岁，五世同堂，建有坊。许白玉，嘉庆二年，寿一百一岁，五世同堂，建有坊。黄映张，嘉庆十七年，寿一百一岁，五世同堂，建有坊。王文泰。邑贡生，南部县教谕。因防御教匪受伤，告老回籍。嘉庆十九年，寿一百二岁，恩赐‘升平人瑞’匾额，加赏如例。王万选，嘉庆二十四年，寿九十八岁，五世同堂，加赏如例，建有坊……蔡长青，刻字为业，诚信不欺。道光十三年，寿一百五岁。恩赐‘庆衍期颐’匾额，加赏如例……”

《成都县志》记载道光十五年（1835），道光皇帝向全国颁布优待长寿老人的恩诏：

“内开军民年七十以上者，许一丁侍养，免其襍（按：杂）派差役。八十以上者，给予捐一匹、锦一觔（按：同斤）、米一石、肉十觔。九十以上者，倍之（按：即是八十岁的两倍）。百岁者，题明旌表，给予建（牌）坊银两，加赏大缎一匹、银十两。”

当时（成都）“寿民”有五十二人，七十岁以上者也成为“寿民”。《成都县志》又记载，道光三十年（1850），除上述优待“寿民”外，“寿民”还可以享受官老爷的荣耀：活到八十以上者朝廷给予九品顶戴。九十以上者，给予八品顶戴。百岁以上者，给予七品顶戴。一百二十岁以上者，给予六品顶戴。

官方档案记载当时成都有“寿民一百七十九人”。[20]

乾隆五十三年（1788），乾隆皇帝亲自为成都的刘万迎享101岁高龄而御赐匾额“庆衍期颐”。李青云如果出生于1677年，到乾隆五十三年，已经111岁。如果真是这样，他所在的当地官员没有不上报朝廷之理。

道光十五年（1835），道光皇帝颁布优待长寿老人的恩诏时，李青云已158岁。果真如此，开县、长寿县、綦江县等地方官，早把这个寿星当成“人瑞”宝贝，贡献给皇帝邀恩去了。而李青云也早就享受官员“顶戴”，记于史册大立牌坊，又按“恩诏”享受朝廷奉养，哪会再去“卖草药”辛苦谋生？

李青云自称来开县陈家场时，是清嘉庆二十五年（1820），又自称当时已经150多岁。到咸丰三年（1853），李青云就应该有180多岁了。

我查阅了咸丰三年（1853）刊印的《开县志》。在该书“卷之二十五”《耆寿》中，寿享80岁者已罗列书上，上百岁者极少，而全无

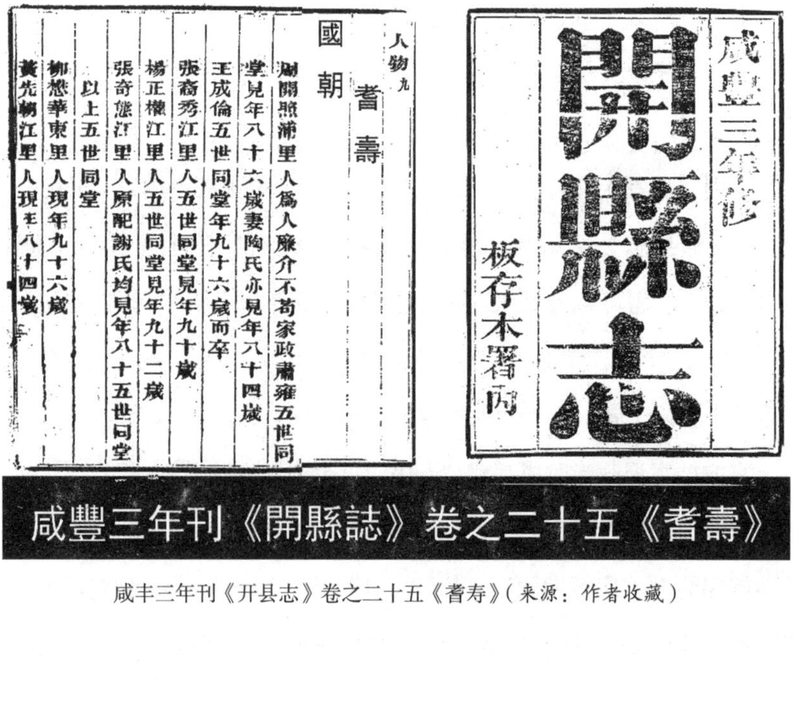

咸豐三年修

開縣志

板存本署內

人物九

耆壽

國朝

湖開照沸里人爲人廉介不苟家政肅雍五世同堂見年八十六歲妻陶氏亦見年八十四歲

王成倫五世同堂年九十六歲而卒

張裔秀江里人五世同堂見年九十歲

楊正櫰江里人五世同堂見年九十二歲

張奇態江里人原配謝氏均見年八十五世同堂

以上五世同堂

柳懋華東里人現年九十六歲

黃先楠江里人現年八十四歲

咸豐三年刊《開縣誌》卷之二十五《耆壽》

咸丰三年刊《开县志》卷之二十五《耆寿》（来源：作者收藏）

李青云资料。如果真如李青云所述,《开县志》绝不会漏载这个“人瑞”宝贝。

中国崇尚老年医生是传统风气，至今民间谚语有“老郎中、少裁缝”，意思是说缝制衣服要找年轻人，因为年轻人眼睛好；看病要找老年医生，因为老年人经验丰富。“行医卖药”者，自称长寿以获取病者信任，几乎是普遍现象。更有老年记忆混乱而虚夸年龄，夸来夸去弄得自己也相信了，这种情况社会上实不乏其人。

我由此完全有理由推论：李青云肯定是一位长寿人物，到民国时期活了100岁以上很可能是事实（从照片上他右手约15.23厘米长的指甲可推断）；但说他生于1677年活了256岁，则只是难以证实的“民间传说”罢了。

李青云256岁长寿神话，尽管人们也不大相信，但很难“证伪”。至今也未见专门从地方志和官方档案切入去论证这个话题的文章。

这或许就是本文重要价值所在。

注释：

① 田仁、张敏主编:《生理学》第2版，人民军医出版社，2012年，第288页。

② 参见刘继兴:《最“雷人”的历史趣闻》，中国经济出版社，2012年，第94页。

③ 中江县志编纂委员会编纂:《中江县志》，四川人民出版社，1994年，第762页。

④ 参见李麟主编:《中国历史未解之谜》，内蒙古人民出版社，2008年，第

257 页。

⑤ 何朝俊:《万安桥的兴建及更名经过》，中国人民政治协商会议四川省万县委员会文史资料工作委员会编:《万县文史资料选辑》第 2 辑（内部刊物），1987 年，第 77 页。

⑥ 民国十六年（1927）《万州日报》九月十五日。

⑦ 胡滨，鲍晓东主编:《浙江中医药古籍联合目录》，中医古籍出版社，2009 年，第 141 页。

⑧ 此文引自王西平、王永利选编点校:《长生功术真传》，内蒙古人民出版社，1991 年，第 2—3 页。

⑨《四川开县史称李青云长寿不是 250 岁，而是 170 岁》，“逍遥求古 - 新浪博客”（http://blog.sina.com.cn/s/blog_a5804e9e0102w7f0.html）。

⑩ 孙涛主编:《国医年鉴 2016 卷》，中医古籍出版社，2016 年，第 436 页。

⑪《西方文化中的李青云》，见“香港李青云长寿研究院”（http://lqy.51silitai.com/news/?163.html），2017 年 11 月 2 日。

⑫《清会典事例》卷 405，中华书局，1991 年，第 530 页。

⑬《清会典事例》卷 405，中华书局，1991 年，第 530、535 页。

⑭ 周亚勋、陈大可、张继尧等编:《长寿知识大全》，天津科学技术出版社，1988 年，第 948—949 页。

⑮（清）邓显鹤编纂:《沅湘耆旧集（三）》，岳麓书社，2007 年，第 737 页。

⑯（清）章梫纂:《康熙政要》（影印本），中国台湾华文书局，1969 年，第 490 页。

⑰ 伍贻业、李昌宪、胡成等编译:《影响中国历史进程的文献（谕旨卷·章奏卷·檄文卷）》，岳麓书社，1997 年，第 253 页。

⑱ 参见王志强撰:《天地清风：图说清代》，商务印书馆，2017年，第129—130页。按：关于“千叟宴”研究成果比较多，如刘桂林《千叟宴》(《故宫博物院院刊》1981年第2期)，林京《为太上皇举行的千叟宴》(《紫禁城》1991年第1期)，衣长春、黄韶海等《清代千叟宴的历史意义》(《文化学刊》2016年第3期)等。

⑲ (清)吴振棫:《千叟宴》，孙文光编:《中国历代笔记选粹(上)》，华东师范大学出版社，1998年，第72—73页。

⑳ 参见(清)李玉宣等修，衷兴鉴等纂:《重修同治成都县志》卷七《人物志》，成都市地方志编纂委员会、四川大学历史地理研究所整理:《成都旧志》第11册通志类，成都时代出版社，2007年，第344—346页。

关于本书图片来源的说明

本书图片来源主要有三类：1. 绝大多数为本书作者几十年来，通过各种渠道艰辛收藏积累而成（如在国内、国外文物市场购得的老照片，作者收藏的1949年以前出版的旧书、刊、报上的老照片）；2. 各界朋友提供给作者的老照片；3. 自己摄影或互联网资料。本书作者并出资，请专业人士对这些老照片进行扫描、修复等艰难工作。由于以上原因，本书图片不允许任意引用。

微信扫码
留声机
打开巴蜀
听见巴蜀记忆
品·天府历史
看见千年历史，风云变幻
历史风云榜
巴蜀文化录
闻·巴蜀印象
闻见巴蜀滋味，火爆热辣
游蜀攻略集
川城旧印象
憩·读书驿站
读懂四川旧事，眺望古今
阅读放大镜
川味茶谈室